Karl-Wolfgang Tröger
Das Christentum im zweiten Jahrhundert

Kirchengeschichte
in Einzeldarstellungen

I/2

herausgegeben von
Gert Haendler, Kurt Meier
und Joachim Rogge

Karl-Wolfgang Tröger

Das Christentum im zweiten Jahrhundert

Evangelische Verlagsanstalt
Berlin

CIP-Kurztitelaufnahme:

Tröger, Karl-Wolfgang:
Das Christentum im 2. Jahrhundert / Karl-
Wolfgang Tröger. – 1. Aufl. – Berlin :
Evangelische Verlagsanstalt, 1988. – 138 S.
– (Kirchengeschichte in Einzeldarstellungen; 1,2)
NE: GT

Kirchengeschichte in Einzeldarstellungen
ISBN 3-374-00017-7

Bd. I/2 ISBN 3-374-00465-2
Bisher erschienen:
Bd. I/1 ISBN 3-374-00295-1
Bd. I/3 ISBN 3-374-00297-8
Bd. I/4 ISBN 3-374-00466-0
Bd. I/5 ISBN 3-374-00015-0
Bd. I/6 ISBN 3-374-00298-6
Bd. I/7 ISBN 3-374-00299-4
Bd. II/3–4 ISBN 3-374-00300-1
Bd. II/6 ISBN 3-374-00016-9

1. Auflage
Lizenz 420.205-18-88. LSV 6310. H 5901
Schutzumschlag und Einband: Werner Sroka
Printed in the German Democratic Republic
Gesamtherstellung: Grafische Werke Zwickau
00980

Inhaltsverzeichnis

Zur Einführung
Anlage und Anliegen des Buches

Es war ursprünglich geplant, die beiden ersten Teile der „Kirchengeschichte in Einzeldarstellungen" in *einem* Band vorzulegen. Aber schon lange vor dem frühen Heimgang meines Kollegen und Freundes Dr. Karl Martin Fischer hatten wir uns entschlossen, diesen Plan fallenzulassen. Sachliche Erwägungen waren dafür ausschlaggebend. Mit dem Verzicht auf die Verwendung der traditionellen Begrifflichkeit und Gliederung in ein „apostolisches" und ein „nachapostolisches Zeitalter" als einer kirchlich-dogmatischen Fiktion fiel uns die zeitliche Abgrenzung leichter, die nunmehr formal geschehen konnte. Die vorgenommene Abgrenzung eines Zeitraumes zwischen 100 und 200 mag zunächst als willkürlich erscheinen. Doch ist diese Zeit ein entscheidendes Jahrhundert im Werden der christlichen Gemeinschaft und weist so viele wichtige und interessante Aspekte, Neuansätze und Weichenstellungen auf, daß es eine gesonderte Darstellung verdient.
Dieser Abgrenzung entsprechend, ist der erste Band der Geschichte des Urchristentums gewidmet und führt bis zum Ende des 1. Jh., wo die Gestaltwerdung des christlichen Glaubens und sein Verhältnis zur „Welt" in den Grundzügen vorgezeichnet ist. Der zweite Band behandelt die Geschichte des Christentums im 2. Jh. und stellt die Entfaltung des christlichen Glaubens in seiner Vielfalt, mit seinen mannigfachen Ausdrucksformen und im Ringen um den „wahren" Glauben dar, wobei stets die Anfänge im Blick zu behalten sind. Diese Darstellung mündet in die Zeit der sich formierenden großkirchlichen Orthodoxie ein. Der Band „Von Tertullian bis zu Ambrosius" knüpft daran unmittelbar an.
Der vorliegende Band ist in sich abgeschlossen; aber er setzt die Frühzeit christlicher Verkündigung, Glaubenserfahrung und Gemeinschaft in der Nachfolge Jesu Christi voraus. Er beginnt mit den gesellschaftlichen und religiösen Verhältnissen am Anfang des 2. Jh. (Kap. 1). Um dem Leser eine Orientierung über das religiöse Umfeld zu ermöglichen, werden hier die Religionen zur Zeit des frühen Christentums ausführlich vorgestellt. Die eigentliche Darstellung der Entwicklung des Christentums ist im Herzstück dieses Bandes mit insgesamt vier Kapiteln enthalten (Kap. 2–5). Darin ist der christlichen Literatur ein eigener größerer Abschnitt eingeräumt worden (Kap. 3). Ein weiteres Kapitel greift gesondert „Hauptprobleme" des Christentums im genannten Zeitraum auf (Kap. 6).
Diese Gliederung wurde gewählt, um die einzelnen Abschnitte als selbständige Einheiten gestalten und die jeweiligen Aspekte dadurch stärker zur Geltung bringen zu können. Dabei mußte in Kauf genommen werden, daß die Verzahnung der einzelnen Abschnitte durch zahlreiche Verweise zu geschehen hat.
Mit dem Titel „Das Christentum im zweiten Jahrhundert" soll signalisiert werden, daß die Geschichte der christlichen Religion in einem universalen Sinne in den Blick kommen soll und nicht nur jener Strang des Christentums, der sich als *die* Kirche durchgesetzt hat. Insofern ist unsere Darstellung „Kirchen- und Ketzerhistorie" zugleich. Es geht uns im Sinne der Historiographie um die geschichtliche Darstellung des

frühen Christentums in seiner ganzen Breite und Vielfalt mit dem gesellschaftlichen Umfeld und der soziologischen Komponente ebenso wie der allgemeinen religiösen Situation. Die literarischen und literaturkritischen Fragen sind genauso zu bedenken wie die theologischen, kultischen und frömmigkeitsgeschichtlichen Erscheinungen und Probleme. Insofern ist die Geschichte des frühen Christentums eine interdisziplinäre Aufgabe. Es kommt hinzu, daß diese Geschichte in ihren Bezügen zu den gesellschaftlichen Gegebenheiten und Bedingungen jener Zeit und hinsichtlich der Wirkungsgeschichte auch Gesellschaftsgeschichte ist. Insofern dürfen die großen Zusammenhänge und die Wechselwirkungen zwischen dem Christentum und der Gesellschaft bei allen Erwägungen über das Spezifische des Frühchristentums und bei allen Detailerörterungen nicht aus dem Blick geraten. Einer Darstellung der Geschichte des frühen Christentums kann es daher nicht nur um die „dialektische Bewegung einer Idee“ (Hegel, F. Chr. Bauer) oder um die Herausarbeitung von Grundtypen (Kirche, Sekte etc.; Troeltsch) gehen. Sie läßt sich auch nicht, wie entsprechende Versuche gezeigt haben, als eine „Geschichte der Auslegung der heiligen Schrift“ (Ebeling) oder als „Geschichte des Evangeliums und seiner Wirkung in der Welt“ (H. Bornkamm) anlegen, so wichtig gerade diese Aspekte sind, und auch nicht einfach als Beschreibung des „Wachstums der von Christus gestifteten Kirche in Zeit und Raum“ (Jedin). Denn das Christentum im 2. Jh. zeigt besonders anschaulich, daß es weder eine nur geradlinige Fortsetzung der Verkündigung und Wirksamkeit Jesu noch einfach das „Ergebnis der antiken Religionsentwicklung“ ist (F. W. Kantzenbach). Daher ist im Blick auf die mannigfache Entfaltung des christlichen Glaubens die Komplexität der historischen Ereignisse und die Ambivalenz des historischen Befundes aufzuspüren und vorzuführen. Das gilt besonders für die Geschichte des Christentums im 2. Jh., bei der das Problem von „Rechtgläubigkeit und Ketzerei“ eine besonders differenzierte Darstellung der Ausprägungen des frühen Christentums erfordert.

Der Pluralismus christlicher Gemeinschaften stellt das Hauptproblem in dem zu behandelnden Zeitraum dar. Es ist daher die Hauptaufgabe des Autors, Schneisen durch das Dickicht des Christentums dieses Jahrhunderts zu schlagen, was durch Längs- und Querschnitte geschieht. Dabei sollen die „Entwicklungslinien durch die Welt des frühen Christentums“ (Köster/Robinson) sichtbar werden. Es wird einerseits eine mehr oder weniger starke Kontinuität mit den Anfängen der christlichen Religion zutage treten, während andererseits Entfaltungen des christlichen Glaubens begegnen, bei denen die Diskontinuität auffällt. Freilich setzt ein Urteil über „Kontinuität“ bzw. „Diskontinuität“ frühchristlicher Verkündigung und Lebensweise im Verhältnis zu den „Anfängen“, zur Urchristenheit, bereits Maßstäbe voraus, die keineswegs einheitlich sind, weder bei den Vertretern des Frühchristentums im 2. Jh. noch bei den modernen Kirchenhistorikern.

Das 2. Jh. soll hier nicht unter dem Aspekt des Verfalls urchristlicher Ideale und des Abfalls von der „Urkirche“ betrachtet werden, sondern im Sinne vielfältiger Bemühungen, die Botschaft Jesu Christi unter neuen Bedingungen zu verkündigen und mit Leben zu erfüllen. Daher geht es uns um eine differenzierte Darstellung der Entfaltung der christlichen Botschaft am Ende des 1. Jh. bis hin zur entstehenden katholischen Kirche, die in diesem Band in ihrer hierarchischen Form am Ende des 2. und zu Beginn des 3. Jh. als „Großkirche“ bezeichnet wird. Es sei aber schon an dieser Stelle ausdrücklich angemerkt, daß diese hierarchisch verfaßte „Großkirche“ in dem genannten Zeitraum den anderen christlichen Richtungen und Bewegungen noch nicht

als Block, sondern vielmehr in ihren regionalen, wenngleich miteinander verzahnten Ausformungen gegenüberstand.
Endlich bleibt noch zu sagen, daß bei allem Bemühen um eine sachgemäße historische Darstellung der subjektive Faktor natürlich nicht entfällt. In den hermeneutischen Zirkel des Betrachtens und Verstehens eines für die Geschichte des Christentums so entscheidenden Zeitraums bringt sich der Autor als ein dem christlichen Glauben Verpflichteter mit ein. Das prägt seine Darstellung, und von daher sind seine Wertungen zu verstehen. Daß ein „Übergeschichtliches" im Christentum „wirksam ist" (um ein Wort von Karl Adam abzuwandeln), ist seine Überzeugung und Prämisse. Es ist der Geist des lebendigen Herrn, des Gottes in Christo, der die an ihn Glaubenden und in *seinem* Sinne Redenden und Handelnden, sich Bewährenden, aber auch Irrenden und Versagenden bis auf diese Tage begleitet hat.
Abschließend möchte ich allen herzlich danken, die am Zustandekommen dieses Buches beteiligt sind: Herrn Prof. Dr. Dr. Gert Haendler und Herrn Bischof Prof. Dr. Dr. Joachim Rogge für ihre Hinweise und Anregungen bei der Begutachtung des Bandes als Mitherausgeber dieser Reihe, Herrn Dr. Karl Matthiae, mit dem ich gemeinsam die notwendigen Kürzungen und Straffungen am Manuskript vornahm. Ihm habe ich besonders für sein Verständnis und seine Geduld gegenüber meinen Anliegen und sein Engagement für die gemeinsame Aufgabe zu danken. Meiner Frau Sigrid Tröger sage ich Dank für die Herstellung des Registers, fürs Korrekturlesen und die stete Begleitung der vorliegenden Publikation.

Berlin, am 6. Mai 1986

Literaturverzeichnis

1. Allgemeine Nachschlagewerke, Periodica, Atlanten

LThK	Lexikon für Theologie und Kirche, begr. v. *M. Buchberger*, hg. v. *J. Höfer/K. Rahner*, Freiburg ^{2}1957–1967
Pauly-Wissowa	A. Paulys Realencyclopädie der classischen Alterthumswissenschaften, neue Bearb. v. *G. Wissowa/W. Kroll*, fortgeführt v. *K. Ziegler*, Stuttgart 1893ff.
RAC	Reallexikon für Antike und Christentum 1ff., hg. v. *Th. Klauser* u. a., Stuttgart 1950ff.
RGG	Die Religion in Geschichte und Gegenwart, Tübingen ^{2}1927–1932, Tübingen ^{3}1957–1966
RE	Realencyclopädie für protestantische Theologie und Kirche 1–14, begr. v. *J. H. Herzog*, hg. v. *A. Hauck*, Leipzig ^{3}1896–1913
ThWB	Theologisches Wörterbuch zum Neuen Testament 1–10, hg. v. *G. Kittel*, fortgeführt v. *G. Friedrich*, Stuttgart 1933–1974
TRE	Theologische Realenzyklopädie 1ff., Berlin/New York 1977ff.
HThR	The Harvard Theological Review, Cambridge (Mass.) 1908ff.
JAC	Jahrbuch für Antike und Christentum, hg. v. *F. J. Dölger*, Münster 1958ff.
KAIROS	Kairos. Zeitschrift für Religionswissenschaft und Theologie, Neue Folge, Jg. 1ff., Salzburg 1959ff.
ThLZ	Theologische Literaturzeitung, Leipzig 1879ff.
ThR	Theologische Rundschau, Tübingen 1897ff.
VigChr	Vigiliae Christianae, Amsterdam 1949ff.
ZKG	Zeitschrift für Kirchengeschichte, Gotha 1876–1943/44; Stuttgart 1950/51ff.
ZNW	Zeitschrift für neutestamentliche Wissenschaft und die Kunde der älteren Kirche, Gießen 1900ff.; Berlin 1934ff.
ZRGG	Zeitschrift für Religion und Geistesgeschichte, Marburg 1948ff.; Leiden/Köln 1951ff.
ZThK	Zeitschrift für Theologie und Kirche, Tübingen 1891ff.

– Bulletin de la Société d'Archéologie Copte, Kairo 1934ff.
– The Second Century. A Journal of Early Christian Studies, Abilene (Texas) 1981ff.

H. Jedin/K. S. Latourette/J. Martin, Atlas zur Kirchengeschichte, Freiburg/Basel/Wien u. a. 1970

2. Quelleneditionen

Ausgewählte Texte aus der Geschichte der christlichen Kirche, hg. v. *H. Ristow/W. Schulz*, H. 1: *H. Ristow*, Die Apostolischen Väter, Berlin 1963; H. 2: *H. Ristow*, Die Apologeten, Berlin 1963

Corpus Apologetarum Christianorum saeculi secundi 1–9, hg. v. *J. C. Th. v. Otto*, Jena 1842 bis 1879; Bd. 1–5 (Justin), Jena ^{3}1876–1881

Corpus Scriptorum Ecclesiasticorum Latinorum, hg. v. der Wiener Akademie der Wissenschaften, Wien 1866ff. (CSEL)

The Facsimile Edition of the Nag Hammadi Codices 1–11, hg. v. *J. M. Robinson*, Leiden 1972 bis 1984

Die griechischen christlichen Schriftsteller der ersten drei Jahrhunderte, hg. v. der Preußischen Akademie der Wissenschaften, Berlin; später: Kommission für spätantike Religionsgeschichte der Akademie der Wissenschaften, Berlin (auch 4. u. 5. Jh.), Berlin 1897ff. (GCS)

Irenaei ... libros quinque adversus haereses, ed. *W. W. Harvey*, T. 1. 2, Cantabrigiae 1857

Kleine Texte für Vorlesungen und Übungen, hg. v. *H. Lietzmann*, fortgeführt v. *K. Aland*, Bonn/Berlin 1902ff.

Patrologiae cursus completus, hg. v. *J. P. Migne*, Series Graeca (PG), 161 Bde., Paris 1864 bis 1886; Series Latina (PL), 221 Bde., Paris 1844–1864

Sammlung ausgewählter kirchen- und dogmengeschichtlicher Quellenschriften, hg. v. *G. Krüger*, Tübingen 1891ff. (SQS), Reihe 2, H. 1, T. 1: *K. Bihlmeyer*, Die Apostolischen Väter, Tübingen ^{3}1970; Reihe 2, H. 3: *R. Knopf/G. Krüger*, Ausgewählte Märtyrerakten, Tübingen ^{3}1929; Reihe 2, H. 5: *W. Völker*, Quellen zur Geschichte der christlichen Gnosis, Tübingen 1932

Sources Chrétiennes, hg. v. *H. de Lubac/J. Daniélou/C. Mondésert*, Paris 1942ff. (SC)

Texte zur Kirchen- und Theologiegeschichte, hg. v. *G. Ruhbach*, u. a., Gütersloh 1966ff. (TKT), H. 1: *G. Ruhbach* (Hg.), Altkirchliche Apologeten, Gütersloh 1966

3. Übersetzungen

Berliner Arbeitskreis für koptisch-gnostische Schriften (Leitung: *H.-M. Schenke*), Deutsche Übersetzungen von Schriften aus Nag Hammadi, Theologische Literaturzeitung, Leipzig 1973–1978

Bibliothek der Kirchenväter, 2. Aufl. hg. v. *O. Bardenhewer/T. Schermann/C. Weyman/J. Zellinger/J. Martin*, 61 u. 2 Reg. Bde., Kempten 1911–1930; hg. v. *O. Bardenhewer/J. Zellinger/J. Martin*, 20 Bde., Kempten 1932–1939 (BKV^2)

Epiktet, Handbüchlein der Moral und Unterredungen, hg. v. *H. Schmidt*, Leipzig (1921)

Die Gnosis, hg. v. *W. Foerster/A. Böhlig* unter Mitwirkung v. *J. P. Asmussen/E. Haenchen/M. Krause/K. Rudolph*, Bd. 1: Zeugnisse der Kirchenväter, Zürich/Stuttgart 1969; Bd. 2: Koptische und mandäische Quellen, Zürich/Stuttgart 1971; Bd. 3: Der Manichäismus, Zürich/Stuttgart 1980, in: Die Bibliothek der Alten Welt, Reihe Antike und Christentum (BAW), begr. v. *K. Hoenn*, hg. v. *C. Andresen/O. Gigon/E. Hornung/W. Rüegg*, Zürich 1950ff.

R. Haardt, Die Gnosis. Wesen und Zeugnisse, Salzburg 1967 (Ausgabe in englischer Sprache, Leiden 1971)

Kirchen- und Theologiegeschichte in Quellen, hg. v. *H. A. Obermann/A. M. Ritter/H.-W. Krummwiede*, Bd. 1: *A. M. Ritter*, Alte Kirche, Neukirchen ^{2}1982

K. Latte (Hg.), Die Religion der Römer und der Synkretismus der Kaiserzeit (Religionsgeschichtliches Lesebuch, H. 5), Tübingen ^{2}1927

Mark Aurel, Selbstbetrachtungen, hg. u. übertr. v. *A. Mauersberger*, Leipzig 1954

The Nag Hammadi Library in English, hg. v. *J. M. Robinson*, New York/Hagerstown/San Franzisco/London 1977

Neutestamentliche Apokryphen in deutscher Übersetzung, hg. v. *E. Hennecke/W. Schneemelcher*, Bd. 1: Evangelien, Berlin ^{4}1970; Bd. 2: Apostolisches, Apokalypsen und Verwandtes, Berlin ^{3}1966

H. Rahner, Kirche und Staat im frühen Christentum. Dokumente aus acht Jahrhunderten und ihre Deutung, München 1961

Texte der Kirchenväter. Eine Auswahl nach Themen geordnet 1–5, hg. v. *A. Heilmann/H. Kraft*, München 1963–1966 (Sonderausgabe 1975)

Umwelt des Urchristentums, hg. v. *J. Leipoldt/W. Grundmann*, Bd. 2: Texte zum neutestamentlichen Zeitalter, Berlin ^{3}1972; Bd. 3: Bilder zum neutestamentlichen Zeitalter, Berlin ^{3}1973

4. *Gesamtdarstellungen, Sammelwerke und Arbeiten zu grundsätzlichen Fragen*

H. Achelis, Das Christentum in den ersten drei Jahrhunderten 1–2, Leipzig ^{2}1925
K. Aland, Geschichte der Christenheit, Bd. 1: Von den Anfängen bis an die Schwelle der Reformation, Gütersloh 1980
K. Aland, Von Jesus bis Justinian. Die Frühzeit der Kirche in Lebensbildern, Gütersloh 1981
C. Andresen, Geschichte des Christentums, Bd. 1: Von den Anfängen bis zur Hochscholastik, Stuttgart/Berlin/Köln/Mainz 1975
C. Andresen, Die Kirchen der alten Christenheit (Die Religionen der Menschheit 29), Stuttgart 1971
H. Appel, Kurzgefaßte Kirchengeschichte, hg. v. *H. Ristow*, Berlin ^{4}1955
M. Bauer, Anfänge der Christenheit, Berlin 1969
W. Bauer, Rechtgläubigkeit und Ketzerei im ältesten Christentum, hg. v. *G. Strecker*, Tübingen ^{2}1964
F. C. Baur, Geschichte der christlichen Kirche 1–5, Bd. 1: Kirchengeschichte der drei ersten Jahrhunderte, Tübingen ^{3}1863
K. Baus, Von der Urgemeinde zur frühchristlichen Großkirche, *Hubert Jedin*, Einleitung in die Kirchengeschichte (Handbuch der Kirchengeschichte 1, hg. v. *H. Jedin*), Freiburg/Basel/Wien ^{4}1978
K. Bihlmeyer/H. Tüchle, Kirchengeschichte, Bd. 1: Das christliche Altertum, Paderborn ^{18}1966
H. Bornkamm, Grundriß zum Studium der Kirchengeschichte, Berlin 1952
W. Bousset, Kyrios Christos. Geschichte des Christusglaubens von den Anfängen bis zu Irenäus, Göttingen ^{3}1926
E. Buonaiti, Geschichte des Christentums, Bd. 1: Altertum, Bern 1948
F. C. Burkitt, Church and Gnosis. A Study of Christian Thought and Speculation in the Second Century, Cambridge 1932
F. C. Burkitt, Urchristentum im Orient (deutsche Übersetzung v. *E. Preuschen*), Tübingen 1907
H. v. Campenhausen, Vorträge und Aufsätze, Tübingen 1979
Ph. Carrington, The Early Christian Church 1–2, Oxford 1957
H. Chadwick, The Early Church, Harmondsworth 1967
H. Chadwick, Die Kirche in der antiken Welt, Berlin/New York 1972
H. Conzelmann, Geschichte des Urchristentums, Berlin 1972
W. Delius, Kirchengeschichte – Geschichte der Kirche Jesu Christi, Berlin 1948
A. Dempf, Geistesgeschichte der altchristlichen Kultur, Stuttgart 1964
G. Ebeling, Kirchengeschichte als Geschichte der Auslegung der Heiligen Schrift, Tübingen 1947
F. V. Filson, Geschichte des Christentums in neutestamentlicher Zeit (übers. u. für die deutsche Ausgabe bearbeitet v. *F. J. Schierse*), Düsseldorf 1967
K. M. Fischer, Das Urchristentum (Kirchengeschichte in Einzeldarstellungen I/1, hg. v. *G. Haendler/K. Meier/J. Rogge*), Berlin 1985
A. Fliche/V. Martin (Hg.), Histoire de l'Eglise, Bd. 1: *J. Lebreton/J. Zeiller*, L'Eglise primitive, Paris 1946
W. H. C. Frend, The Early Church, Philadelphia 1982
H. Frohnes/U. W. Knorr (Hg.), Die Alte Kirche (Kirchengeschichte als Missionsgeschichte 1, hg. v. *H. Frohnes/H.-W. Gensichen/G. Kretschmar*), München 1974
O. Gigon, Die antike Kultur und das Christentum, Gütersloh 1966
L. Goppelt, Die apostolische und nachapostolische Zeit (Die Kirche in ihrer Geschichte 1, hg. v. *K. D. Schmidt/E. Wolf*), Göttingen ^{2}1966
R. M. Grant, The Second Century Christianity, London 1946
A. v. Harnack, Die Mission und Ausbreitung des Christentums in den ersten drei Jahrhunderten 1–2, Leipzig ^{4}1924
A. v. Harnack, Das Wesen des Christentums, Leipzig ^{5}1901
G. Haendler, Von Tertullian bis zu Ambrosius. Die Kirche im Abendland vom Ende des 2. bis

zum Ende des 4. Jahrhunderts (Kirchengeschichte in Einzeldarstellungen I/3, hg. v. *G. Haendler/K. Meier/J. Rogge*), Berlin 1978

L. Hertling, Geschichte der Katholischen Kirche. Gekürzte Fassung der Ausgabe von 1949: Von der Gründung bis zu Clemens XII., Leipzig 1982

K. Heussi, Kompendium der Kirchengeschichte, Tübingen [16]1981

F. W. Kantzenbach, Urchristentum und Alte Kirche. Das Christentum von seinen Anfängen bis zum Verfall des Römischen Reiches, Gütersloh 1964

F. W. Kantzenbach, Christentum in der Gesellschaft. Grundlinien der Kirchengeschichte, Bd. 1: Alte Kirche und Mittelalter, Hamburg 1975

H. Kemler, Christentum – Alte Kirche und Mittelalter, Stuttgart/Berlin/Köln/Mainz 1981

R. Knopf, Das nachapostolische Zeitalter. Geschichte der christlichen Gemeinden vom Beginn der Flavierdynastie bis zum Ende Hadrians, Tübingen 1905

H. Köster, Einführung in das Neue Testament im Rahmen der Religionsgeschichte und Kulturgeschichte der hellenistischen und römischen Zeit, Berlin/New York 1980

H. Köster/J. M. Robinson, Entwicklungslinien durch die Welt des frühen Christentums, Tübingen 1971

R. Kottje/B. Moeller (Hg.), Ökumenische Kirchengeschichte, München/Mainz [4]1983

G. Krüger, Handbuch der Kirchengeschichte 1, Tübingen [2]1923

K. Kupisch, Kirchengeschichte, Bd. 1, Stuttgart/Berlin/Köln/Mainz [2]1983

H. Lietzmann, Geschichte der Alten Kirche, Bd. 2: Ecclesia catholica, Berlin [3/4]1961

W. v. Loewenich, Die Geschichte der Kirche, Witten (Ruhr) [6]1962

J. Lortz, Geschichte der Kirche in ideengeschichtlicher Betrachtung, Bd. 1: Altertum und Mittelalter, Münster [22/23]1965

R. A. Markus, Christianity in the Roman World, London 1974

K. Matthiae/E. Schönert-Geiß, Münzen aus der urchristlichen Umwelt, Berlin 1982

K. Matthiae/W. Thiel, Biblische Zeittafeln, Berlin/Neukirchen 1985

P. Meinhold, Das Christentum bis zur Karolingischen Reichsgründung, in: Saeculum Weltgeschichte 3,1 (Die Hochkulturen im Zeichen der Weltreligionen), Freiburg/Basel/Wien 1967, 69–261

P. Meinhold, Kirchengeschichte in Schwerpunkten, Graz 1982

M. Meslin, Le Christianisme dans l'empire romain, Paris 1970

B. Moeller, Geschichte des Christentums in Grundzügen, Göttingen [3]1983

W. Moeller, Lehrbuch der Kirchengeschichte, Bd. 1: Die Alte Kirche, Tübingen/Leipzig [2]1902

C. D. G. Müller, Geschichte der orientalischen Nationalkirchen (Die Kirche in ihrer Geschichte. Ein Handbuch, begr. v. *K. D. Schmidt/E. Wolf*, hg. v. *B. Moeller*, Bd. 1, Lfg. D 2), Göttingen 1981

K. Müller/H. v. Campenhausen, Kirchengeschichte I,1, Tübingen [3]1941

J. Neusner (Hg.), Christianity, Judaism and other Greco-Roman Cults 1–4 (Studies in Judaism in Late Antiquity, hg. v. *J. Neusner*, 12,1–4), Leiden 1975

H. Opitz, Die Alte Kirche. Ein Leitfaden durch die ersten fünf Jahrhunderte, Berlin 1983

K. Prümm, Der christliche Glaube und die altheidnische Welt 1–2, Leipzig 1935

A. M. Ritter (Hg.), Kerygma und Logos. Beiträge zu den geistesgeschichtlichen Beziehungen zwischen Antike und Christentum (Festschrift Carl Andresen), Göttingen 1979

J. Rogge/G. Schille (Hg.), Frühkatholizismus im ökumenischen Gespräch. Aus der Arbeit des Ökumenisch-Theologischen Arbeitskreises in der DDR, Berlin 1983

L. J. Rogier/R. Aubert/M. D. Knowles (Hg.), Geschichte der Kirche, Bd. 1: Von der Gründung der Kirche bis zu Gregor dem Großen (darin: *J. Daniélou*, Von den Anfängen bis zum Konzil von Nicäa, 29–233), Einsiedeln/Zürich/Köln 1963

S. Sandmel, Judaism and Christian Beginnings, New York 1978

K. D. Schmidt, Grundriß der Kirchengeschichte, Göttingen [7]1979; nebst Erg. Bd.: Chronologische Tabellen zur Kirchengeschichte [4]1979

C. Schneider, Geistesgeschichte des antiken Christentums 1–2, München 1954
H. v. Soden, Urchristentum und Geschichte. Gesammelte Aufsätze und Vorträge, hg. v. *H. v. Campenhausen*, Bd. 2: Kirchengeschichte und Gegenwart, Tübingen 1956
H. v. Soden, Von Urchristentum zu Katholizismus. Die frühkatholische Entwicklung der christlichen Kirche bis zum konstantinischen Kirchenfrieden, Berlin/Leipzig 1919
P. Stockmeier, Glaube und Kultur. Studien zur Begegnung von Christentum und Antike, Düsseldorf 1983
H. E. W. Turner, The Pattern of Christian Truth. A Study in the Relations between Orthodoxy and Heresy in the Early Church, London 1954
L. Vanyó, Az ókeresztény egyház és irodalma, Budapest 1980

5. Literatur zu den einzelnen Kapiteln

zu Kap. 1,1
H. Dieter/R. Günther, Römische Geschichte bis 476, Berlin [2]1981
H. Köster, Einführung in das Neue Testament (§ 6: Das Römische Reich als Erbe des Hellenismus, 296–427), Berlin/New York 1980
H. Ley, Geschichte der Aufklärung und des Atheismus 2,1, Berlin 1970 (darin der Abschnitt: Sozialökonomische Probleme der ersten Jahrhunderte, 66–81)
N. A. Maschkin, Römische Geschichte, Berlin 1953
A. B. Ranonitsch, Der Helleninismus und seine geschichtliche Rolle, in deutscher Sprache hg. v. *K. Diesing*, Berlin 1958
M. I. Rostovtzeff, Gesellschaft und Wirtschaft im römischen Kaiserreich 1–2, Leipzig 1931
W. Seyfarth, Römische Geschichte, Kaiserzeit 1–2, Berlin 1974 (darin: ausführliches Literaturverzeichnis [Quellen und Sekundärliteratur], 553–559)
H. Temporini/W. Haase (Hg.), Aufstieg und Niedergang der römischen Welt. Geschichte und Kultur Roms im Spiegel der neueren Forschung, Teil II: Principat, Berlin/New York 1972ff.

zu Kap. 1,3
U. Kahrstedt, Kulturgeschichte der römischen Kaiserzeit, Bern [2]1958

zu Kap. 1,4a–4c
J. Geffcken, Der Ausgang des griechisch-römischen Heidentums, Heidelberg 1929
K. Latte, Römische Religionsgeschichte, München [2]1967
J. Leipoldt/W. Grundmann (Hg.), Umwelt des Urchristentums 1, Berlin [5]1979
M. P. Nilsson, Geschichte der griechischen Religion 2, München [2]1961
H. Temporini/W. Haase (Hg.) Aufstieg und Niedergang der römischen Welt, Teil II: Principat; Bd. 16,1–2: Heidentum, Römische Religion; Bd. 19,1–2: Judentum; Bd. 23,1–2: Vorkonstantinisches Christentum: Verhältnis zu römischem Staat und Heidentum, Berlin/New York 1978; 1979; 1979/80
M. J. Vermaseren, Mithras. Geschichte eines Kultes, Stuttgart 1965
M. J. Vermaseren (Hg.), Die orientalischen Religionen im Römerreich, Leiden 1981
A. Wlosok (Hg.), Kaiserkult der Antike, Darmstadt 1973

zu Kap. 1,4d
Haim Hillel Ben-Sasson, Geschichte des jüdischen Volkes, Bd. 1: Von den Anfängen bis zum 7. Jahrhundert, Teil 4: *Shmuel Safrai*, Das Zeitalter der Mischna und des Talmuds, München 1978, 70–640
L. Goppelt, Christentum und Judentum im zweiten Jahrhundert, Gütersloh 1954
M. Hengel, Judentum und Hellenismus. Studien zu ihrer Begegnung unter besonderer Berücksichtigung Palästinas bis zur Mitte des 2. Jahrhunderts n. Chr., Leiden 1969

J. Maier, Jüdische Auseinandersetzungen mit dem Christentum in der Antike (Erträge der Forschung 177), Darmstadt 1982
J. Maier/P. Schäfer, Kleines Lexikon des Judentums, Stuttgart 1981
L. Mildenberg, The Coinage of the Bar-Kokhba War, Aarau/Frankfurt am Main/Salzburg 1984
M. Noth, Geschichte Israels, Berlin [3]1956
S. Sandmel, Judaism and Christian Beginnings, New York 1978
K. Schubert, Die Kultur der Juden, Teil 1: Israel im Altertum, Wiesbaden 1977
H. u. M. Simon, Geschichte der jüdischen Philosophie, Berlin 1984
G. Stemberger, Das klassische Judentum. Kultur und Geschichte der rabbinischen Zeit, München 1979
C. Thoma, Christliche Theologie des Judentums, Aschaffenburg 1978
C. Thoma, Verhängnis, Mißverständnis und Schuld beim frühen Eindringen der Judenfeindschaft in die christliche Botschaft, in: Theol. Jahrbuch 1980, Leipzig 1980, 239–250

zu Kap. 2
N. Brox, Probleme einer Frühdatierung des römischen Primats, KAIROS N. F. 18 (1976), 81 bis 99
G. Delling, Biblisch-jüdische Namen im hellenistisch-römischen Ägypten: Bulletin de la Société d'Archéologie Copte 22, Kairo 1976, 1–42
W. H. C. Frend, Der Verlauf der Mission in der Alten Kirche bis zum 7. Jahrhundert, in: Kirchengeschichte als Missionsgeschichte 1, 32–50
K. S. Latourette, Geschichte der Ausbreitung des Christentums, gekürzte dt. Ausgabe v. *R. M. Honig*, Göttingen 1956
K. S. Latourette, A History of the Expansion of Christianity 1–4, New York 1937–1941
U. W. Knorr, Bibliographie zu Mission und Ausbreitung des Christentums in der alten Welt, in: Kirchengeschichte als Missionsgeschichte 1, 421–446
E. Molland, Besaß die Alte Kirche ein Missionsprogramm und bewußte Missionsmethoden?, in: Kirchengeschichte als Missionsgeschichte 1, 51–67
H. v. Soden, Die christliche Mission in Altertum und Gegenwart, in: Kirchengeschichte als Missionsgeschichte 1, 18–31
H.-F. Weiß, Die Bedeutung neuer Textfunde für die Frühgeschichte des Christentums in Ägypten, in: Koptologische Studien in der DDR (Wissenschaftliche Zeitschrift der Martin-Luther-Universität Halle-Wittenberg, Sonderh.), Halle 1965, 220–249

zu Kap. 3
B. Altaner/A. Stuiber, Patrologie. Leben, Schriften und Lehre der Kirchenväter, Freiburg/Basel/Wien [9]1983
N. Brox (Hg.), Pseudepigraphie in der heidnischen und jüdisch-christlichen Antike (Wege der Forschung 84), Darmstadt 1977
A. Davids, Irrtum und Häresie – 1Clem. – Ignatius von Antiochien – Justinus, KAIROS N. F. 15 (1973), 165–187
M. Dibelius, Geschichte der urchristlichen Literatur, Neudruck, München 1975
D. Hellholm, Apocalypticism in the Mediterraean World and the Near East (Proceedings of the International Colloquium on Apocalypticism, Uppsala 1979), Tübingen 1983
J. Irmscher/K. Treu (Hg.), Das Korpus der griechischen christlichen Schriftsteller. Historie, Gegenwart, Zukunft (Texte und Untersuchungen 120), Berlin 1977
J. Rius-Camps, The four authentic Letters of Ignatius the Martyr. A critical Study based on the Anomalies contained in the Textus receptus, Rom 1979 (Rezension von *H. Kraft*, ThLZ 107 [1982], 48–50)
H.-M. Schenke/K. M. Fischer, Einleitung in die Schriften des Neuen Testaments 1–2, Berlin/Gütersloh 1978 u. 1979
P. Vielhauer, Geschichte der urchristlichen Literatur. Einleitung in das Neue Testament, die Apokryphen und die Apostolischen Väter, Berlin/New York 1975

zu Kap. 4

A. Adam, Lehrbuch der Dogmengeschichte, Bd. 1: Die Zeit der Alten Kirche, Gütersloh [5]1985 (Lizenzausgabe Berlin 1970)

B. Aland, Gnosis und Kirchenväter. Ihre Auseinandersetzung um die Interpretation des Evangeliums, in: Gnosis (Festschrift H. Jonas), 158–215

K. Aland, Kirchengeschichtliche Entwürfe, Gütersloh 1960

C. Andresen (Hg.), Handbuch der Dogmen- und Theologiegeschichte, Bd. 1: *C. Andresen/A. M. Ritter/K. Wessel/E. Mühlenberg/M. A. Schmidt*, Die Lehrentwicklung im Rahmen der Katholizität, Göttingen 1982

H. v. Campenhausen, Die Entstehung der christlichen Bibel, Tübingen 1968, Berlin 1975

H. v. Campenhausen, Griechische Kirchenväter, Stuttgart [6]1982

H. v. Campenhausen, Lateinische Kirchenväter, Stuttgart [5]1982

A. Gilg, Weg und Bedeutung der altkirchlichen Christologie, München 1955

M. Greschat (Hg.), Gestalten der Kirchengeschichte, Bd. 1–2: Alte Kirche, Stuttgart/Berlin/Köln/Mainz 1984

A. Grillmeier, Jesus der Christus im Glauben der Kirche, Bd. 1: Von der Apostolischen Zeit bis zum Konzil von Chalcedon (451), Freiburg/Basel/Wien [2]1982

A. v. Harnack, Lehrbuch der Dogmengeschichte 1–3, Tübingen [4]1909

E. Käsemann (Hg.), Das Neue Testament als Kanon. Dokumentation und kritische Analyse zur gegenwärtigen Diskussion, Berlin 1973

B. Lohse, Epochen der Dogmengeschichte, Stuttgart 1963

F. Loofs, Leitfaden zum Studium der Dogmengeschichte, Teil 1–2: Alte Kirche, Mittelalter und Katholizismus bis zur Gegenwart, Halle [7]1950

U. B. Müller, Zur frühchristlichen Theologiegeschichte. Judenchristentum und Paulinismus in Kleinasien an der Wende vom ersten zum zweiten Jahrhundert n. Chr., Gütersloh 1976

A. M. Ritter (Hg.), Kerygma und Logos. Beiträge zu den geistesgeschichtlichen Beziehungen zwischen Antike und Christentum (Festschrift C. Andresen), Göttingen 1979

G. Ruhbach, Bildung in der Alten Kirche. Das Eindringen des Christentums in die gebildete Welt, in: Kirchengeschichte als Missionsgeschichte 1, 293–310

H.-J. Schoeps, Theologie und Geschichte des Judenchristentums, Tübingen 1949

P. Tillich, Vorlesungen über die Geschichte des christlichen Denkens, Teil 1: Urchristentum bis Nachreformation, hg. u. übers. v. *J. C. Henel* (= Ergänzungs- und Nachlaßbände zu den gesammelten Werken von P. Tillich 1), Stuttgart 1971

K.-W. Tröger, Die Passion Jesu Christi in der Gnosis nach den Schriften von Nag Hammadi, Theol. Diss. B, Berlin 1978

M. Werner, Die Entstehung des christlichen Dogmas, Tübingen [2]1954, Kurzfassung: Stuttgart 1959

zu Kap. 5

W. Bauer, Aufsätze und kleine Schriften, hg. v. *G. Strecker*, Tübingen 1967 (darin: Der Wortgottesdienst der ältesten Christen, 155–209)

J. Brosch, Charismen und Ämter in der Urkirche, Bonn 1951

H. v. Campenhausen, Kirchliches Amt und geistliche Vollmacht in den ersten drei Jahrhunderten, Tübingen [2]1963

H. v. Campenhausen, Aus der Frühzeit des Christentums. Studien zur Kirchengeschichte des 1. und 2. Jahrhunderts, Tübingen 1963

O. Cullmann, Urchristentum und Gottesdienst, Zürich/Stuttgart [4]1962

H. Gülzow, Soziale Gegebenheiten der altchristlichen Mission, in: Kirchengeschichte als Missionsgeschichte 1, 189–226

R. P. C. Hanson, Amt/Ämter/Amtsverständnis V: Alte Kirche, in: TRE 2, 533–552 (umfangreiche Bibliographie: 549–552)

E. G. Jay, From Presbyter-Bishops to Bishops and Presbyters. Christian Ministry in the Second Century. A Survey, in: The Second Century 1, 1981, 125–162

H.-J. Klauck, Hausgemeinde und Hauskirche im frühen Christentum, Stuttgart 1981

H. Kraft, Die Anfänge des geistlichen Amts, ThLZ 100 (1975), 81–98

H. Kreissig, Das Frühchristentum in der Sozialgeschichte des Altertums, in: *J. Irmscher/K. Treu* (Hg.), Das Korpus der griechischen christlichen Schriftsteller. Historie, Gegenwart, Zukunft (Texte und Untersuchungen 120), Berlin 1977, 15–19

H. Lietzmann, Messe und Herrenmahl, Berlin [4]1967

W. A. Meeks, Zur Soziologie des Urchristentums. Ausgewählte Beiträge zum frühchristlichen Gemeinschaftsleben in seiner gesellschaftlichen Umwelt, München 1979

W. A. Meeks, The First Urban Christians. The Social World of the Apostle Paul, New Haven/London 1983

E. H. Pagels, ‚The Demiurge and his Archons' – A Gnostic View of the Bishops and Presbyters?, Harvard Theological Review 69 (1976), 301–324

E. H. Pagels, Visions, Appearances and Apostolic Authority: Gnostic and Orthodox Traditions, in: Gnosis (Festschrift H. Jonas), 415–430

J. Rohde, Urchristliche und frühkatholische Ämter. Eine Untersuchung zur frühchristlichen Amtsentwicklung im Neuen Testament und bei den apostolischen Vätern, Berlin 1976

J. Roloff, Amt/Ämter/Amtsverständnis IV: Im Neuen Testament, in: TRE 2, 509–533 (umfangreiche Bibliographie: 530–533)

E. Schweizer, Gemeinde und Gemeindeordnung im Neuen Testament, Zürich [2]1962

zu Kap. 6, A

K. Aland, Das Verhältnis von Kirche und Staat in der Frühzeit, in: *H. Temporini/W. Haase* (Hg.), Aufstieg und Niedergang der römischen Welt II, 23,1, 60–246

F. Anwander, Die literarische Bekämpfung des Christentums in der Antike, Benediktinische Monatsschrift 6 (1924), 297–320

H. Babel, Der Briefwechsel zwischen Plinius und Trajan über die Christen in strafrechtlicher Sicht, Diss., Erlangen 1961

W. H. C. Frend, Martyrdom and Persecution in the Early Church, Oxford 1965

R. Freudenberger, Die Auswirkungen kaiserlicher Politik auf die Ausbreitungsgeschichte des Christentums bis zu Diokletian, in: Kirchengeschichte als Missionsgeschichte 1, 131–165

R. Freudenberger, Das Verhalten der römischen Behörden gegen die Christen im 2. Jahrhundert, dargestellt am Brief des Plinius an Trajan und den Reskripten Trajans und Hadrians, München [2]1969

R. M. Grant, Christen als Bürger im Römischen Reich, Göttingen 1981

W. D. Hauschild, Der römische Staat und die frühe Kirche, Gütersloh 1974

P. Keresztes, The Imperial Roman Government and the Christian Church, I: From Nero to the Severi, in: *H. Temporini/W. Haase* (Hg.), Aufstieg und Niedergang der römischen Welt II, 23,1, 247–315 (ausführliche Bibliographie: 309–315)

R. Klein (Hg.), Das frühe Christentum im römischen Staat (Wege der Forschung 267), Darmstadt [2]1982

B. Kötting, Auseinandersetzung des Christentums mit der Umwelt, in: *M. J. Vermaseren* (Hg.), Die Orientalischen Religionen im Römerreich, Leiden 1981, 388–412

J. Molthagen, Der römische Staat und die Christen im zweiten und dritten Jahrhundert, Göttingen [2]1975

J. Moreau, Die Christenverfolgung im römischen Reich, Berlin [2]1971

W. Schäfke, Frühchristlicher Widerstand, in: *H. Temporini/W. Haase* (Hg.), Aufstieg und Niedergang der römischen Welt II, 23,1, 460–723 (ausführliche Bibliographie: 660–705)

J. Speigl, Der römische Staat und die Christen. Staat und Kirche von Domitian bis Commodus, Amsterdam 1970

W. Speyer, Zu den Vorwürfen der Heiden gegen die Christen, JAC 6 (1963), 129–135
H. D. Stöver, Christenverfolgung im Römischen Reich. Ihre Hintergründe und Folgen, Düsseldorf/Wien 1982
H. Temporini/W. Haase (Hg.), Aufstieg und Niedergang der römischen Welt, Teil II: Principat; Bd. 23,1–2, hg. v. *W. Haase*: Religion (Vorkonstantinisches Christentum: Verhältnis zu römischem Staat und heidnischer Religion), Berlin/New York 1979–1980
A. Wlosok, Christliche Apologetik gegenüber kaiserlicher Politik bis zu Konstantin, in: Kirchengeschichte als Missionsgeschichte, 147–165
A. Wlosok, Die Rechtsgrundlagen der Christenverfolgungen der ersten zwei Jahrhunderte, in: *R. Klein* (Hg.), Das frühe Christentum im römischen Staat (Wege der Forschung 267), Darmstadt [2]1982, 275–301

zu Kap. 6,B1
B. Aland (Hg.), Gnosis (Festschrift H. Jonas), Göttingen 1978
J. Blank, Zum Problem „Häresie und Orthodoxie“ im Urchristentum, in: *G. Dautzenberg/H. Merklein/K. Müller* (Hg.), Zur Geschichte des Urchristentums, Freiburg/Basel/Wien 1979, 142–160
R. van den Broek, The Present State of Gnostic Research, Vigiliae Christianae 37 (1983), 41–71
C. Colpe, Gnosis II (Gnostizismus), in: RAC 11, Stuttgart 1981, 537–659
H. Jonas, Gnosis und spätantiker Geist 1, Göttingen [3]1964
K. Koschorke, Die Polemik der Gnostiker gegen das kirchliche Christentum unter besonderer Berücksichtigung der Nag-Hammadi-Traktate „Apokalypse des Petrus“ (NHC VII, 3) und „Testimonium Veritatis“ (NHC IX, 3) [Nag Hammadi Studies 12], Leiden 1978
K. Rudolph, Die Gnosis. Wesen und Geschichte einer spätantiken Religion, Leipzig [2]1980
K. Rudolph (Hg.), Gnosis und Gnostizismus (Wege der Forschung 262), Darmstadt 1975
H.-M. Schenke, The Problem of Gnosis, in: The Second Century 3, 1983, 73–87
W. Schmithals, Neues Testament und Gnosis (Erträge der Forschung 208), Darmstadt 1984
K.-W. Tröger (Hg.), Altes Testament – Frühjudentum – Gnosis. Neue Studien zu „Gnosis und Bibel“, Berlin/Gütersloh 1980
K.-W. Tröger (Hg.), Gnosis und Neues Testament, Berlin/Gütersloh 1973
K.-W. Tröger, Kirche und Gnosis, Die Zeichen der Zeit 38 (1984), 221–228

zu Kap. 6,B2
A. v. Harnack, Marcion – Das Evangelium vom anderen Gott. Eine Monographie zur Geschichte der Grundlegung der Kirche. [inklusive:] Neue Studien zu Marcion, Nachdruck der 2. Aufl. von 1924, Berlin 1960

zu Kap. 6,B3
K. Aland, Bemerkungen zum Montanismus und zur frühchristlichen Eschatologie, in: *K. Aland*, Kirchengeschichtliche Entwürfe, Gütersloh 1960, 105–148
N. Bonwetsch, Die Geschichte des Montanismus, Erlangen 1881
W. Schepelern, Der Montanismus und die phrygischen Kulte, Tübingen 1929
A. Strobel, Das heilige Land der Montanisten, Berlin/New York 1980

Kapitel 1
Das Römische Reich im zweiten Jahrhundert – Die gesellschaftliche, kulturelle und religiöse Situation

1. Politik und Wirtschaft

Mit der Herrschaft des Kaisers *Nerva*, die der Dynastie der Flavier folgte, begann in der Verwaltung des römischen Imperiums eine entscheidende Veränderung. Er durchbrach das praktizierte Prinzip der leiblichen Erbfolge und führte dafür die Adoption ein. Sein Nachfolger wurde der Statthalter von Obergermanien, *M. Ulpius Traianus.*
Dieser neue Kaiser (98–117) versuchte nicht nur, die Bevölkerung durch „Brot und Spiele" und Beschaffung von Arbeit (Bau von Straßen und Häfen) für sich zu gewinnen; er setzte auch die sozialen Maßnahmen seines Vorgängers fort, erweiterte den Alimentationsfonds (ein staatliches Darlehen an kleine städtische Grundbesitzer zu niedrigen Zinsen) und widmete sich der finanziellen und wirtschaftlichen Gesundung des Staates, was jedoch weithin durch eine gezielte Expansionspolitik geschah: In den Jahren 101–106 unterwarf er Dakien, gliederte dann Arabien dem Imperium ein und brachte durch die Partherkriege (113–117) wichtige Positionen des Orienthandels in seine Gewalt. Es entstanden die Provinzen Arabia (106), Armenia (114), Assyria (115) und Mesopotamia (115). Allerdings belasteten diese Eroberungszüge die Wirtschaft Roms und ließen die sozialen Gegensätze im Innern wachsen – was sich im Verlauf des 2. Jh. sehr negativ auswirken sollte.
Sein Nachfolger *P. Aelius Hadrianus* (117–138), der wie Trajan aus Spanien stammte, gelangte zu einer realistischeren Einschätzung der Lage und gab die Expansionspolitik auf. Er trennte sich von den Provinzen Armenia, Assyria und Mesopotamia und suchte das Erreichte zu sichern. Dazu besuchte er die Provinzen, was ihm den Namen „Reisekaiser" eintrug. Er betrieb den Bau von Befestigungsanlagen (Hadrianswall in Britannien; obergermanischer Limes), ordnete Heer und Verwaltung, gründete – wie schon Traianus – neue Städte („Politik der Urbanisierung") und ließ vielerorts repräsentative Bauten (vor allem in Rom und Athen) errichten.
Innenpolitisch machte er sich durch die Reorganisation und Zentralisation der Verwaltung, des Post-, Finanz- und Rechtswesens und auf sozialem Gebiet verdient. Die prätorischen Edikte wurden unter seinem Einfluß festgeschrieben (edictum perpetuum). Sein Ziel war die Festigung der kaiserlichen Zentralgewalt.

Freilich blieben dem umsichtigen Realpolitiker „undankbare" Aufgaben nicht erspart, die sich aus Roms Großmachtstellung ergaben. Dazu gehören die Niederschlagung von Aufständen in Britannien und Mauretanien. Er war auch für die Niederwerfung der Bar-Kochba-Erhebung in Judäa und die Neuordnung dieses Gebietes als Syria Palaestina verantwortlich (vgl. Kap. 1,4d).

Sein Nachfolger *Antoninus Pius* (138–161) wird von Marcus Aurelius als maßvoller und frommer Kaiser beschrieben. Diesem Wesen entsprach sowohl seine besonnene Außenpolitik, die dem Römischen Reich im großen und ganzen eine Periode der Ruhe und des Friedens einbrachte, als auch seine innenpolitischen Maßnahmen, die auf Recht, Ordnung und Sparsamkeit ausgerichtet waren (zur Politik gegenüber den Juden vgl. Kap. 1,4d).

Während seiner Regierungszeit kam es zu kleineren Auseinandersetzungen mit Grenzvölkern, allerdings auch zu Unruhen in verschiedenen Gebieten. Insofern ist das oftmals stark idealisierte Bild dieser Zeit nicht angemessen. Damals wurde das Römische Reich auch durch mehrere Katastrophen heimgesucht: ein Großbrand in Rom, die Überschwemmung des Tiber, Erdbeben in den Provinzen und eine große Hungersnot.

Unter *Marcus Aurelius* (161–180) kam es erneut zu einer wirtschaftlichen Blüte und Machtentfaltung; dennoch war der Zenit des Reiches schon überschritten; einschneidende Veränderungen kündigten sich an. Während seiner Herrschaft gelangte die Pest aus dem Osten nach Europa und forderte ungezählte Opfer, unter ihnen auch seinen Adoptivbruder und Mitregenten L. Verus (161–169). Schließlich erlag auch der Kaiser selbst dieser Krankheit.

Als im Jahre 161 n. Chr. das Römische Reich hart von den Parthern bedrängt wurde, konnten die Römer sie nur unter großem militärischem Aufwand zurückwerfen. Obwohl die Parther schließlich bis hinter den Tigris weichen mußten und ihre Hauptstadt Ktesiphon zerstört wurde, mußte Rom im Jahre 166 n. Chr. notgedrungen mit ihnen Frieden schließen, da im römischen Heer die Pest ausgebrochen war.
Im selben Jahr 166 begannen die langwierigen Auseinandersetzungen mit den germanischen sarmatischen Stämmen der Markomannen, Quaden und Jazygen, die sogenannten Markomannenkriege, die sich bis zum Tode von Marcus Aurelius (180) hinzogen. Durch den Einfall dieser Stämme war das Römische Reich an seiner Nordflanke bedroht, und es bedurfte großer militärischer Anstrengungen, um die nördlichen Grenzvölker zu bezwingen und Roms Vormacht im Donaubereich zu sichern.
Verstärkt wurden die Probleme durch Aufstände und eine allgemeine Verschlechterung der finanziellen und sozialen Lage infolge der Kriege. In Syrien putschte 175 der Oberbefehlshaber des Heeres in den östlichen Provinzen, Avidius Cassius, machte sich zum Kaiser, wurde aber binnen kurzem von seinen eigenen Anhängern ermordet. Wenige Jahre zuvor hatte Avidius Cassius den Bauernaufstand der „Bukolen" in Ägypten blutig niedergeschlagen (172).

So war Mark Aurels Regierungszeit, die später glorifiziert wurde, in Wahrheit eine unruhige Zeit – bestimmt von einer sukzessiven einschneidenden Veränderung der gesellschaftlichen Verhältnisse. Er selbst vermochte noch durch staatsmännische Klugheit und militärische Begabung sowie durch persönliche Energie und stoisch-philosophische Gelassenheit die Lage zu meistern. Er durchbrach das Prinzip der Adoption, indem er seinen Sohn Commodus zum Mitregenten ernannte, der dann sein Nachfolger wurde.
Commodus (180–192) kam neunzehnjährig an die Macht, besaß jedoch nicht die Umsicht, Zähigkeit und moralische Qualität seines Vaters. Er führte Maßnahmen durch, die einer Sanierung der Finanzen und Lösung der ökonomischen Fragen entgegenstanden. Zudem trennte er sich von fähigen Beamten und verscherzte sich die Mitarbeit des Senats.

Er provozierte damit Verschwörungen, reagierte darauf mit Hinrichtungen, beschnitt die Macht der Großgrundbesitzer und die erworbenen Rechte der Freigelassenen. In den Provinzen kam es zu Unruhen, im Innern revoltierten Ausgebeutete, Unterdrückte, Geschädigte gegen den Staat (Latronenbewegung). Dazu wütete in den Jahren 187/188 wiederum die Pest. Sodann überließ er die Staatsführung anderen, zuerst Tigidius Perennis, später (185–189) M. Aurelius Cleander, danach wieder anderen.

Er selbst indessen verlor sich an private Interessen und legte sich Götternamen zu. Als er sich schließlich am Ende des Jahres 192 dem Volk von Rom als Konsul und zugleich als Gladiator zeigen wollte, ließen ihn kaiserliche Funktionäre ermorden. Der Senat ordnete die damnatio memoriae an. Commodus hinterließ ein chaotisches Staatswesen, in dem Roms „Glanzzeit" ihr Ende fand und das zu den schweren Krisen des römischen Imperiums im 3. Jahrhundert hinführte.

Nach seinem Tod kam es dann zu Machtkämpfen, die das Imperium schwer erschütterten. Erst mit *Septimius Severus* (193–211) trat wieder ein Mann an die Spitze des Reiches, der die Geschicke des Imperiums zu lenken imstande war. Doch hatte er zunächst mit einigen Gegenkaisern zu kämpfen (Pescennius Niger im Osten, D. Clodius Albinus in Gallien u. a.).
Septimius Severus betrieb wieder eine aktive Außen- und Eroberungspolitik, zog gegen die Parther (197–199), eroberte Ktesiphon und erklärte es zur Hauptstadt der neuen römischen Provinz Mesopotamien. Da er die Parther nicht bezwingen konnte, schloß er mit ihnen einen Friedensvertrag. Während eines Feldzuges gegen eindringende Stämme in Nordbritannien (208–211) starb er.
Die Innenpolitik dieses letzten Kaisers im zweiten Jahrhundert war auf eine Stabilisierung des Staates, der Wirtschaft, der Finanzen, besonders auf das Wohlergehen aller Armeeangehörigen gerichtet. Daher stärkte er das Heer und drängte den Einfluß des Senats zurück. Seine Forderung, vor allem die Soldaten wohlhabend zu machen (Cassius Dio LXXVI, 15,2), übernahm sein Sohn und Nachfolger M. Aurelius Antoninus, genannt *Caracalla* (211–217). Eine seiner wichtigsten Maßnahmen war die Verleihung des römischen Bürgerrechts im Jahre 212 an nahezu alle Freien des Römischen Reiches (Constitutio Antoniniana). Obwohl diese Maßnahme in erster Linie steuerliche Gründe hatte, bekam sie doch für die Mittelschichten, mithin auch für die Christen, positive soziale Auswirkungen. Die mit dieser Constitutio ausgelöste Entwicklung Roms zu einem Weltreich übernationaler Prägung erlangte auch für die Entwicklung des Christentums zur supranationalen Religion der damaligen Welt ihre Bedeutung.

2. *Die Lage in den Provinzen*

Die Provinzen hatten für den römischen Staat unterschiedliche Bedeutung sowohl in politischer und militärischer als auch in wirtschaftlicher Hinsicht. Auch besaßen sie einen unterschiedlichen Status. Eine einheitliche Verwaltung des Imperiums kannte man damals noch nicht, entsprechend auch keine einheitliche Besteuerung und Wirtschaftsplanung. Die Städte, zu denen im 2. Jh. viele Neugründungen dazukamen, verwalteten sich selbst. Eine zentrale Organisation gab es lediglich im militärischen Bereich. Doch bemühten sich die Kaiser (vor allem Hadrian) um die Beseitigung von Willkür bei der Verwaltung der Provinzen und damit ihrer wirtschaftlichen Ausbeutung.

Indem sie den Beamten feste Gehälter zahlten, das Finanzwesen neu regelten, die Wirtschaft durch materielle Anreize belebten und die Transportwege erweiterten und sicherten, verbesserte sich die wirtschaftliche Lage in den Provinzen spürbar; besonders die östlichen Provinzen erlebten bald einen wirtschaftlichen Aufschwung. Andererseits führte die zunehmende Urbanisierung im 2. Jh. zwar zu einer geordneteren Verwaltung, aber auch zur stärkeren Kontrolle der städtischen Angelegenheiten und der Bürger.

Die straffe Verwaltung trifft besonders für *Ägypten* zu, das mit seinen großen Gütern für die Getreideversorgung Roms von höchster Bedeutung war und daher der kaiserlichen Aufsicht direkt unterstand. Für den Export der eigenen Produkte (Getreide, Papyrus, Leinen) wie für den Umschlag von Waren aus den Ländern des Mittelmeerraumes, Indiens und Chinas spielte Alexandria eine große Rolle. Diese Stadt war auch das Zentrum der hellenistischen Kultur im Ägypten des 2. Jh.

Auch *die nordafrikanischen Provinzen* hatten als „Kornkammer Italiens" große Bedeutung. Allerdings ging im 2. Jh. der Anteil am Getreideanbau zugunsten der Produktion von Olivenöl zurück. Die Romanisierung, vor allem die Ausbreitung der lateinischen Sprache, war im Nordwesten Afrikas erfolgreicher als in anderen Gebieten. Dem kam es zugute, daß die städtische Kultur Nordafrikas von mehreren Kaisern im 2. Jh. gefördert wurde. Soziale und politische Spannungen führten allerdings des öfteren zu Aufständen (vgl. Kap. 1,1).

Der durch einen kaiserlichen Prokurator verwaltete Distrikt *Judaea*, die nachmalige Provinz Syria-Palaestina, bildet nur ein kleines Gebiet innerhalb des Imperiums. Dennoch bereitete es den Römern auch in der ersten Hälfte des 2. Jh. besondere Probleme, die in den Aufständen der Juden kulminierten.

Kleinasien umfaßte die Provinzen Asia, Bithynia, Lycia, Pamphylia, Cilicia, Cappadocia, Galatia und Pontus. In der Küstenregion lagen die Zentren von Handel und Kultur: Milet, Ephesus, Smyrna und Pergamon. Daneben gab es zahlreiche andere renommierte Städte, besonders im Westen und Süden Kleinasiens. Hier hatte die Hellenisierung und Urbanisierung besonders große Fortschritte gemacht, es blühten Handel und Kultur; infolgedessen kam es zu einem gewissen Wohlstand. Von Bedeutung waren natürlich das Hinterland mit landwirtschaftlicher Nutzfläche und zum Teil größeren Dörfern und – in militärischer Hinsicht – die östlichen Gebiete zum Euphrat hin.

Zu den wichtigsten Provinzen aber gehörte *Syrien* mit seiner alten Kultur, wirtschaftlichen Potenz und strategisch wichtigen Lage. Damals dominierte im Nahen Osten Syriens Außenhandel (Gegenstände des Kunsthandwerks, Metallwaren, Stoffe, Obst und Wein) ebenso wie der Transithandel (China, Indien; Seide und andere Luxuswaren). Von den Kaisern wurde diese Entwicklung der Städte noch gefördert.

Viele der Städte hatten klangvolle Namen: Antiochia am Orontes mit Seleukia, Laodicea, Apamea, die phönikischen Städte Tyrus und Sidon, alle mit hellenistischer Kultur, ferner die Handels- und Transitstädte Damaskus und Palmyra sowie die religiös bedeutsamen Städte Heliopolis (Baalbek) und Emesa (Homs). In Tyrus und Apamea gab es Philosophenschulen, und unter dem letzten Kaiser des 2. Jh., Septimius Severus, wurde in Berytus (Beirut) die bekannte Rechtsschule gegründet. Neben Coelesyria und Phoenicia hatten auch Osrhoene im Nordosten jenseits des Euphrats (Edessa/Urfa) und das am mittleren Euphrat gelegene Dura Europos besondere Bedeutung für die römische Ostpolitik.

Griechenland (d. h. Achaia, Epirus und Macedonia) war wirtschaftlich weit weniger leistungskräftig als die orientalischen Provinzen. Dementsprechend ging die Bedeutung der alten Poleis weiter zurück, obwohl das Griechentum von manchem römischen Kaiser, zumal Hadrian, gefördert wurde und einige Städte auch aufblühten (so Korinth).

Italien selbst befand sich im 2. Jh. trotz erheblicher wirtschaftlicher, vor allem finanzieller, aber auch großer sozialer Probleme (vgl. Kap. 1,5) doch auf der Höhe seiner

kulturellen Leistungen. Die Halbinsel verfügte über große Ländereien (Latifundien), doch reichten die Erträge für die Versorgung Roms nicht aus, weshalb ständige Importe, besonders an Getreide, notwendig wurden.
Im Westen des Römerreiches ging die Urbanisierung im großen und ganzen langsamer voran als im Osten. Weite Gebiete dienten der Landwirtschaft. Die Wirtschaft florierte. Doch hatte die hellenistische Kultur im Westen nicht annähernd so viele Zentren wie im Osten. Romanisierte Gebiete befanden sich – abgesehen von Oberitalien und Nordafrika (s. o.) – vornehmlich in *Hispania* (in den Provinzen Baetica [Andalusien] und Lusitania und in den Küstenregionen) und in *Gallia* (besonders die Provinz Narbonensis). Außer den Städten Massilia, Narbo und Arelate erlangten in der gallischen Provinz Augusta Treverorum (Trier) und Lugdunum (Lyon) eine größere Bedeutung. Für Roms Politik in Richtung Britannien und Germanien hatte Gallien eine strategische und wirtschaftliche Schlüsselposition.

3. *Wissenschaft und Kultur*

Innerhalb des 2. Jh. begegnen im römischen Imperium berühmte Redner und Philosophen. Sie fanden ebenso wie bekannte Naturwissenschaftler, Schriftsteller und Historiker eine große Resonanz in der Bevölkerung, namentlich unter den Gebildeten. Auch auf anderen Gebieten wie der Lexikographie, Grammatik, Jurisprudenz und Musikwissenschaft entstanden bedeutende wissenschaftliche Arbeiten.

Der aus Pergamon in Kleinasien stammende Mediziner *Galen* (Galenos/Galenus, 129–199), seit 162 kaiserlicher Leibarzt, sammelte, sichtete und systematisierte das zu seiner Zeit bekannte medizinische Wissen und wurde auf tausend Jahre die Autorität der Heilkunde. Ebensolche Bedeutung erlangte und behielt bis Kopernikus der in Alexandria wirkende Mathematiker und Astronom *Claudius Ptolemäus* (Ptolemaios, um 90–um 160), der in seinem Werk „Großes astronomisches System" das astronomische Wissen seiner Zeit vereinte.
Bedeutende Redner dieser Zeit waren die Repräsentanten der „zweiten Sophistik" *Herodes Atticus* (101–177) und *Aelius Aristides* (um 117–um 187) sowie *Dion Chrysostomos* (um 40–120) aus dem bythinischen Prusa, der sich stoischen und kynischen Gedanken verpflichtet wußte.

In der Philosophie des zweiten Jahrhunderts ragen Epiktet (um 50–138) und Mark Aurel (121–180) heraus, zwei prominente Vertreter der stoischen Philosophie in ihrer Spätphase.

Epiktetos aus Hierapolis, ein freigelassener Sklave, lehrte zunächst in Rom, nach 94 in Epirus eine Philosophie, die in den Maximen der Gleichheit und innerlichen Freiheit der Menschen kulminierte und in ethischer Hinsicht die Übereinstimmung mit sich selbst zum Zwecke der Selbsterhaltung und zum Nutzen aller, verbunden mit Ataraxia und Pflichterfüllung, fordert. Epiktet vertritt die Ansicht: Was nicht in unserer Macht steht, läßt sich nicht ändern; man muß es mit Gleichmut ertragen. So gesehen hat seine Philosophie außer ihren humanistischen und sozialen auch pessimistische und fatalistische Züge, was in noch verstärktem Maße für die Vorstellungen Mark Aurels gilt. Bezeichnend ist der Satz Epiktets: Gehört etwas „zu dem, was nicht in deiner Gewalt steht, so sage zu dir selber: es geht mich nichts an" (Handbüchlein der Moral und Unterredungen).
In den erst postum edierten „Selbstbetrachtungen" *(Ta eis heauton) Mark Aurels* finden sich manche Sätze, die bei aller Betonung der Pflichterfüllung doch die geheime Resignation des Autors über die Widrigkeiten des Daseins und das Dilemma seines Zeitalters spüren lassen. So die Sentenz: „Pest, Krieg, Schrecken, Erstarren, sklavische Gesinnung werden täglich in deiner

Seele alle jenen geheiligten Grundsätze wieder verwischen, die ohne das Studium der Naturwissenschaft nur leere Vorstellungen sind, die du übersiehst. Du solltest aber alles so anschauen und tun, daß du zur gleichen Zeit die in den Umständen liegenden Aufgaben erfüllst ..." (X,10). Dem entspricht die Aufforderung: „Wie du selbst mit deiner Person die menschliche Gesellschaft mitaufbaust, so soll auch jede Tat von dir an ihrem Teile die Lebensgemeinschaft der Menschen mit verwirklichen helfen" (IX,23).

Neben diesen bedeutenden Repräsentanten der späten Stoa brachte das 2. Jh. auch Vertreter der neupythagoreischen, platonischen und neuplatonischen Philosophie hervor, darunter *Numenios von Apamea* in Syrien (um 170), der pythagoreisches und platonisches Gedankengut verband, den Platoniker *Kelsos* (um 180) und den Vater des Neuplatonismus, *Ammonios Sakkas* aus Alexandria (um 175–242), der Plotins Lehrer wurde.
Auch auf den Gebieten der Historiographie und Biographie gab es im 2. Jh. hervorragende Vertreter.

Hier sind vor allem *P. Cornelius Tacitus* (um 55–120; „Germania", „Historiae", „Annales"), der alexandrinische Historiker *Appianus* (um 100–um 165; 14 Bücher römische Geschichte) und *Gaius Suetonius Tranquillus* (um 70–um 140) zu nennen. Sueton beschrieb das Leben und Wirken der zwölf ersten Kaiser (De vita Caesarum) und „berühmten Männer" (De viris illustribus). Seine Biographien wirkten vorbildhaft bis ins späte Mittelalter. Große Wirkung erzielten die „Parallelbiographien" (Lebensbeschreibungen je eines Griechen und eines Römers – unter der politischen Zielstellung der Ebenbürtigkeit und Zusammengehörigkeit) des *Plutarchos* aus Chaironeia (um 46–um 120) mit pythagoreischem Einschlag. Von ihm stammen auch die „Moralia" und die religionsgeschichtlich wichtige Abhandlung über Isis und Osiris (De Iside et Osiride). Eine wichtige Quelle für die Kenntnis dieser Religion in römischer Zeit sind die „Metamorphosen" (oder Der Goldene Esel) des Platonikers *Apuleius* (geb. um 125) aus Madaura in Numidien. Dieser schnurrige Abenteuerroman enthält nicht nur die berühmte Erzählung von „Amor und Psyche", sondern in seinem elften Buch auch Einzelheiten über die Isis-Mysterien. Für die Geschichte des Christentums im 2. Jh. sind die „Epistulae" von *Plinius* (um 61–um 113) von Bedeutung, die im zehnten Buch den Briefwechsel des Autors mit Kaiser Trajan über die Behandlung der Christen enthalten (vgl. Kap. 6, A2).
Eine große Ausstrahlung und Wirkung bis in die Gegenwart haben die beiden Satiriker *Iuvenalis* (um 60–nach 127) und *Lukianos* aus Samosata in Syrien (um 120–nach 180). Letzterer unterzog die (meisten) Religionen seiner Zeit, darunter auch den christlichen Glauben, einer scharfen Kritik. Eine wichtige Quelle für die Kultur- und Kunstgeschichte und für die Geschichte der Religionen im zweiten Jahrhundert ist die „Beschreibung von Hellas" des *Pausanias* aus Kleinasien (um 180).

4. *Die Religionen*

a) Die religiöse Situation

Schon vom 3. Jh. v. Chr. an hatten neue Gottheiten Verbreitung in Rom gefunden. Das ging in vielen Fällen auf die herrschenden Kreise selbst zurück, die eine Gottheit aus der zu entmachtenden Stadt „herausriefen" (evocatio) und ihr in Rom einen Kult einrichteten – oder indem sie eine bedeutende fremde Gottheit zu diesem Zweck in Rom inthronisierten. Letzteres geschah z. B. 205 v. Chr. mit der Überführung der pessinischen Mater Magna nach Rom, um ihre Unterstützung für die Niederwerfung Karthagos zu gewinnen. Allerdings büßte die Gottheit dabei ihr typisch „orientalisches" Gepräge ein: ihr Kult wurde seines ekstatischen Moments entkleidet. Dennoch behielten die Römer eine gewisse prinzipielle Abneigung gegen fremde Kulte, die sie als „gefährlichen Unglauben" (superstitio perniciosa) betrachteten. Namentlich alles Geheimnisvolle, Mysteriöse und Ungewöhnliche, geheime Feiern und „seltsame", mitunter abstößige Riten waren den traditionsbewußten Römern verdächtig, und es dauerte oft sehr lange, bis ein Kult staatliche Anerkennung fand (wie z. B. der Isis-Kult zu Beginn des 1. Jh.). Noch im letzten vorchristlichen Jahrhundert wehrte sich der römische Staat oft mit rigorosen Mitteln gegen das Vorrücken neuerer Religiosität; und bis zu Septimius Severus durften die meisten orientalischen Gottheiten nur außerhalb der römischen Stadtgrenze (des Pomeriums) verehrt werden.

Auf der anderen Seite faszinierte gerade diese lebendige Religiosität immer mehr Menschen. In ihr fanden sie, wonach sie suchten: Heil (Soteria), Gemeinschaft, Geborgenheit und eine über das hiesige Dasein hinausweisende Hoffnung. Das gab ihnen Halt, dessen besonders die Angehörigen der unteren Schichten bedurften. Aber auch viele freie Bürger, denen die neuen politischen Verhältnisse eine direkte Mitverantwortung am Wohl des Staates versagten, begannen sich für die neuen Heilslehren zu interessieren.

Die neue Religiosität fand auf vielfältige Weise ihren Ausdruck. Bei den aus Griechenland stammenden Kulten verstärkten bzw. entwickelten sich Züge des Mysterienhaften. Andere, aus dem Orient stammende Religionen nahmen den Charakter von Mysterienreligionen an (Isis, Mithras). Der religiöse Volksglaube, Mantik und Magie, Zauberpraktiken, Orakelwesen, Wunderglaube und Astrologie kamen immer stärker zum Zuge, und es gewannen jene philosophischen Richtungen an Boden, die ihren Anhängern durch eine mystische Schau Erkenntnis und Unsterblichkeit zu vermitteln suchten (Neuplatonismus, Neupythagoreismus). Vor allem aber waren es die orientalischen Götter und Kulte, die den religiösen Erwartungen vieler Menschen entsprachen und sich daher über das ganze römische Imperium ausbreiten konnten. So nahm im ersten nachchristlichen Jahrhundert der kulturelle und religiöse Einfluß des Orients auf Rom stark zu, gewann im 2. Jh. einen erheblichen Umfang und erreichte im 3. Jh. seinen Höhepunkt.

b) Die orientalischen Religionen

Zu den orientalischen Religionen, die sich im 2. Jh. mehr oder weniger über das gesamte römische Imperium ausbreiteten, gehören allen voran die *Mithras-Mysterien*, die etwa gleichzeitig mit dem Christentum (wie auch die Gnosis!) entstanden. Sie eroberten als Religion der Soldaten alle Garnisonen des Reiches. Den Höhepunkt ihrer Beliebtheit und Verbreitung erlangten sie im 3. Jh. In ihnen nahm der Myste nach seiner Einweihung (Initiation) an geheimen, d. h. nicht öffentlichen Kultfeiern teil, bei denen er zusammen mit den anderen Mysten das Schicksal der Kultgottheit nacherlebte. Indem er sich mit dieser identifizierte, wurde er wiedergeboren bzw. vergottet.
Die Mysterienreligionen waren alle aus alten Fruchtbarkeits- und Vegetationskulten hervorgegangen, hatten sich aber in frühchristlicher Zeit einander stark angeglichen. Man kann daher von einem allgemeinen *Mysterienglauben* sprechen, dessen Hauptelemente die unterschiedlichen Riten miteinander verbinden. Diese Hauptelemente sind: bei der Einweihung die Mystagogie (Einführung in die Mysterien durch den Priester bzw. die Priesterin), Paradosis (Übergabe des geheimen Losungswortes u. a.)

und die Arkandisziplin (Schweigepflicht); und bei der eigentlichen Mysterienfeier sind es die Epoptie (das Schauen des Gottes im Kultbild oder eines Symbols auf dem Höhepunkt der Feier), die Palingenese (Wiedergeburt) und/bzw. die Vergottung des Mysten.
Zugleich läßt sich an den Mysterienreligionen das damals typische Phänomen des *Synkretismus*, die Verschmelzung von verschiedenen Göttern und Kulten, feststellen. Dieser schon mit Alexander d. Gr. einsetzende Vorgang der Identifizierung orientalischer, griechischer und römischer Götter, ihrer Attribute, die man einander angleicht, und der Verbindung religiöser Vorstellungen aus dem Orient und Okzident ist auch im 2. Jh. weithin zu beobachten. Der Grund hierfür war nicht nur religionspolitischer Natur, sondern auch – auf seiten der Gläubigen – die Verwirrung über das Einströmen fremder Gottheiten und die Furcht, die alten, eigenen Götter zu verlieren.

Gut beobachten läßt sich die Ineinssetzung verschiedener Gottheiten an *Mithras*. Er wird mit dem unbesiegbaren Sonnengott (Sol invictus) gleichgesetzt. Der iranische Zeitgott Zervan, der griechische Aion, erscheint als Mithras, mithin ist Mithras auch Kronos-Saturn, und er ist als Schöpfergott, als Spender von Fruchtbarkeit und Wasser zugleich Saturn-Oceanus.

Diese Angleichung von Namen und Wesensmerkmalen der Götter, von religiösen Vorstellungen und kultischen Elementen war im 2. Jh. bereits eine allgemeine Erscheinung. Aus der ursprünglichen Deutung orientalischer Vorstellungen (interpretatio Graeca, interpretatio Latina) war längst eine Vermischung des orientalischen und okzidentalen Kultur- und Religionsgutes geworden, wobei nunmehr das Orientalische dominierte. Diese synkretistische Tendenz entsprach wiederum der Sehnsucht vieler nach einem universalen Gott und Glauben.
Dieses Verlangen konnten weder die erstarrte römische Religion noch der staatlich verordnete *Kaiserkult* befriedigen, dessen Wurzeln ebenfalls orientalisch waren und der von den Römern bis in alle Winkel des Reiches gebracht wurde. Bei ihm handelte es sich nicht eigentlich um eine besondere Religion, sondern vielmehr um einen „religiös gefärbten Ausdruck politischer Loyalität“ (Maschkin; vgl. Kap. 6, A1).
Zu den weitverbreiteten orientalischen Religionen des 2. Jh., von denen hier nur einige erwähnt werden können, zählten auch die *ägyptischen und kleinasiatischen Götter und Kulte.*

Die ägyptischen Gottheiten wurden schon früh hellenisiert und in dieser Form später auch von den Römern angenommen, obwohl man sie in Rom selbst erst unter Caligula akzeptierte. Das waren vor allem Isis (Demeter, Artemis-Diana, Aphrodite-Venus usw.) und Sarapis (Zeus-Jupiter) zusammen mit Anubis (Hermes-Anubis) und Horus-Harpokrates (Apollo-Eros). In römischer Zeit nahmen ihre Kulte wieder stärker ägyptische Züge an. Vor allem *Isis* erfreute sich im Römerreich als Allgöttin zunehmend großer Beliebtheit, speziell bei den unteren Schichten der Bevölkerung und namentlich bei den Frauen. In den großen Städten gab es Isis-Tempel mit täglichen Gottesdiensten, mit Festen und Prozessionen. Im 2. Jh. erreichte die Isis-Religion in den westlichen Provinzen einen Höhepunkt (Noricum: Isis-Noreia; London; Savaria; Carnuntum). In dieser Zeit schreibt Plutarch sein Werk „De Iside et Osiride“ über die (mystische) Isis-Osiris-Religion. Einen Einblick in die *Isis-Osiris-Mysterien*, die anscheinend unter dem Einfluß der eleusinischen Mysterien entstanden sind (so L. Vidman), verschafft das elfte Buch der „Metamorphosen“ (Der Goldene Esel) des Apuleius. Auch diese Gottheiten wären zu Heilsgöttern geworden. Durch die Teilnahme an ihrem „Schicksal“ im Kult, ihrem Sterben und ihrer Erwekkung aus dem Tode, erlebte der Myste an sich selbst eine Wiedergeburt bzw. Vergottung.

Bei den kleinasiatischen Göttern und Kulten sind an erster Stelle der Kult der Mater Magna, der phrygischen Fruchtbarkeitsgöttin *Kybele*, zusammen mit ihrem Paargenossen *Attis* zu nennen. Der von Griechen und Römern wegen seiner harten Riten (u. a. die Selbstentmannung der Galli in der Ekstase) entschärfte Kult konnte sich erst im 2./3. Jh. mit seinen ursprünglichen Zügen durchsetzen. Mitte des 2. Jh. wurde das Amt des Archigallus des Kybele-Attis-Kultes offiziell anerkannt. Zugleich fand das Taurobolium bzw. Criobolium, ein Stier- oder Widderopfer, das später als „Bluttaufe" vollzogen wurde und wovon Prudentius um 400 sehr realistisch berichtet (Peristephanon X, 1006ff.), öffentliche Anerkennung. Der Kybele-Attis-Kult verbreitete sich vor allem im lateinischen Westen des Römerreiches einschließlich Nordafrikas. Neben dem öffentlichen Kult sind Mysterien bezeugt. Klemens von Alexandrien überliefert das Glaubensbekenntnis (Symbolon) dieser Mysterien (Protreptikos II,15): „Ich habe aus dem Tympanon gegessen; ich habe aus der Zymbel getrunken; ich bin Myste des Attis geworden." 150 Jahre später tauchte dieses Bekenntnis in veränderter Form wieder auf bei Firmicus Maternus (De errore profanarum religionum 18,1). Wenn wir aus den Quellen auch nicht über alle Einzelheiten dieser Mysterien Auskunft erhalten, so steht doch fest, daß die Gläubigen in ein inniges Verhältnis zur jeweiligen Gottheit traten und dadurch gestärkt, erneuert und auch verwandelt wurden.

Solche Vorstellungen, wie sie in den Kultmysterien begegnen, werden im Laufe der Zeit immer mehr vergeistigt. Interessante Belege dafür liefern die *hermetischen Schriften* aus dem 2./3. Jh., die in Konventikeln zur mystischen Kontemplation und geistlichen Erbauung und Erneuerung benutzt wurden. In einem dieser Traktate heißt es: „Durch die Geburt (sc. Palingenese, Wiedergeburt) sind wir vergottet worden" (Corpus Hermeticum XIII,10, vgl. dazu Röm 6,3–6).

Außer den genannten gab es im Römerreich des 2. Jh. eine große Zahl weiterer Götter und Kulte, die über ihre eigentliche Heimat hinaus Verbreitung gefunden hatten. Dazu zählen noch die *kleinasiatischen Götter* Sabazios (Dionysos, Sol, Zeus-Helios) aus Phrygien (oder Thrakien), Jupiter Dolichenus vom Oberlauf des Euphrat, die kappadokische Göttin Ma (Bellona) und die berühmte Artemis Ephesia (vgl. Apg 19,23ff.), die allerdings erst nach dem 2. Jh. eine stärkere Verbreitung in westlicher Richtung fand. Von nicht geringer Bedeutung waren auch die *syrischen Götter und Kulte*, allen voran die Mutter- und Fruchtbarkeitsgöttin Atargatis, die Dea Syria. Über sie und ihren Tempelkult in Hierapolis (Bambyce/Menbidj, nordöstlich von Aleppo) schrieb Lukian von Samosata im 2. Jh. sein Werk „De Dea Syria". Verehrt wurden vielerorts auch die Göttin Astarte, der jugendliche Adonis, der Gott Melkart aus der Hafenstadt Tyrus, die Himmels- und Fruchtbarkeitsgötter Hadad und Bēl (Baal Schamīn) – die meisten von ihnen unter vielerlei Namen und Gestalt und mit anderen Gottheiten kombiniert. Man knüpfte an ihre Verehrung nicht nur die Hoffnung auf Fruchtbarkeit, Hilfe in Not und langes Leben, sondern auch auf eine Seelenrettung nach dem Tode. Die syrischen Gottheiten fanden in den offiziellen Staatskult keinen Eingang.
Besonders hervorzuheben ist die Verehrung der göttlichen Sonne, mit der verschiedene Gottheiten identifiziert wurden (vgl. oben Mithras). Das geschah bereits im 2. Jh. Anfang des 3. Jh. führte dann Kaiser Elagabal (218–222) den Kult des Sonnengottes Elagabal von Emesa (Homs in Syrien) in Rom ein und versuchte, diesen als Reichskult durchzusetzen. Sein Nachfolger Kaiser Severus Alexander (222–235) kam zwar davon wieder ab, doch unter Aurelian (270–275) wurde der *Sonnenkult* Staatsreligion. Am 25. Dezember 274 weihte man dem *Sol invictus*, der unbesiegten Sonne, in Rom einen Tempel, und am 25. Dezember 333, am Tage des Amtsantritts von Kaiser Constans, dem Sohn Konstantins, des ersten „christlichen" Kaisers, wurde der Geburtstag des Sol invictus zum Tag der Geburt Jesu Christi bestimmt. „Fortan konnten und können die einen sagen, daß Christus damit das Herrscheramt des Sonnengottes übernommen habe, und die anderen, daß damit der Sonnengott seine Herrschaft ungebrochen fortsetze."[1]

1 *C. Colpe*, in: M. J. Vermaseren (Hg.), Die orientalischen Religionen im Römerreich, 17.

Auch das Christentum wurde von den Römern als eine orientalische Religion empfunden. Seinem kultischen Charakter entsprechend, den Zusammenkünften der Christen, denen etwas Geheimnisvolles anhaftete, und auf Grund seiner Erlösungsvorstellungen wurde es mit den Mysterienreligionen in Verbindung gebracht und wie jene betrachtet, begrüßt oder beargwöhnt.
Das bunte Bild der Religionen im Römerreich wird noch bereichert durch die mehr intellektuellen, religiös-philosophischen Erscheinungen, Systeme und Schulen, die wir schon erwähnt haben (vgl. Kap. 1,3). Zu diesen Religionsphilosophen gesellten sich noch die *Gnostiker* mit ihren verschiedenen Schulen. Sie entwickelten eine neue Weltsicht, eine eigene Kosmologie und Soteriologie, die sowohl den geistigen Ansprüchen vieler Intellektueller als auch den religiösen Bedürfnissen, der Erlösungssehnsucht einfacher Menschen entsprach (s. Kap. 6,B1).

c) Die Einstellung der römischen Kaiser zu den orientalischen Religionen

Die römischen Kaiser verhielten sich unterschiedlich gegenüber den orientalischen Religionen.[2]
Von *Trajan* ist bekannt, daß er vor seinen Feldzügen gegen die Parther das Orakel des Jupiter Heliopolitanus, des syrischen Baal-Hadad aus Heliopolis/Baalbek, konsultierte. Auch ließ er das Bild des Jupiter-Ammon auf Münzen prägen.
Der Griechenfreund *Hadrian* ließ sich in die Mysterien von Eleusis einweihen und wiederholte später bei seinem zweiten Athenbesuch diese Einweihung. Auch an den großen Dionysosfeiern nahm er teil und präsidierte ihnen. Auf dem Brustpanzer einiger Statuen dieses religiösen Kaisers findet man ein Bild des Jupiter-Ammon. Der Magie war er nicht abgeneigt, verbot aber den Schadenzauber. Besonders nahe stand ihm die ägyptische Religion.

Als Hadrians Günstling Antinoos während einer gemeinsamen Reise in Ägypten 130 n. Chr. im Nil ertrank, wurde er nach ägyptischen Vorstellungen vergöttlicht und entsprechend als Osiris dargestellt. Der Kult verbreitete sich durch Hadrians Begünstigung über Ägypten hinaus. Antinoos wurde mit vielen anderen Gottheiten identifiziert, u. a. mit Dionysos und Hermes-Thot. Es gelang Hadrian allerdings nicht, den Antinoos-Kult auch im Westen – außer in einigen Städten (u. a. Rom und Ostia) – durchzusetzen und religionspolitisch zu nutzen.

Hadrians Sympathie für orientalische Religionen bezog sich freilich nicht in gleicher Weise auf die Religion der Juden, die er zunächst respektierte, deren Anhänger er aber dann als Aufrührer bekämpfte und verfolgte.
Auch *Antoninus Pius* war ein den orientalischen Religionen gewogener Herrscher. Er ließ zum ersten Mal ein Attis-Bild auf eine Münze prägen. Ihm war es zu danken, daß Attis neben Kybele verehrt werden konnte.
Mark Aurel war mehr an Philosophie denn an religiösen Kulten interessiert, die er gleichwohl gewähren und sich entfalten ließ. Gegen Ende seiner Regierungszeit empfing er in Athen seine Einweihung in die Eleusinischen Mysterien.
Mark Aurels Sohn *Commodus* interessierte sich weitaus mehr als sein Vater für die verschiedenen Religionen und Kulte und legte sich selbst einige Götternamen zu (Jupiter, Herkules, Sol invictus, Mars). Er war besonders der ägyptischen Religion zugeneigt, nahm an den Kulten der Isis, aber auch des Mithras teil. Einer Reihe von Göt-

2 Ihr Verhalten gegenüber dem Christentum s. Kap. 6, A2.

tern und Kulten ebnete er den Weg und erlaubte die Verehrung lokaler Gottheiten in den Provinzgarnisonen.
Mit *Septimius Severus* erreichte der Einfluß der orientalischen Religionen und ihre offizielle Anerkennung am Ende des 2. und zu Beginn des 3. Jh. einen Höhepunkt. Dieser afrikanische Kaiser aus Leptis magna ließ die römische Religion zwar weiterbestehen, wendete aber seine ganze Aufmerksamkeit den orientalischen Göttern und Kulten zu, nicht zuletzt unter dem Einfluß seiner Frau Julia Domna, der Tochter des Baal-Oberpriesters Bassianus aus dem syrischen Emesa (Homs). Stärker als seine Vorgänger öffnete sich Septimius Severus der orientalischen Religiosität und Mentalität und ließ sich vom Mysteriendenken stark beeindrucken. Im Jahre 201 oder 202 verbot er in einem Edikt, zum Judentum (und auch zum Christentum) überzutreten. Damit erhoffte er eine generelle und globale Lösung dieses Problems.

Er verehrte die nordafrikanische Dea Caelestis (Tanit von Karthago) und huldigte Göttern seiner Heimatstadt. Seine Verbundenheit zu den ägyptischen Göttern zeigte sich schon äußerlich in seinem Auftreten im Sarapis-Stil. Aber ebensosehr zog es ihn zu den kleinasiatischen und syrischen Gottheiten. Er ließ dem Jupiter Dolichenus einen Tempel auf dem Aventin errichten und befragte den Gott Bel, von dem er gute und böse Prophezeiungen erhielt. Vor allem förderte er die Verehrung des Sonnengottes, allerdings in erträglichen Maßen, so daß sich die Römer nicht allzusehr provoziert fühlen mußten. Das erreichte erst sein zweiter Nachfolger Bassianus (218–222), der sich den Gottesnamen Elagabal zulegte und den Baal von Emesa nach Rom auf den Palatin holte. Er erklärte den Sonnengott zum Reichsgott.

Mit der Verehrung des Sonnengottes erreichte die zur *universalen* Gottheit hinstrebende Religiosität der ausgehenden Antike ihren Zenit. Sie mündete schließlich in das Christentum bzw. wurde von diesem abgelöst.

Adolf von Harnack schrieb über diesen Prozeß: „Nicht die christliche Religion hat die *alten* griechisch-römischen Kulte überwunden, sondern das verdankt man der konzentrierten einheitlichen Vorarbeit des ‚Orientalismus'. Das Ergebnis seiner fortschreitenden, auflösenden und bauenden Arbeit fand das Christentum, Generation für Generation, schon vor. Es konnte sich dieses Ergebnis, da es selber mit ihm von den Wurzeln her und infolge seiner Entwicklung verwandt war, in großem Umfange aneignen und – kehrte dann seine Waffen gegen seine Schrittmacher, die bereits halb spirituellen und halb moralischen, aber immer noch mit polytheistischen und rückständigen Elementen stark belasteten Kulte des neuen Sol invictus. Sobald es sich aber um eine Kombination von Religion und Konfession, von Monotheismus, Herzensreligion, religiöser Philosophie und öffentlichem Kultus handelte . . ., war das Christentum, das auf den Schultern des hellenistischen Judentums stand, zwei unvergleichliche Bibeln besaß und den nicht nur erträumten ‚Herrn und Heiland Christus' predigte, dem gleichartigen Gegner weit überlegen."[3]

d) Das Judentum

α) Allgemeine und religiöse Situation zwischen 70 und 135

Im 1. und 2. Jh. vollzogen sich im Judentum Wandlungen, die für seine gesamte weitere Geschichte bestimmend wurden. Die dabei entscheidenden Ereignisse sind der Jüdische Krieg (66–70), die Aufstände von 115–117 und die Bar-Kochba-Erhebung (132–135), die mit der Entmachtung der Juden endete.

3 Mission und Ausbreitung des Christentums, Bd. 2, 943f.

Die politische und religiöse Lage der Juden Palästinas war nach dem Jahre 70 prekär. Die bisherigen Einrichtungen vermochten ihre Aufgaben nicht mehr zu erfüllen. Zur inneren Bedrückung kamen die äußeren Zwangsmaßnahmen der Römer: Beschlagnahme des Landes, harte Besteuerung, Fronarbeit. Als besonders demütigend wurde es empfunden, daß sie die Tempelsteuer an den Jupiter Capitolinus in Rom entrichten mußten.
In dieser Situation setzte R. Jochanan ben Zakkaj in Jabne (griechisch: Jamnia) einen neuen Anfang. Er sammelte als einer der führenden Pharisäer die noch vorhandene geistige Elite – soweit sie ihm zu folgen bereit war und ihn nicht als Kollaborateur ablehnte. Er errichtete mit römischer Duldung in Jabne ein Lehrhaus, berief ein neues Sanhedrin (griechisch: Synhedrion) als zentralen Rat und Gerichtshof und schuf mit alledem ein neues geistiges und politisches Zentrum der Juden, auf das Rabban Gamaliel II. in einer Zeit nachlassender äußerer Schwierigkeiten aufbauen konnte. Mit ihm wirkten dann auch jene Rabbinen, die R. Jochanan ben Zakkaj abgelehnt hatten. R. Gamaliel erlangte mit einem an Stabilität und Einfluß gewinnenden Sanhedrin auch die Anerkennung der Römer. Als Patriarch bereiste er die Diasporagemeinden, um den Führungsanspruch von Jabne geltend zu machen.

In dieser für die weitere Existenz des Judentums entscheidenden Epoche von Jabne wurde die Halacha vereinheitlicht, d. h., die das Leben der jüdischen Gemeinschaft regelnden und bestimmenden gesetzlichen Traditionen wurden nach den Gesichtspunkten der Hillel-Richtung neu geordnet und festgeschrieben. Zu Führern der jüdischen Gemeinschaft wurden nun nach der Zerstörung des Tempels die pharisäischen Thora-Gelehrten, die je länger, desto entscheidender die Geschicke des Judentums lenkten. Aus dieser Elite gingen auch die Patriarchen (Nasi) hervor, die sich aus Hillels Nachkommen rekrutierten. Zentren des religiösen Lebens waren die Synagogen, deren Bedeutung schon vor 70 gewachsen war. Das Thora-Studium wurde in den Akademien betrieben, neben denen es noch die Lehrhäuser (Bet Midrasch) der Rabbinen gab. Vom Pharisäismus abweichende Vorstellungen und Richtungen, wozu neben den Essenern auch der für das hellenistische Gedankengut aufgeschlossene Philo rechnete, fielen von etwa 90 an unter das Verdikt der Minim im Sinne von Häretikern. Gegen sie richtete sich die damals in das Achtzehnbittengebet (Schmone Esre) aufgenommene Verwerfungsformel (12. Beracha). In einer ihrer Versionen sind davon auch die Christen (Nozerim, Nazarener) betroffen. Sie richtete sich aber nicht in erster Linie gegen sie, sondern generell gegen alle jene, die die lebenswichtig gewordene Einheit des Judentums zu gefährden schienen. In die Zeit von Jabne fällt auch die Festlegung der als kanonisch empfundenen biblischen Schriften und ihre Abgrenzung gegen apokryphe Texte.

Zu den herausragenden rabbinischen Persönlichkeiten der Ära von Jabne gehörten der gemäßigte Josua ben Chananja und sein konservativer Gegenspieler Eliezer ben Hyrkanos sowie Rabbi Aqiba (geb. um 50). Letzterer bestimmte maßgeblich die Sichtung und Fixierung des erwähnten Traditionsgutes.

Die allgemeine geistige Lage des Judentums um die Wende vom ersten zum zweiten Jahrhundert war durch eine anhaltende tiefe Erschütterung über die Niederlage und Folgen des Jahres 70 gekennzeichnet. Das schlug sich literarisch in Schriften wie der *Baruch-Apokalypse* und dem *4. Buch Esra* nieder (um 100). Die Zerstörung des Tempels und Israels Ungehorsam bildeten das Thema theologischer Überlegungen; eine neue Apokalyptik und Eschatologie gewannen an Boden. Zwischen der Jahrhundertwende und dem Bar-Kochba-Aufstand nahm bei vielen die Gewißheit zu, daß die „Welt" ihrem Ende entgegengehe und die bestehenden Verhältnisse bald abgelöst würden von einer neuen glanzvollen Ära für Israel. Das stärkte nationale Hoffnungen in einer schweren Zeit und gab den messianisch-apokalyptischen Kreisen und nationalistischen Kräften Auftrieb. Es gab viele, die den Anbruch eines messianischen Zwischenreiches für die allernächste Zukunft erwarteten und darauf hinarbeiteten. Die nüchternen Vertreter des Pharisäismus hielten sich allerdings von solchen Spekulationen und Aktivitäten weitgehend zurück.

In den Jahren 115–117 kam es zu jüdischen Aufständen im östlichen Mittelmeerraum (Zyrenaika, Zypern, Ägypten; Mesopotamien), die von den Römern grausam niedergeschlagen wurden. In Palästina war es damals wahrscheinlich nicht zu einer Erhebung gekommen; denn möglicherweise fiel in jene Zeit die Umwandlung Judäas von einer prätorischen in eine konsularische Provinz. Hadrians anfängliche Respektierung der religiösen Besonderheiten der Juden schlug später in Abneigung und Feindschaft um, wofür wohl nicht nur seine zunehmende Neigung zum Hellenismus, sondern auch das Verhalten der Juden den Anlaß gaben. Dies führte schließlich zu dem Aufstand unter Bar Kochba.
Ausgelöst wurde diese Erhebung des von seinen Anhängern als Messias gefeierten Simeon bar Kosiba (Bar Kochba) vermutlich durch Hadrians Beschneidungsverbot und durch sein Vorhaben, Jerusalem als römische Provinzstadt wieder aufzubauen und an die Stelle des ehemaligen Tempels ein Heiligtum für Jupiter zu setzen. Da die Römer dem Aufstand der Juden zunächst kein besonderes Gewicht beimaßen, konnte Simon bar Kosiba mit seinen Anhängern in dem Gebiet südlich von Jerusalem seine Herrschaft ausüben. Er ließ sogar Münzen prägen, von denen einige die hebräische Inschrift „Simeon, der Fürst von Israel" tragen. Diese Aufstandsmünzen sowie die in der Wüste Juda gefundenen Urkunden, darunter mehrere Briefe Bar Kosibas, ermöglichen einen gewissen Einblick in die Vorstellungen der Aufständischen und in ihre Lage. Als sich die Römer schließlich zu einem massiven Einschreiten entschlossen, leisteten die Juden erbitterten Widerstand. Er endete mit dem Fall von Beth-Ter (Betar), der letzten Bastion Simons bei Jerusalem, und dem Tod Bar Kosibas.

β) Die neue Situation nach 135 und ihre geistige Bewältigung

Nach diesem Aufstand von 132 bis 135 n. Chr. war es mit der jüdischen Eigenstaatlichkeit im „heiligen Land" der Väter endgültig vorbei. Die jüdische Bevölkerung, durch Kriegswirren ohnehin um die Hälfte geschrumpft, durfte fortan ihre alte Hauptstadt, jetzt die Colonia Aelia Capitolina, bei Todesstrafe nicht mehr betreten (erst mit Beginn des 3. Jh. konnte Jerusalem einmal im Jahr, am 9. Ab, für eine Trauerzeremonie besucht werden). Die Provinz „Judaea" erhielt den Namen Syria-Palaestina, womit auch der Name und das Andenken an das ehemalige Reich der Juden offiziell gelöscht wurden.
In den ersten Jahren nach dem Aufstand war die Lage für die in Palästina verbliebenen Juden sowohl in wirtschaftlicher als auch religiöser Hinsicht hart. Verboten waren die Ausübung der Beschneidung und des Sabbats, der Tora-Unterricht, die Ordination von Rabbinen und die Bekanntgabe des jüdischen Kalenders. In den Beginn dieser Zeit der Restriktionen und wohl auch Verfolgungen fällt im Jahre 135 n. Chr. der Märtyrertod des altehrwürdigen, unbotmäßigen *Rabbi Aqiba*, der in Aufnahme von Num 24,17 für die Proklamation des Simon bar Kosiba zum Messias und die dadurch gesteigerte religiöse Leidenschaft des Kampfes verantwortlich gewesen war.
Erst unter Antoninus Pius (138–161) wurde den Juden die Beschneidung ihrer Söhne wieder gestattet. Sie durften in Palästina ihre Religion wieder ausüben und ihre Angelegenheiten in einem gewissen Umfang selbst ordnen. Allmählich konnten auch die

Rabbinen ihre theologische Arbeit wieder aufnehmen (s. u.). Jedenfalls gestaltete sich das Verhältnis zwischen Römern und Juden, die sich nunmehr in ihr Schicksal fügten, bis zum Ende des zweiten Jahrhunderts erträglich und entspannter.
Zunächst blieb jedoch die wirtschaftliche Lage der Juden prekär. Viele von ihnen verließen damals Palästina. Erst vom Ende des 2. Jh. an – schon unter den Antoninen, vor allem aber seit dem Regiment der severischen Kaiser (ab 193) – ging es den Juden Palästinas politisch und wirtschaftlich wieder besser. Lediglich Pescennius Niger (192 bis 193 in Syrien) setzte den Juden hart zu. Unter den judenfreundlichen Severern kamen einflußreiche Juden zurück nach Palästina.
Nach der Katastrophe der Bar-Kochba-Erhebung verlagerte sich das geistige Leben nach *Galiläa*. Die Leitung der jüdischen Gemeinschaft – Sanhedrin und Patriarch – ließ sich in dem untergaliläischen Ort Uscha nieder, gegen Ende des 2. Jh. in Bet-Schearim (im 3. Jh. in Tiberias). Neuer Patriarch wurde R. Simon ben Jochaj, Sohn Gamaliels II., assistiert von R. Meir und R. Natan. In Galiläa konnte nun auch die Arbeit an der *Halacha* weitergeführt werden, die in den Gesetzeskodex der Mischna einmündete. Bedeutende Gelehrte dieser Zeit waren außer R. Meir auch R. Jehuda ben Ilaj und R. Josse ben Halafta. Um 200 n. Chr. wurde die für alle späteren Zeiten grundlegende Traditionsarbeit der *Tannaiten*, d. h. der in dieser Frühzeit wirkenden Rabbinen, mit der Redaktion der *Mischna* durch Jehuda ha-Nasi abgeschlossen.
Die nachfolgenden Generationen von Talmud-Lehrern, die Amoräer, fußten auf dieser Gesetzessammlung der Mischna, die sie diskutierten und erklärten (Gemara). Dies geschah sowohl in Palästina als auch in Babylonien, wo die Rabbinen nach 200 zunehmend an Ansehen und Autorität gewannen. Gegenüber dem Jerusalemer *Talmud* (Mischna und Gemara) erlangte der Babylonische Talmud (Ende des 5. Jh.) sogar die größere Bedeutung. Der von den tannaitischen Rabbinen außerhalb der Mischna gesammelte Traditionsstoff ging in die Tosephta ein.

γ) Einflüsse auf das Frühjudentum

Vor allem der *Hellenismus* übte auf das Judentum keinen geringen Einfluß aus. Zwar lehnten die Juden eine Identifizierung Jahwes mit anderen Göttern entschieden ab, aber die geistigen Potenzen des Hellenismus, vor allem das platonische und stoische Gedankengut, nahmen sie auf. Allerdings war das Verhältnis der jüdischen Gruppierungen zum Hellenismus sehr unterschiedlich und kontrovers. Während das *hellenistisch orientierte* Judentum sein Denken der hellenistischen Vorstellungswelt anglich und teilweise in ihr aufging, hat sich das pharisäische Judentum hellenistische Anschauungen allenfalls dienstbar gemacht, aber das Eigene stärker bewahrt. Für viele Juden war jedoch die Gedankenwelt der hellenistisch geprägten jüdischen Kreise nicht akzeptabel. Das betraf auch Philo und die Septuaginta!
Zu den Vorstellungen, die in frühchristlicher Zeit von den Rabbinen aufgegriffen wurden, zählten u. a. die *Weisheitsspekulationen* (schon bei Jesus Sirach im 2. Jh. v. Chr.), wonach die Tora die Weisheit ist, die schon vor der Erschaffung der Welt existierte und von Gott bei der Schöpfung eingesetzt wurde (R. Aqiba, vgl. Philo). Für die Beschreibung der Bedeutsamkeit Jesu sind diese Vorstellungen insofern von Bedeutung, als eine der christologischen Konzeptionen *Jesus als die Weisheit* beschreibt. Im anthropologischen Bereich hat vor allem *der platonische Dualismus* von Leib und Seele auf die rabbinische ebenso wie auf die frühchristliche Lehre eingewirkt. Was die frühjüdischen Richtungen und Vorstellungen angeht, so war für das frühe Christentum in

erster Linie der *Pharisäismus* von entscheidender Bedeutung, wie man an Jesus, Paulus und den Deuteropaulinen, an den „Katholischen Briefen" und an den Vorstellungen und Strukturen des sogenannten Frühkatholizismus feststellen kann.
Ob die *Gnosis* aus dem Judentum „abgeleitet" werden kann oder nicht, ist umstritten. Unbestritten aber ist, daß die Gnosis eine Vielzahl von Elementen, Traditionen aus den heiligen Schriften des Judentums verwendet und umgewertet hat. Der in einer Anzahl gnostischer Schriften zu beobachtende Antijudaismus muß allerdings im weiteren Rahmen einer allgemeinen gnostischen Protesthaltung gesehen werden, die sich nur partiell, wenn auch besonders prägnant, gegen das Judentum richtete. Andererseits hat die gnostische Bewegung auch das Judentum beeinflußt.
Der wechselseitige Einfluß von spätantiken, gnostischen und jüdischen Vorstellungen fällt besonders in der *jüdischen Esoterik* auf (Thronwagen-Merkabah-Vorstellung, Himmelsreise der Seele bzw. des Mysten u. a.). Das Judentum hat im großen und ganzen an der Einmaligkeit, Erhabenheit und Herrlichkeit seines Gottes keine Abstriche gemacht und den theologischen Dualismus der Gnosis, die Unterscheidung eines oberen, guten und eines niederen Schöpfergottes, abgewehrt. Die Häresie eines Elischa ben Abuja, genannt Acher (um 70 n. Chr. geboren), war daher etwas Vereinzeltes.

δ) Der Antijudaismus

Die politische Entmachtung der Juden hatte sich vor dem Hintergrund tiefgreifender Unterschiede im geistig-religiösen Bereich vollzogen. Es war das Festhalten der Juden an der Einmaligkeit ihres Gottes und ihre damit verbundene Glaubenspraxis, was ihnen das Mißfallen und Unverständnis und die Feindschaft ihrer Umwelt eintrug und zu den geschilderten Spannungen und Auseinandersetzungen führte. Denn auf Grund dieser streng monotheistischen Einstellung – Eric Peterson sprach in diesem Zusammenhang vom „Monotheismus als politischem Problem" – ließ sich das Judentum in die hellenistische und spätantike Gesellschaft nicht restlos eingliedern.[4]
Den römischen Herrschern konnte dies nicht gleichgültig sein, da das Judentum weit verbreitet und auch außerhalb Palästinas an manchen Orten mit einer beachtlichen Bevölkerungszahl vertreten war. Die sehr unterschiedliche Politik der Kaiser gegenüber den Juden und entsprechende Reaktionen der jüdischen Bevölkerung spiegeln das Problem der Integration der Juden im Römerreich anschaulich wider.
Animositäten und Feindschaft gegenüber den Juden blieben jedoch nicht auf die Kaiser beschränkt, sondern waren ein allgemeines Phänomen, das sich auch auf die breite Masse der „heidnischen" Bevölkerung erstreckte. Denn für die Eigenarten der Juden konnten die Römer von ihren religiösen Traditionen her kein Verständnis aufbringen. Sie empfanden deren Exklusivität als staatsgefährdend, zumal sich die Juden gegenüber dem Kaiserkult zur Wehr setzten. Sie wurden als Fremdkörper im römischen Staatswesen angesehen, auch wenn sie von einigen Kaisern toleriert und bisweilen sogar unterstützt wurden. So entstand ein *Antijudaismus*, der bald weit verbreitet war. Das belegen auch Äußerungen von Schriftstellern wie Tacitus und Plinius (Zum Antijudaismus im frühen Christentum s. S. 37f.).

4 So *K. Schubert*, Die Kultur der Juden, Teil 1, 245.

5. Das Imperium Romanum im zweiten Jahrhundert (Zusammenfassung)

Das 2. Jh. war für das Imperium Romanum aufs Ganze gesehen eine Epoche des Friedens, der Stabilität und wirtschaftlichen Prosperität. Bei näherem Hinsehen muß jedoch dieses Urteil relativiert werden.

Die Zentralverwaltung in Rom bestimmte die Außenpolitik. Die Provinzen ordneten sich dem ein und unter, nahmen aber auf Grund der Besonderheiten ihrer Territorien auch ihre eigene Entwicklung. Dabei kam vor allem den Städten als den Trägern der wirtschaftlichen und kulturellen Entwicklung große Bedeutung zu. Sie bildeten das Gerüst des Staatswesens. Spannungen mit Rom blieben nicht aus, da die Interessen der kaiserlichen Zentralverwaltung häufig mit den lokalen Erfordernissen kollidierten. Neben der militärischen Sicherung des Imperiums blieb vor allem die Versorgung der Bevölkerung mit Nahrungsmitteln das Hauptproblem und löste bei Mißernten und Mißwirtschaft Aufruhre aus. Daneben gab es lokale Aufstände aus sozialen, politischen und religiösen Ursachen während des ganzen 2. Jh.

In *Italien* selbst wurden die anstehenden Wirtschaftsprobleme nicht gelöst. Die freien Kolonen (Kleinpächter) verschuldeten immer mehr und gerieten dadurch in immer größere Abhängigkeit von den Großgrundbesitzern, was wiederum ein Nachlassen der landwirtschaftlichen Produktivität nach sich zog. Ein Anwachsen der sozialen Spannungen war unvermeidlich. Daran hatten auch die zunehmenden Widersprüche zwischen den Städten mit ihren von Sklaven bestellten Villenwirtschaften und dem Großgrundbesitz (auf Kolonenbasis) Anteil. Hohe Kriegskosten, Mißernten, Seuchen und Erdbeben taten ein übriges, um die innere Kraft des Staates zu schwächen, erste Krisenerscheinungen auszulösen, in denen sich neue Entwicklungen ankündigten, wie sie dann im 3. Jh. zutage traten. Vor allem von der Mitte des 2. Jh. an nahmen die Probleme bedrängend zu und mehrten sich die Anzeichen für gesellschaftliche Veränderungen. Diese führten zu neuen wirtschaftlichen Verhältnissen, die (in der Landwirtschaft) zunehmend auf dem Kolonat und nicht mehr vorwiegend auf der Sklaverei beruhten. In der Struktur des Staates bahnte sich der Übergang vom Stadtstaatenbund zum Reichsstaat an.

Auch in den *Provinzen* gab es nicht nur den allgemeinen wirtschaftlichen Aufschwung, die fortschreitende Urbanisierung, das Aufblühen alter und neuer Städte, sondern auch große wirtschaftliche und soziale Probleme: die Verschuldung von Städten, deren Landbesitz zugunsten des Großgrundbesitzes ständig zurückging, Mißernten und eine ungleiche Verteilung der Lasten. Die Entwicklung zu einem einheitlichen Staatswesen führte u. a. zur Verleihung des römischen Bürgerrechts an fast alle Freien zu Beginn des 3. Jh. (s. Kap. 1,1). Die Kehrseite dieses Integrationsprozesses mit seiner Zentralisierungstendenz war aber die Schwächung der städtischen Selbstverwaltung. Noch im 2. Jh. setzte der Rückgang der Bedeutung der Städte im Imperium Romanum und das Abflauen der Urbanisierung ein.

Das ist der Boden, auf dem bestimmte weltanschauliche, philosophische und religiöse Vorstellungen zum Zuge kamen, während andere zurückgedrängt wurden. Auch für das Christentum sind diese Faktoren bedeutsam, bildeten sie doch den geschichtlichen und gesellschaftlichen Rahmen, in dem es sich entfalten konnte.

In kultureller Hinsicht war das 2. Jh. eine fruchtbare Zeit. Es hat namhafte Schriftsteller und Philosophen, Naturwissenschaftler und Historiker hervorgebracht. Neue Städte entstanden und viele repräsentative Bauwerke. Aber es zehrte doch von der Substanz, denn es lebte weithin von der Schöpferkraft früherer Generationen. Es rezipierte und adaptierte überkommene Gedanken, Vorbilder und Erkenntnisse. Es wurde gesammelt, geordnet, ausgewählt und systematisiert. Damit wurde aber zugleich der Grundstock für das Wirken späterer Generationen auf viele Jahrhunderte hinaus bis ins Mittelalter gelegt.

Zentren von Kultur und Bildung waren außer Rom, Athen und Alexandria auch die großen Städte Antiochia am Orontes (Antakya), Ephesos (Ephesus), Karthago und Berytos (Beirut). Besonders hier, aber auch anderenorts verewigten die Architekten und bildenden Künstler ihren Geschmack und den „Geist der Zeit" auf vielerlei Weise. Es entstanden Brücken und Aquädukte, Theater, Thermen, Tempel, Foren und Basiliken, Porträts, Fresken und Mosaiken, das Mausoleum Hadrians (die Engelsburg) und das Pantheon in neuer Gestalt sowie in Stein gehauene Geschichtsdarstellungen für jedermann wie die Säulen Hadrians und Mark Aurels. Dabei waren die östlichen Provinzen, wo sowohl das Griechische als auch das Lateinische Amtssprache waren, in erster Linie der hellenistischen Kulturtradition verpflichtet. Natürlich wirkte auch das römische Vorbild, und vielfach kam es zu einer gegenseitigen Beeinflussung.

Mit der Ausdehnung des Imperiums wuchs aber der kulturelle und religiöse Einfluß der eroberten Provinzen auf Rom. Hatte einst die griechische und hellenistische Kultur stark nach Osten ausgestrahlt, so begann nunmehr der Orient immer stärker auf die antike westliche Welt einzuwirken. Das war ein langer und verwickelter Prozeß, der in gesamtgesellschaftliche Vorgänge, Veränderungen und Umbrüche eingebettet war und sich über Jahrhunderte hinzog.

Obwohl Rom durch militärische und verwaltungstechnische Maßnahmen eine gewisse Vereinheitlichung seines Einflußgebietes erreichte und die Vermischung der Bevölkerung ein übriges tat, blieben doch nationale Eigenarten der unterworfenen Völker bestehen und wirkten sich je und dann besonders aus. Der immer wieder aufbrechende Widerstand gegen die Römer war nur die eine Seite, der zunehmende Einfluß der „orientalischen" Religionen im westlichen Teil des Römerreiches aber eine andere Seite mit tiefgreifenden Umwälzungen der alten Welt. Dazu gehörte die Auflösung der alten Polis-Strukturen mit ihrer kollektiven Religion und Sicherheit für den einzelnen, die daraus resultierende Suche nach neuen Sicherheiten, die Sehnsucht nach dem entsprechenden Glauben und nach einer Gottheit, die die Hoffnung des Individuums auf ein besseres Jenseits erfüllen konnte. Die erstarrte römische Religion war dazu nicht imstande. Sie konnte mit ihrer genauen Beachtung der fast schon magisch verstandenen Rituale das religiöse Verlangen des einzelnen nicht befriedigen. Sie vermittelte ihm weder ein persönliches Gottesverhältnis noch eine tragende Glaubensgemeinschaft und auch keine Verheißung des jenseitigen Lebens und Heils. Die alten Götter hatten ihre Anziehungskraft verloren, und alle Versuche, ihre Kulte zu beleben, konnten daran nichts mehr ändern.

So wuchs das Verlangen nach einer neuen lebendigen Religiosität. Diesem Bedürfnis kamen vor allem die aus dem Orient vordringenden Götter und Kulte sehr entgegen, aber auch ein magisch und mysterienhaft geprägter Volksglaube sowie neue philosophische Richtungen (wie der Neuplatonismus) und religiöse Bewegungen (wie die Gnosis). Sie alle fanden im 2. Jh. eine ständig zunehmende Verbreitung. Sie waren nicht nur in Rom, sondern auch in den Provinzhauptstädten, in den größeren Orten der Provinzen und in Garnisonstädten mit ihren Kulten, Gemeinden und Konventikeln vertreten, wobei hier diese und dort jene Religion stärker hervortrat.

Kapitel 2
Die Ausbreitung des Christentums

Die Geschichte des Christentums ist die Geschichte einer Glaubensrichtung inmitten ihrer politischen und religiösen Umwelt. Wie es aufgenommen oder abgelehnt wurde, welchen Einflüssen durch andere Religionen und durch zeitgenössische Philosophien es ausgesetzt war und welchen Einfluß es seinerseits ausübte, wie dies alles in einem vielschichtigen Prozeß verlief – dies alles ist zunächst der Inhalt einer Profangeschichte, in die für uns aber zugleich der Weg der Gemeinde Jesu Christi in der Welt eingeschlossen liegt.
Bevor wir auf die Ausbreitung des Christentums insgesamt und in den einzelnen Regionen eingehen, wollen wir zunächst den Weg des Judenchristentums für sich betrachten. Dabei sollen auch das besondere Verhältnis der christlichen Gemeinden zum Judentum und der sich schon früh entwickelnde Antijudaismus zur Sprache kommen.

1. Der Weg des Judenchristentums und das Verhältnis von Christen und Juden

Die Verkündigung der christlichen Botschaft hatte sich zuerst innerhalb des Judentums vollzogen. Wir hören im Neuen Testament von Predigten in Synagogen und von der Annahme des christlichen Glaubens durch Juden. Daneben setzte sehr bald auch die heidenchristliche Mission ein, die eine Bindung an das jüdische Gesetz zum Problem werden ließ.[1] So entstanden christliche Gemeinden innerhalb der jüdischen Gemeinschaft, wobei jüdische Vorstellungen, Traditionen und Strukturen, namentlich aus dem synagogalen Judentum, übernommen wurden. Von Außenstehenden konnten daher die Christen von den Juden vielfach noch gar nicht unterschieden werden. Die voneinander abweichenden Auffassungen der *Juden* und der *Judenchristen* führten aber bald zu Spannungen, die schon im Neuen Testament ihren Niederschlag fanden. Da die beiden Glaubensauffassungen letztlich unvereinbar schienen, kam es schließlich zur Trennung der Christen von den Juden.[2]
Diese Trennung vom Judentum vollzog sich ganz allmählich. Dem Ausschluß der Judenchristen aus der Synagoge auf der einen Seite entsprach andererseits die Abwendung der immer mehr aus Nichtjuden bestehenden christlichen Gemeinden vom jüdischen Brauchtum, besonders von der Beschneidung und den Sabbatgeboten sowie das christologische Verständnis der Person Jesu und die zunehmende Ausbreitung der Wirksamkeit des jungen Christentums. Offenkundig wurde dieser Bruch, als Christen zu Beginn des Jüdischen Krieges nach Transjordanien flohen und in Pella eine Gemeinde gründeten.

Der Bruch wurde von beiden Seiten bewußt empfunden, und der aufgerissene Graben vertiefte sich zusehends, wofür vielerlei Gründe verantwortlich waren. Die Juden sahen in der christli-

1 Vgl. *K. M. Fischer*, Das Urchristentum, 78ff.
2 Vgl. *K. M. Fischer*, Das Urchristentum, 128ff.

chen Mission eine Konkurrenz. Die Christen hingegen wollten nicht mehr als „jüdische Sekte“ angesehen werden und sich ebenfalls abgrenzen. Infolge der harten Auseinandersetzungen zwischen Juden und Römern sahen sich die Christen auch genötigt, sich von den Juden zu distanzieren, um dem Vorwurf der Staatsfeindlichkeit zu entgehen. Aus diesem Grunde hatten sie bereits am Aufstand gegen die Römer im Jüdischen Krieg nicht teilgenommen und auch nicht am zweiten Aufstand gegen die Römer. Nach dem Jahre 70 hatte zudem das Judentum seine Schutzfunktion für die Christen verloren.

Das *Judenchristentum*, das für die weitere Geschichte des frühen Christentums keine tragende Rolle mehr spielte, ging seinen eigenen Weg. Es geriet jedoch zwischen die Fronten: einerseits stand es dem rabbinischen Judentum gegenüber, das sich von den Apostaten abgrenzte, andererseits denjenigen judenchristlichen Strömungen, die ins Sektiererische abtrifteten und von denen sich das den alten Traditionen treu bleibende Judenchristentum abgrenzen mußte, wenn es seine Identität nicht verlieren wollte. Aber auch dem gesetzesfreien Christentum der Großkirche stand es gegenüber.
Das Judenchristentum war allerdings keine einheitliche Größe, und die Lage der judenchristlichen Gemeinden war nicht überall und immer dieselbe. Es gab sicherlich judenchristliche Gemeinden, die an ihrem Ort – ebenso wie christlich-gnostische Gemeinden anderswo – die ersten, oft genug auf längere Zeit die einzigen und im Falle einer Pluralität von Gemeinden nicht selten die dominierenden waren, bevor später großkirchlich orientierte Bischöfe ihnen ihre Existenz streitig machten. Die judenchristliche Literatur ist dafür ein beredtes Zeugnis.

Eine sich auf Jakobus berufende Tradition lief auch im 2. Jh. weiter und fand ihren literarischen Niederschlag. In Palästina, Syrien und Ägypten brachte das vielgestaltige Judenchristentum eigene Evangelien hervor (vgl. Kap. 3,2a). Im Ostjordanland trat zu Beginn des 2. Jh. der Prophet *Elchasai* (Elxai) auf und legte seine prophetisch-apokalyptischen Vorstellungen in einem Buch nieder, in dem u. a. eine zweite Buße und Taufe vertreten wird. Aus den judenchristlichen Sondergemeinden der *Elkasaiten* ging Mani hervor. Auch hier stößt man auf den Einfluß gnostischen Gedankengutes (vgl. dazu die *Kerygmata Petrou* in Kap. 3,2b).

Wie die erhaltenen literarischen Zeugnisse und ihre zum Teil nicht unerhebliche Wirkung zeigen, hatte das Judenchristentum auch im 2. Jh. noch seinen Anteil an der Entwicklung des frühen Christentums. Doch obwohl es noch etliche judenchristliche bzw. judenchristlich orientierte Gruppen gab, die zum Teil der gnostischen Bewegung nahestanden, ging der Einfluß des in sich nicht einheitlichen Judenchristentums insgesamt immer mehr zurück.
So geriet das Judenchristentum trotz seines Selbstbewußtseins als die alte, eigentliche, wahre Christengemeinde, trotz seines Universalismus und seiner großen Treue gegenüber den alten Traditionen und trotz seiner Offenheit auch gegenüber der Großkirche immer mehr ins Abseits und war schließlich nur mehr eine Randerscheinung des frühen Christentums, von der Großkirche zur Häresie und Sekte degradiert.
In diesen Zusammenhang gehört auch das Gegeneinander von Juden und Christen, das schließlich in das Stadium einer anhaltenden Fehde trat, die im weiteren Verlauf der Geschichte für die Juden schreckliche Folgen haben sollte. Denn der weitverbreitete *Antijudaismus* der Spätantike machte nun auch unter den Christen Schule. Waren die zum Teil scharfen Auseinandersetzungen zwischen Jesus, Paulus sowie den ersten Christen mit den Pharisäern noch innerjüdische Kontroversen, so schlugen diese nach

der Trennung vom Judentum immer häufiger in eine von außen gegen die Juden gerichtete Polemik von zunehmender Feindseligkeit um. Dabei brauchten die Christen nur die scharfe innerjüdische bzw. jüdisch-heidnische Polemik umzudrehen und mit antijüdischem Vorzeichen zu versehen. Damit stand den Christen Material antijüdisch-heidnischer Polemik zur Verfügung. Aber auch auf das Johannesevangelium mit seinen schroffen Aussagen über die Juden konnte man zurückgreifen. Die gegenseitige Polemik war allerdings nicht immer grundsätzlicher Art. Häufig ging es einfach darum, den anderen in den Schatten zu stellen, um selbst vor irgendwelchen Instanzen und Autoritäten gut dazustehen und Vorteile zu gewinnen.

Antijüdische Äußerungen von christlichen Autoren tauchen im Barnabasbrief, bei Justin und bei Melito von Sardes auf. Im vierten Kapitel des um 135 geschriebenen *Barnabasbriefes* ist davon die Rede, daß die Juden den Bund, den schon Moses empfangen hatte, auf Grund ihrer Unwürdigkeit (14,4) „*eis telos*“ verloren haben (4,7). An anderer Stelle (16,7) heißt es, daß der jüdische Tempel dem Götzendienst diente und voller Dämonen war. Die Juden haben den Willen Gottes im Gesetz wörtlich genommen und also mißverstanden. Erst die Christen vermögen den wahren Sinn von Gottes Wort aufzudecken. Das war zwar noch kein grundsätzlicher Antijudaismus, wohl aber eine sich gefährlich auswirkende theologische Position. *Justin* setzte sich um die Mitte des 2. Jh. in seinem „Dialog mit dem Juden Tryphon“ (geschrieben zwischen 155 und 161) mit dem Verhältnis zwischen Christentum und Judentum auseinander. Sein Grundsatz lautet: „Das wahre geistige Israel ... sind wir“, d. h. die Christen (11,5). Justin erwähnt mehrmals (vgl. die Kapitel 16, 47, 93, 96), daß die Christen in den Synagogen verflucht werden, womit er möglicherweise auf den sogenannten Ketzersegen, die zwölfte Beracha des Schemonē Esre, anspielt (wobei umstritten ist, wer dort mit den *minim* gemeint war). Er verwirft das mosaische Gesetz als Vorbedingung zum Heil, gesteht aber jenen Christen, die sich an das Gesetz halten, das Heil zu, sofern sie nicht gesetzesfrei lebende Christen zur Einhaltung des Gesetzes nötigen. Doch dann rechnet Justin mit den Juden ab: Sie haben Hand an Jesus gelegt, sie verharren in ihren Sünden, sie sind blind, hartherzig, unbußfertig, verstockt und unverständig (vgl. z. B. Kap. 92, 93–95, 123). Immerhin hat er noch eine Fürbitte für die Juden übrig (vgl. 96,4). *Melito*, Bischof von Sardes in Lydien, gestorben um 190, nannte als einer der ersten die Juden Gottesmörder. In seiner Osterhomilie heißt es: „... der Meister wurde beschimpft, Gott wurde gemordet. Der König von Israel wurde von einer israelitischen Hand erschlagen“ (übers. von E. Werner). Antijüdische Äußerungen und Positionen findet man auch im apokryphen Petrusevangelium, in der Didache, bei Ignatius, beim Apologeten Aristides, im Diognetbrief und in anderen Schriften des 2. Jh.

Mit derartigen antijüdischen Vorstellungen und Haltungen beginnt der Antijudaismus im frühen Christentum festere Formen anzunehmen. Die Umstände für seine Ausbreitung waren aus den genannten Gründen günstig. Auch die gnostische Bewegung geriet in diesen Sog (vgl. Kap. 6, B 1). Mit dem Ende der Antike starb also der Antijudaismus nicht aus – das Christentum tradierte ihn weiter.

2. *Die Ausbreitung des Christentums im zweiten Jahrhundert*

Nach den Zeugnissen des Neuen Testaments und einigen anderen Quellen gab es im 1. Jh. bereits über 50 christliche Gemeinden, wovon sich über achtzig Prozent außerhalb Palästinas befanden. Eine genaue Zahl ist nicht zu ermitteln. Die meisten Gemeinden befanden sich im Westen Kleinasiens und in Griechenland. Wahrscheinlich war das Christentum jedoch auch bereits bis nach Gallien und Spanien gelangt.

Betrachtet man eine Karte zur Verbreitung des Christentums, so stellt man fest, daß am Ende des 2. Jh. christliche Gemeinden in den meisten Ländern des Mittelmeerraumes anzutreffen waren, wobei der Schwerpunkt eindeutig im Osten des Imperium Romanum lag. Allerdings war der christliche Glaube weithin nur punktuell verbreitet und vielerorts im zweiten und auch noch im dritten Jahrhundert völlig unbekannt. Abgesehen von den wenigen „Ballungsgebieten", lagen die einzelnen Gemeinden weit auseinander, so daß die Gesamtsituation der christlichen Gemeinden damals als „eine ausgesprochene Verlorenheit im Raum" (C. Andresen) charakterisiert werden kann.
Die politische Voraussetzung für die Ausbreitung der christlichen Botschaft war der römische Erdkreis (Orbis Romanus), der den Römern als die ganze Welt schlechthin erschien, obwohl das von den Parthern her schon deutlich in Frage gestellt wurde. Es war jedenfalls kein Problem, auch größere räumliche Distanzen zu überwinden. Rom war aus militärischen, aber auch aus handelspolitischen Gründen am Ausbau der Verkehrswege interessiert. Der rege Verkehr zwischen der Hauptstadt und den Provinzen ermöglichte die Kommunikation auch zwischen weit auseinanderliegenden Städten und so auch zwischen den verstreuten Christengemeinden.
Die *sprachliche* Vorbedingung für die Verbreitung des christlichen Glaubens war das Koine-Griechisch als Verkehrssprache im Westen des Römerreichs und als Sprache der Gebildeten im gesamten Osten. Die frühen Schriften der Christenheit, auch die gnostischen Texte und die Werke Marcions, sind griechisch geschrieben. Größere Sprachbarrieren schien es demnach nicht gegeben zu haben. Allein, dieses Bild täuscht. Die Anzahl der Christen war noch ziemlich gering. Sie lebten zunächst mehr in den Städten als auf dem Lande. Das Christentum im 2. Jh. war vorwiegend eine Stadtreligion (vgl. den Urbuddhismus) – was der Bedeutung der Städte im Imperium Romanum entspricht (vgl. Kap. 1,5). Entsprechend der speziellen Relation Stadt – Land im Römerreich war nicht nur die hellenistische Kultur, sondern auch die Verkehrssprache des Koine-Griechisch im wesentlichen auf die Städte beschränkt. Wo die christliche Botschaft auch auf das Land vordringen wollte, mußte sie daher zuvor in die Landessprache übersetzt werden, was geraume Zeit brauchte. Das war im Osten das Syrische in der zweiten Hälfte des 2. Jh., dessen christliches Schrifttum mit Tatian und Bardesanes seine ersten bedeutenden Vertreter erhielt. Das lateinische Schrifttum beginnt am Ende des 2. Jh. mit Tertullian. Erst mit der Überwindung der Sprachschranken einerseits und dem Eindringen des Christentums ins Innere der Provinzen andererseits konnte sich der christliche Glaube neue Gebiete erschließen und sich territorial und zahlenmäßig weiter ausbreiten.

Die Rahmenbedingungen für die weitere Ausbreitung des christlichen Glaubens waren also relativ günstig. Allerdings war die Haltung der Menschen gegenüber der neuen Glaubensbewegung nicht ungeteilt positiv und nur freundlich. Viele stießen sich an Äußerlichkeiten des christlichen Kultes, am exklusiven Anspruch seiner Anhänger, an ihrer festen Haltung, an ihrer vermeintlich staatsgefährdenden Einstellung, an der göttlichen Verehrung eines gekreuzigten Menschen und überhaupt an mancherlei Ungereimtheiten und die Tradition in Frage stellenden Ansichten bei den Vertretern dieses „Ablegers" der jüdischen Religion. Gerüchte und Verleumdungen taten ein übriges, um die Christen vielerorts in Verruf zu bringen und ihnen nachzustellen. Doch für viele war der neue Glaube auch eine befreiende Botschaft mit einem persönlichen Heiland und einer festen Gemeinschaft, deren gleichberechtigte Glieder einen vorbildlichen Lebenswandel führten und sich gegenseitig unterstützten. Hinzu kommt die Standhaftigkeit der Christen bei Verfolgungen, die ihre Wirkung auf Nichtchristen nicht verfehlte. Das war auch die eigentliche Werbung für den christlichen Glauben.

In dieser Zeit wuchs das Christentum noch nicht durch große Missionserfolge, sondern durch das Hinzukommen einzelner Bekenner. Eine organisierte *Mission* gab es zu dieser Zeit noch nicht. Jeder Christ war sein eigener Missionar, der durch sein Verhalten und sein Bekenntnis zur Verbreitung seines Glaubens beitrug. Zwar gab es einzelne Wanderprediger, Charismatiker und Exorzisten, die den christlichen Glauben weitertrugen, wobei ihre Wirksamkeit hier und da mit Heilungen verbunden war, aber im großen und ganzen war es doch das auffällig tugendhafte und standhafte Verhalten der Christen und das staatliche Vorgehen gegen sie, was zur Publizität und oft genug auch zu Sympathien führte und damit nicht unwesentlich zur Ausbreitung des Christentums beitrug. Da die Christen zunächst überall eine Minderheit waren, mußten sie auch mit derartigen Problemen fertig werden. Davon wurde auch ihre Theologie im Sinne eines besonderen Erwählungsbewußtseins geprägt. Darin glichen die Christen den Juden, auch für das Auge des Außenstehenden.

Wenn in der ersten Hälfte des 2. Jh. Judentum und Christentum bereits zwei selbständige Größen mit je eigenem Selbstverständnis und Sendungsbewußtsein waren, so bewegte sich doch das Christentum lange in den Spuren des Judentums. Unter den Faktoren, die für die Ausbreitung des Christentums eine entscheidende Rolle gespielt haben, muß jedenfalls das Judentum mit an erster Stelle genannt werden.

Fast überall, wo das Christentum Fuß fassen konnte, befanden sich jüdische Diasporagemeinden. Das gilt für das berühmte Alexandria ebenso wie für das entlegene Dura Europos am Euphrat, dessen Situation überhaupt prototypisch gewesen sein dürfte; nahe der Synagoge befand sich das „christliche Haus“, und neben beiden existierten zahlreiche andere Kulte und Kommunitäten in dieser Stadt. Gegenseitige Konkurrenz und gegenseitiger Einfluß waren also nicht bloß literarischer, theologischer Natur. War es zunächst für den Außenstehenden noch schwierig, Juden und Christen auseinanderzuhalten, zumal auch der Staat die beiden religiösen Gruppierungen erst allmählich stärker differenzierte, so änderte sich das mit der zunehmenden Ausstrahlung des christlichen Glaubens, mit der stärkeren Ausbreitung der christlichen Gemeinden und dem zunehmenden Selbstbewußtsein der Christen. So stabilisierte und profilierte sich das Christentum damals nicht nur intern immer mehr, es trat auch immer stärker ins Bewußtsein der Öffentlichkeit. Dies wiederum gilt für die östliche Region des Römerreiches mehr als für seine westliche Sphäre.

Die Ausbreitung in den einzelnen Regionen

a) Palästina und Syrien

Gemessen an der Bedeutung des Christentums außerhalb Palästinas, haben die Gemeinden in ihrer Urheimat im 2. Jh. keine große Rolle mehr gespielt. Führende christliche Theologen, die christlichen Gnostiker mit eingerechnet, sind damals nicht aus diesem Raum hervorgegangen (zu Justin vgl. Kap. 3,4).

Von den äußeren Umständen her gesehen, war die Entfaltung des christlichen Glaubens durch die Aufstände in den Jahren 66–70 und 132–135 beeinträchtigt worden. Die Christen flohen nach Transjordanien, wodurch das Christentum im ostjordanisch-nordarabischen Raum einigen Auftrieb erfuhr. Im Anfang des 2. Jh. trat der Prophet Elchasai im Ostjordanland auf (vgl. Kap. 2,1). Der Gemeinde in Pella gehörte der Apologet Jason an. Um diese Zeit wirkte auch Ariston von Pella (vgl. Kap. 3,4).

Nach ihrer teilweisen Rückkehr aus dem Ostjordanland konnten die Judenchristen neue Gemeinden bilden. Doch durften nach dem Bar-Kochba-Aufstand auch sie Jerusalem nicht mehr betreten, wo bis dahin eine judenchristliche Gemeinde existiert hatte. Von ihr zählt Euseb 15 Bischöfe – vom Herrenbruder Jakobus bis zu einem Judas – auf (KG 4,5). Der zweite dieser Bischöfe war Simeon, der unter Trajan im Jahre 107 das Martyrium erlitt (Euseb 3,32). Nach 135 gab es in Jerusalem nur noch eine christliche Gemeinde aus Nichtjuden, die im 2. Jh. keine besondere Bedeutung erlangte. Als ihr erster Bischof wird Markus genannt.

Im *syrischen Raum* betraf die Ausbreitung des Christentums zunächst nur die Städte, erst später auch das Landesinnere, wo nur syrisch gesprochen wurde. Die Mittel- und Oberschichten in den Städten waren dagegen auch des Griechischen mächtig. Die Impulse gingen von den größeren Städten aus, von denen neben Damaskus, Sidon und Tyrus (Phönizien) vor allem *Antiochia* zu nennen ist. Neue Gemeinden bildeten sich vornehmlich in den ebenfalls hellenistisch geprägten Städten an der Mittelmeerküste, aber auch in Apamea und im entfernten Dura Europos am Euphrat.

In der Großstadt Antiochia finden wir in der ersten Hälfte des 2. Jh. Ignatius und auch den christlichen Gnostiker Satornil (vgl. Kap. 3,5). Am Ende des 2. Jh. wirkte dort der Bischof und Apologet Theophilus (s. Kap. 3,4). In Syrien waren die gnostischen Richtungen der Ophiten und Barbelioten zu Hause, und in Syrien (oder Ägypten) entstand am Anfang des 2. Jh. die Didache oder Apostellehre (s. Kap. 3,3). Es ist daher nicht verwunderlich, daß vielerlei religiöse Strömungen und Richtungen miteinander konkurrierten und Auseinandersetzungen innerhalb der christlichen Gemeinden nicht ausbleiben konnten.
Wie in den christlichen Gemeinden um die rechte Tradition gerungen wurde, zeigt am Ende des 2. Jh. die Kontroverse der Gemeinde in Rhossos in der Nähe von Antiochia mit dem antiochenischen Bischof Serapion um den Gebrauch des Petrusevangeliums (s. Kap. 3,2a). In Syrien ist das Nebeneinanderherlaufen unterschiedlicher Entwicklungslinien besonders gut zu beobachten. Einerseits führte das literarische Wirken des Markus, sein „Werk der kirchlichen Einigung" (H. Köster) über den dieses Werk fortsetzenden Matthäus hin zur Theologie und Christologie der Großkirche. Daneben lief die schon erwähnte Petrustradition, die teils von „heidenchristlichen", teils von judenchristlichen Kreisen aufgenommen wurde, sowie die johanneische Entwicklungslinie (s. Kap. 3,1 u. 3,2b).

Am Ende des 2. Jh. scheinen die nicht auf der großkirchlichen Linie liegenden Traditionen, namentlich die christlich-gnostischen, aber auch judenchristliche, im syrischen Christentum den Ton angegeben zu haben, so daß die Vertreter der Großkirche um die Wende zum 3. Jh. in diesem Gebiet keine nennenswerte Stütze für ihre Position und Traditionslinie vorfanden.
Das trifft erst recht für den *ostsyrischen Raum* (Osrhoene) zu, der für die Ausbreitung des Christentums nach Osten von größter Bedeutung war. Dort soll schon früh der Judenchrist Addai gewirkt haben. In der zweiten Hälfte des 2. Jh. tritt in und um *Edessa* die christliche Verkündigung in Gestalt des Marcionismus in Erscheinung. Bald danach trat der syrisch schreibende *Bardesanes* (Bar Daisan: 154–222; vgl. Kap. 3,5) als Vertreter eines bodenständigen gnostischen Christentums auf. Später kamen in diesem Gebiet noch die Manichäer hinzu. So nimmt es nicht wunder, daß das großkirchliche Christentum zunächst nicht viel „Rechtgläubigkeit" im ostsyrischen Raum entdecken konnte. Unsicher ist, ob mit Abgar IX. zum ersten Male ein Herrscher zum Christentum übertrat, während dessen Regierungszeit (179–216) es in Edessa als Staatsreligion anerkannt gewesen sein soll. Entscheidend aber war, daß

durch die Verwendung der syrischen Landessprache auch die Landbevölkerung mit dem christlichen Glauben bekannt gemacht und das Syrische zur Kirchensprache werden konnte.

In der zweiten Hälfte des 2. Jh. entstand das Diatessaron, die Evangelienharmonie des *Tatian*, der nach 172 in Ostsyrien wirkte, von großkirchlichen Theologen jedoch als Häretiker betrachtet wurde (s. Kap. 3,4). Sein Diatessaron fand im Osten eine weite Verbreitung. Gegen die „Häretiker" in Edessa soll um die Wende zum 3. Jh. ein in Antiochia geweihter Bischof namens *Palut* vorgegangen sein. Doch bildeten er und seine Anhänger nur eine Minderheit, von den anderen abschätzig als „Palutianer" bezeichnet.

In der ersten Hälfte des 3. Jh. kam das Christentum in Edessa unter das inzwischen gefestigte kirchliche Regiment von Antiochia. Doch blieb Edessa für die syrische Christenheit noch lange der eigentliche geistige Mittelpunkt, und das „rechtgläubige" Christentum konnte dort nur sehr langsam an Boden gewinnen.
In der zweiten Hälfte des 2. und vor allem im 3. Jh. breiteten sich Judentum und Christentum weiter in östlicher Richtung aus. Noch im 2. Jh. entstanden neue Christengemeinden in Mesopotamien, Babylonien, Assyrien und Medien, in Armenien, Baktrien, Persien und Indien – nun also auch außerhalb der Machtsphäre und des Interessengebietes von Rom, das die Ausbreitung des Christentums jenseits des Orbis Romanus nicht weiter zur Kenntnis nahm.

b) Kleinasien und Griechenland
Zu den zahlreichen christlichen Gemeinden, die schon im 1. Jh. im westlichen Kleinasien bestanden, kamen im 2. Jh. viele neue am Schwarzen Meer, in Pontus, Phrygien, Kappadokien und Lykien hinzu (vgl. 1Petr 1,1 und die Karten im Anhang). Aber es war ein vielfältiges Christentum, das sich dort entwickelte und nicht nur in den hellenisierten Städten, sondern auch in den Gebirgsgegenden und im südlichen und südwestlichen Schwarzmeergebiet viele Anhänger fand. Für die relativ weite Verbreitung des christlichen Glaubens auf dem Lande ist die Korrespondenz des Statthalters von Bithynien, Plinius, mit Kaiser Trajan um das Jahr 112 ein frühes Zeugnis (s. Kap. 6,A). Die Vielfalt von Ausprägungen des frühen Christentums in Kleinasien wurde sowohl durch die mannigfachen religiösen Traditionen in den einzelnen Gebieten als auch, damit zusammenhängend, durch den besonderen Charakter der verschiedenen Provinzen stark gefördert.
Neben den alten paulinischen Missionsgemeinden entstanden neue (vgl. OffbJoh 2 bis 3), die sich aber nicht nur im Sinne eines kirchlichen Christentums entwickelten, sondern auch gnostischen Einflüssen ausgesetzt waren. Schon zu Beginn des 2. Jh. wandte sich der antiochenische Bischof Ignatius gegen christliche Gnostiker in den westlichen Gemeinden Kleinasiens, warnte ausdrücklich vor Spaltungen in den Gemeinden und verlangte die Stärkung des monarchischen Episkopats als solide kirchliche Institution und Garant gegen alle Irrlehre (vgl. Kap. 3,3). Nach ihm hatte Polykarp mit denselben Problemen zu tun. Er verurteilte den verderblichen Einfluß der gnostischen Lehren auf die Christengemeinde in Philippi und stellte dem die kirchliche Tradition entgegen. Offensichtlich stand die Mehrheit der Gemeindeglieder in Philippi, vielleicht sogar ihr Bischof, auf seiten der Gnostiker. Polykarp kannte diese Situation sehr gut aus eigener Erfahrung, denn auch seine Gemeinde war gespalten, und er selbst wurde nur noch von den Anhängern der kirchlichen Tradition als Bischof von Smyrna aner-

kannt, während sich die gnostischen Christen ihren eigenen Gemeindevorsteher gewählt hatten. Diese Beispiele zeigen, wie groß die Spannungen zwischen „kirchlichen“ und gnostischen Christen gewesen sind und daß die Position des kirchlichen Christentums in der ersten Hälfte des 2. Jh. noch keineswegs sehr gefestigt war.
Um die Mitte des 2. Jh. erwuchs dem zur Institution sich entwickelnden kirchlichen Christentum ein neuer starker und gefährlicher Gegner in der von Phrygien ausgehenden charismatischen Bewegung des *Montanismus*, die sich rasch über Kleinasien und weiter nach Rom und Gallien, Nordafrika und Syrien ausbreitete und viele Christen, auch kirchliche Theologen, in ihren Bann zog (s. Kap. 6,B3). Das prophetisch-ekstatische Element und die chiliastischen Vorstellungen waren aber nicht auf den Montanismus beschränkt, sondern bestimmten weithin das kleinasiatische Christentum. So findet man den auf die Johannesoffenbarung sich stützenden Chiliasmus sowohl bei dem ebenfalls aus Phrygien stammenden Bischof von Hierapolis, Papias (s. Kap. 3,3), und beim Gnostiker Kerinth (einem Zeitgenossen Polykarps) als auch bei Irenäus und Hippolyt (was für dessen kleinasiatische Herkunft sprechen könnte) und außerhalb Kleinasiens auch bei Tertullian und Justin. Die Auseinandersetzung mit dem Montanismus setzte zuerst in Kleinasien selbst ein, wo kirchliche Theologen die von ihm ausgehenden Gefahren vor Ort früher und besser erkannten als manche Gemeinden aus der Entfernung (wie z. B. die in Rom). Mit der montanistischen Frage beschäftigten sich die ersten Synoden, die um die Mitte des 2. Jh. in Kleinasien stattfanden.
Aus der kleinasiatischen Provinz Pontus stammte auch *Marcion* (s. Kap. 6,B2), der zunächst in der heimatlichen Christengemeinde aufwuchs und wirkte, bevor er nach Rom ging und dort nach dem Bruch mit der römischen Gemeinde (144) seine eigene Kirche gründete. Bereits um die Mitte des 2. Jh. stößt man auf das Wirken von Marcioniten in Kleinasien, das von da an einen immer größeren Umfang annahm.

Die Liste der christlichen Theologen und Schriftsteller und der literarischen Zeugnisse aus dem kleinasiatischen Raum des 2. Jh. ist beachtlich. Um 125 wirkte Papias in Hierapolis, um 150 Polykarp in Smyrna, um 170 Melito in Sardes, gegen Ende des 2. Jh. der Modalist Noetus (Kap. 4,3). Von den christlichen Gnostikern begegnen uns Karpokrates, nach ihm Kerinth (in Ephesus). Einer der frühen Apologeten war Quadratus, gefolgt vom Rhetor Miltiades (nach 150) und gegen Ende des 2. Jh. von Apollinaris, dem Bischof von Hierapolis. Auch Justin ist hier zu erwähnen und natürlich Irenäus.
Diese und andere führende Christen unterschiedlicher Richtungen verfaßten zahlreiche theologische Traktate, erbauliche Texte, Briefe an die Gemeinden und apologetische bzw. antihäretische Schriften – sowohl gegen Ansichten der Hellenen und Juden als auch gegen solche der Gnostiker, Montanisten und Marcioniten. Auch die pseudepigraphische Schriftstellerei stand noch in Blüte. Zudem ist die Sammlung der paulinischen Briefe zu nennen, die wahrscheinlich in Kleinasien zustande kam.

Unter diesen Umständen einer zunehmenden Verbreitung und Aktivität des Christentums in Kleinasien ist es nicht verwunderlich, daß es zu *Auseinandersetzungen* und Zusammenstößen kam. Oft waren es Kontroversen mit ortsansässigen Juden, deren Missionserfolg die Christen ausnutzten, oder auch mit den Gebildeten und mit den römischen Behörden, die die Christen als Fremdkörper und Unruhestifter betrachteten. Bereits die Offenbarung des Johannes macht auf die bedrängte Lage der kleinasiatischen Christen aufmerksam, und aus der Zeit Trajans und Hadrians gibt es Dokumente, die das Vorgehen gegen die Christen regelten. Eine deutliche Verschlechterung ihrer Lage trat aber erst unter Mark Aurel und dann seit Septimius Se-

verus ein. Sofern Polykarp nicht schon 156 das Martyrium erlitt, geschah das in der Zeit Mark Aurels.
Insgesamt hat das Christentum in Kleinasien während des 2. Jh. wichtige Impulse für die weitere Entwicklung von Theologie und Kirche gegeben, sei es in der geistigen Auseinandersetzung mit den unterschiedlichsten Vorstellungen über Gott und Welt und das Selbstverständnis der Christen, was zur Klärung theologischer und christologischer Grundfragen beitrug, sei es in der allmählichen Herausbildung stabilisierender Faktoren innerhalb des kirchlichen Christentums (monarchischer Episkopat, Kanon, Integration einer Vielfalt theologischer Traditionen), die sich für den weiteren Weg der Kirche als die entscheidenden erweisen sollten. Freilich waren diese Grundpfeiler der späteren Großkirche erst in den Anfängen vorhanden. Aufs Ganze gesehen, bietet das Christentum Kleinasiens das Bild eines vielteiligen Mosaiks, in welchem die als kirchlich-rechtgläubig erkennbaren Stücke keineswegse dominieren. Neben Gnosis, Montanismus und Marcionismus ist auch das Judenchristentum nicht zu übersehen.

Die Bedeutung des kleinasiatischen Christentums zeigt sich nicht nur an seiner Ausstrahlung auf andere Gebiete (Byzanz, Rom, Gallien etc.), sondern auch an den Reaktionen anderer Gemeinden, namentlich der römischen. Als Polykarp um 155 nach Rom kam, endete eine Kontroverse um das Osterfest noch damit, daß Bischof Anicet von Rom die Kleinasiaten mit ihrer genuinen Osterpraxis gewähren ließ. Zweimal verwendete sich der in Gallien wirkende Irenäus in Rom für die Christen Kleinasiens: einmal bei Bischof Eleutherus (174–189) gegen den Bruch mit den Montanisten, das zweite Mal bei Bischof Viktor (189–198) im zweiten Osterstreit (190/191) mit dem ephesinischen Bischof Polykrates. Aber die Stellung Roms war am Ende des 2. Jh. bereits eine andere geworden. Obwohl man dort das Osterfest inzwischen auch beging, hatte man dafür nicht den Ostertermin der Kleinasiaten (14. Nisan), sondern, eigenen Traditionen folgend, den Sonntag jener Woche gewählt, in welche der 14. Nisan fiel. Die Übernahme dieser Regelung, der die meisten anderen Kirchenbezirke folgten, verlangte Bischof Viktor auch von den Kleinasiaten. Da diese nicht darauf eingingen, gab Viktor die Kirchengemeinschaft mit den kleinasiatischen Gemeinden auf, eine Maßnahme, die zwar vielerorts bei den Bischöfen auf Ablehnung stieß, die aber die sich anbahnende neue Machtkonstellation in der frühen Christenheit am Ende des 2. und zu Beginn des 3. Jh. signalisierte.

Das Christentum in *Griechenland und Mazedonien* erlangte nicht diesen starken Auftrieb, wiewohl auch dort neue Gemeinden entstanden (s. Karten) und einige prominente Theologen aus diesem Gebiet kamen. In Athen wirkten die Philosophen und Apologeten Aristides (um 150) und Athenagoras (um 180; s. Kap. 3,4), in Korinth stärkte in der zweiten Hälfte des 2. Jh. Bischof Dionysius das Gemeindeleben und schrieb zahlreiche Briefe an andere Gemeinden (auch nach Kleinasien, Rom und Kreta; vgl. Euseb, KG 4,23). Aus Byzanz stammte der Schöpfer der dynamistischen Christologie (s. Kap. 4,3), Theodotus der Gerber, der von dort aus um 190 nach Rom ging. Mit Knossos und Gortyna entstanden auch auf *Kreta* zwei neue Christengemeinden. Doch was wir durch Polykarp von der Gemeinde in Philippi wissen und was wohl auch für die in Thessalonich zutrifft, gilt – wie man einem Schreiben des Dionysius nach Kreta entnehmen kann – auch für Gemeinden auf der Mittelmeerinsel: Das kirchliche Christentum besaß in diesen Orten nicht die Majorität. Es waren andere christliche Gruppen, die dort und anderswo den Ton angaben.

c) Ägypten und Nordafrika

In Ägypten repräsentierten die Vertreter der christlichen Tradition im 2. Jh. nicht ein kirchliches Christentum im Sinne eines Ignatius oder Irenäus, sondern eher ein solches gnostischer Prägung. Das dürfte auch der Grund sein, weshalb über das frühe Christentum in Alexandria und Ägypten so wenig aus altkirchlichen Quellen zu erfahren ist. *Euseb* weiß nur mitzuteilen, daß in Ägypten als erster Markus das von ihm selbst niedergeschriebene Evangelium gepredigt und Kirchen gegründet habe (KG 2,16). Ansonsten bemüht er noch Philo und die Therapeuten (2,16f.). Er zählt allerdings 10 Bischöfe von Markus bis in die Regierungszeit des Commodus (180–192) auf (KG 2,24–5,9), verbindet damit aber keinerlei Traditionsgut, weil es ihm offensichtlich nicht zur Verfügung stand. Also dürfte diese Bischofsliste eine spätere Konstruktion sein. Erst mit Bischof *Demetrius* (189–231) tritt eine historisch faßbare Gestalt auf, erst mit ihm beginnt für die Kirchengeschichtsschreibung das kirchliche Christentum in Ägypten greifbar zu werden. Doch läßt sich auch für die Zeit vor 190 einiges Material zusammentragen.

Zwei alte Handschriften (P 52 und Papyrus Egerton 2) belegen die Benutzung des *Johannesevangeliums* in Ägypten am Anfang des 2. Jh. und damit wohl auch ein Christentum gnostischen Einschlags. Möglicherweise ist die christliche Botschaft durch christlich-gnostische Kreise nach Ägypten gebracht worden. Eine Verbindung zwischen Syrien/Palästina und Ägypten legen die Texte aus der Bibliothek von Nag Hammadi in Oberägypten nahe. Zu ihr gehört das *Thomasevangelium*, das von ägyptischen Christen ebenso benutzt wurde wie das (mit ihm in Verbindung stehende, aber nicht mit der gleichnamigen Nag-Hammadi-Schrift zu verwechselnde) *Ägypterevangelium*. Beide befinden sich in Gnosisnähe (vgl. Kap. 3,2a). Während das Ägypterevangelium in der ersten Hälfte des 2. Jh. von den ägyptischen „Heidenchristen" benutzt wurde, hatten die *Judenchristen* ihr *„Hebräerevangelium"* und pflegten die Jakobus-Tradition. Auf sie weist u. a. die erste und zweite Jakobusapokalypse aus Nag Hammadi hin. Zur judenchristlichen Tradition in der ersten Hälfte des 2. Jh. ist auch der *Barnabasbrief* zu rechnen, der zwar das Judentum ablehnt, sich aber jüdischer Denkstrukturen bedient (s. Kap. 3,3).

Zweifellos hat das *Judentum* in Alexandria bei der Entwicklung und Verbreitung des christlichen Glaubens in Ägypten eine nicht zu unterschätzende Rolle gespielt. Dabei ist auch der Einfluß der Gnosis sowohl auf das hellenistische Judentum als auch auf das Judenchristentum nicht zu übersehen. Wie die *Anfänge des Christentums* vor dem 2. Jh. in Ägypten aussahen, ist jedoch nicht mehr feststellbar. Vermutlich gab es mancherorts von Anfang an gnostisch geprägte Christen und Gemeinden. In jedem Falle war die Wirkung der Gnosis auf die Christen nicht unerheblich.

Der *große Einfluß der Gnosis* auf alle geistigen Richtungen in Ägypten zeigt sich nicht nur an den aus allen (paganen, jüdischen und christlichen) Bereichen stammenden Nag-Hammadi-Schriften, sondern auch an den Texten des Corpus Hermeticum. Es ist daher nur natürlich, daß aus diesem Milieu auch bedeutende Vertreter einer *christlichen Gnosis* hervorgingen.

Zu ihnen zählen vor allem *Basilides*, der nach Epiphanius (Panarion 23,1) gnostisches Gedankengut von Antiochia nach Ägypten brachte, und etwas später *Valentinus*, der ebenfalls in Alexandria bzw. Ägypten wirkte, bevor er 140 nach Rom ging (s. Kap. 3,5). In Ägypten trat auch der Marcionschüler *Apelles* auf. Das Schrifttum dieser gnostischen Theologen und ihrer Schüler war umfänglich und zum Teil von hohem Niveau. Das erklärt, wieso sich Schriftsteller vom Range eines *Clemens Alexandrinus* (er wirkte Ende des 2. Jh. in Alexandria) intensiv damit auseinandersetzten.

Die *Zeugnisse eines „kirchlichen" Christentums* – soweit man von einem solchen überhaupt schon sprechen kann – sind demgegenüber spärlich. Abgesehen vom Barnabasbrief (s. o.) könnte der etwas jüngere „zweite Clemensbrief" genannt werden (sofern er aus Alexandria stammt), der einen eindeutig antignostischen Akzent trägt. Das gilt auch für die aus der zweiten Hälfte des 2. Jh. stammende und gegen die gnostische Christologie zu Felde ziehende Epistula Apostolorum. Aber selbst diese Schrift ist formal und inhaltlich von der Gnosis beeinflußt (s. Kap. 3,2a). Vom Ende des 2. Jh. stammt das „geheime Markusevangelium" (s. Kap. 3,2), das bezeichnenderweise in Alexandria sowohl von Christen als auch von Gnostikern benutzt wurde. Um 200 ist Codex Papyrus Bodmer II mit großen Teilen des Johannesevangeliums anzusetzen. Aus derselben Zeit stammen Stücke der Chester Beatty Codices, und zwar 86 Blätter aus den Paulusbriefen und größere Teile aller Evangelien und der Apostelgeschichte (Evv. u. Apg: Anfang 3. Jh.). Das kirchliche Christentum machte sich gegen Ende des 2. Jh. also auch literarisch stärker bemerkbar. Eine endgültige Scheidung zwischen gnostischem und kirchlichem Christentum geschah aber erst später, und auch dann hielt der Einfluß der christlichen Gnosis bzw. eines gnostischen Christentums in Ägypten noch weiter und lange an.

Immerhin begann sich das kirchliche Christentum in Alexandria und Ägypten seit der Wirksamkeit des Demetrius allmählich durchzusetzen. Bereits die Beteiligung der alexandrinischen Kirche an der Debatte um den Ostertermin (um 190) zeigte ihre wachsende Autorität. Wie sich die Verhältnisse langsam zugunsten des kirchlichen Christentums veränderten, wird an dem unterschiedlichen Schicksal von Klemens und Origenes deutlich. W. Bauer hat darauf aufmerksam gemacht, daß *Klemens von Alexandrien*, der zwar ein Opponent der Gnosis, aber doch auch ihr Teilhaber war, von Demetrius noch nicht angegriffen wurde, während *Origenes* nur wenige Jahrzehnte später von demselben, aber inzwischen viel einflußreicher gewordenen „rechtgläubigen" Bischof ausgeschaltet werden konnte (vgl. Kap. 3,6).

Der Ruhm *Alexandrias* sollte auch durch das Christentum fortgepflanzt werden. Am Ende des 2. Jh. entstand hier die *Katechetenschule*. Sie war weniger eine kirchliche Hochschule als eine freie christliche Akademie, die Forschung und Lehre auf hohem Niveau zu verbinden wußte und so bedeutende Männer wie Pantänus, Klemens und Origenes zu ihren führenden Köpfen zählte. Auch die *neuplatonische Schule*, zu Beginn des 3. Jh. von Ammonios Sakkas in Alexandria gegründet, leistete einen bedeutenden Beitrag zum Dialog der philosophischen und religiösen Traditionen. Zu ihren Schülern nichtchristlicher und christlicher Herkunft gehörte auch Origenes. Außerhalb Alexandrias und einiger Städte mit hellenistischer Kulturtradition breitete sich das Christentum nilaufwärts zuerst nur langsam aus, was auch hier an der Sprachbarriere lag. Das änderte sich mit der Stärkung des organisierten kirchlichen Christentums. Im 3. Jh. wurde das Neue Testament ins Koptische (Sahidische und andere Dialekte) übersetzt.

Über die Anfänge des Christentums in den anderen Gebieten *Nordafrikas* gibt es nur spärliche Nachrichten. Unklar ist der Einfluß des ägyptischen Christentums auf die Entwicklung christlicher Gemeinden in der Provinz *Libya Pentapolis* (Cyrenaica), wo einerseits die Beziehungen zu Kreta und andererseits das Vorhandensein einer starken jüdischen Bevölkerungsgruppe zu berücksichtigen ist. Mit christlichen Gemeinden im 2. Jh. darf hier gerechnet werden, während nach Nubien und Äthiopien das Christentum erst im 4. Jh. gelangte.

Die Entstehung und Entwicklung des Christentums in *Karthago* und *Numidien* und darüber hinaus muß im Zusammenhang mit einem „westlichen" Christentum gesehen werden. In Africa proconsularis war die *Romanisierung* schon im 2. Jh. weit fortgeschritten. Doch konnte sie nur langsam die griechische Kultur in Nordafrika zurückdrängen. Jedenfalls hielt sich das Griechische neben dem Punischen noch lange in Karthago – bis in die Zeit Tertullians. Immerhin spielte aber das Lateinische schon von der Mitte des 2. Jh. an eine Rolle als Schriftsprache: Aus Numidien stammen der lateinische Rhetoriker Fronto (um 100–175) und Apuleius (geb. um 125). Daher war es möglich, daß die nordafrikanischen Christen schon in der zweiten Hälfte des 2. Jh. ihre *lateinische Bibel* hatten, während es zu einer punischen Bibelübersetzung nicht kam. Die Sprachbarriere zwischen den griechisch bzw. lateinisch sprechenden Christen in den Städten zu den nur ihrer Landessprachen kundigen Einwohnern des Hinterlandes wirkte sich auch in Nordafrika hemmend für die Ausbreitung des Christentums aus. Doch gab es schon in der zweiten Hälfte des 2. Jh. in allen größeren Orten Nordafrikas Christen (vgl. Karten). Etwa um 180 tritt das nordafrikanische Christentum ins Licht der Geschichte.

Das früheste Dokument sind die *Märtyrerakten von Scilli* (wahrscheinlich in Numidien gelegen) aus dem Jahre 180, die von der Hinrichtung dreier Frauen und dreier Männer wegen ihres christlichen Bekenntnisses und ihrer Ablehnung des Kaiseropfers berichten. Diese Christenverfolgung war zu der Zeit im nordafrikanischen Raum offensichtlich keine Ausnahme (Kap. 6, A). Euseb berichtet vom Martyrium des Vaters und einiger Schüler des Origenes (KG 6,1–5). Auch Tertullian weiß von Verfolgungen. Mit ihm erreichte das nordafrikanische Christentum, das seit 200 merklich anwuchs, einen ersten Höhepunkt; denn von da an nahm die Zahl der Gemeinden und Bischöfe ständig zu. Auf einer Synode unter Bischof Agrippinus um 220 in Karthago sollen bereits 70 Bischöfe aus dem Einzugsbereich Numidia Africa zugegen gewesen sein (Cyprian, Ep. 71,4).

Demnach kann man schon in der Mitte des 3. Jh. von einer weiten Verbreitung des Christentums in Nordafrika sprechen. Als Ursprungsort des lateinischen Christentums sollte Nordafrika dem westlichen Christentum entscheidende Impulse geben. Am Anfang dieser Entwicklung stand die Wirksamkeit Tertullians in Karthago, des ersten großen lateinischen Theologen und Kirchenschriftstellers. Durch seine Schriften und seine eigene Biographie wissen wir auch vom Einfluß der Gnosis, des Montanismus und Marcionismus auf die Christen Nordafrikas (s. Kap. 3,6).

d) Gallien und Rom

Um die Mitte des 2. Jh. finden sich Christengemeinden in *Südgallien*. Auffällig sind die besonderen Beziehungen zwischen den Christen Galliens und Kleinasiens, wie aus den Berichten des Irenäus zu entnehmen ist. Auch in Gallien wurde der christliche Glaube zunächst in griechischer Sprache verkündet, wobei von Griechen besiedelte Orte wie die Küstenstadt Massilia der Ausgangspunkt für eine christliche Mission gewesen sein können. Auch in Lugdunum (Lyon) und Vienna wurde die christliche Botschaft zuerst vom griechisch sprechenden Teil der Bevölkerung aufgenommen. Hier wie überall erwies sich die Sprachbarriere als hinderlich für eine rasche Verbreitung des Christentums. Daher hat sich bereits Irenäus um die keltische Sprache bemüht und vielleicht gelegentlich schon in der Predigt verwendet (Advhaer, praefatio). Wenn er von der christlichen Mission unter der keltischen und germanischen Bevölkerung berichtet, darf man annehmen, daß diese sehr bald auch in den entsprechenden Landessprachen geschah (vgl. Advhaer 1,10,2). Die *Germanien* betreffende Notiz des Irenäus bezieht sich auf die römischen Rheinprovinzen, wo man zumindest für Köln (Colonia Agrippina), Mainz (Moguntiacum), Straßburg (Argentoratum) und in Trier

in der Provinz Belgica (Augusta Treverorum) um 185 christliche Gemeinden mit Bischöfen annehmen darf. An derselben Stelle ist auch von *Spanien* die Rede, wohin das Christentum vielleicht schon früh gelangte, sich aber im 2. Jh. noch nicht weit verbreitet hatte. Überhaupt gab es im Westen des Römerreichs große Gebiete, die der christliche Glaube zu dieser Zeit noch nicht erreicht hatte. Neben Rom war das Christentum nur in Gallien etwas stärker vertreten. Dort war auch der Montanismus auf Sympathien gestoßen, dort kam es unter Mark Aurel zu ersten Christenverfolgungen, von denen die in Lyon und Vienna (177/178) durch einen Bericht in griechischer Sprache belegt sind (Euseb, KG 5,1f.). Dort wirkte der Kleinasiate Irenäus als Presbyter und Bischof von Lyon (vgl. Kap. 3,6). Um 190 gab es in Gallien, vor allem in der Narbonensis, bereits mehrere Bistümer, deren Bischöfe Irenäus anläßlich des Osterterminstreites zu einer Synode zusammenrief. Seiner kirchenpolitischen und schriftstellerischen Tätigkeit vor allem hat es das Christentum in Gallien zu verdanken, wenn es schon im ausgehenden 2. Jh. zu besonderem Ansehen gelangte.
In *Mittelitalien* entstanden im 2. Jh. einige neue christliche Gemeinden. Doch sind es aufs Ganze gesehen nicht sehr viele gewesen, über die man auch so gut wie nichts erfährt, da sie keine der römischen Gemeinde vergleichbare Rolle spielten. *Die Christengemeinde in Rom* erlangte dagegen eine immer größere Bedeutung. *Rom* übte mit seinen wirtschaftlichen und kulturellen Möglichkeiten eine große Anziehungskraft auf die in den Provinzen Lebenden aus. Unter denen, die in immer größerer Zahl nach Rom kamen, waren viele Christen, wodurch die römische Gemeinde gestärkt wurde. Im Zentrum des Imperium Romanum wurden die politischen Entscheidungen gefällt, was auch die Christen betraf. *Die christliche Gemeinde Roms* konnte sich aber zunächst noch nicht mit mancher bedeutenderen, etwa der antiochenischen Gemeinde messen. Aber sie hatte ihre alten Traditionen, konnte Petrus und Paulus zu ihren Vätern zählen und besaß ein hauptstädtisches Selbstbewußtsein. Ihre Größe war in der ersten Hälfte des 2. Jh. schon beachtlich. Sie bestand zwar aus einzelnen Wohn- bzw. Hausgemeinden, war aber in sich einheitlich und geschlossen. Mit Gruppenbildungen hatte sie erst in der zweiten Hälfte des 2. Jh. ihre Probleme. Die Christen in Rom (und Italien) waren zunächst vorwiegend Nichtrömer, und so war die Sprache des römischen Christentums bis zum Ende des 2. Jh. *das Griechische*. Von den Bischöfen bediente sich zuerst Viktor (189–198) auch des Lateinischen, das in der Kirche Roms aber erst ein halbes Jahrhundert später zur dominierenden Sprache wurde. Auch dies war ein Prozeß: Hippolyt (vor 170 bis nach 235) schrieb noch griechisch, aber bereits seit etwa 150 gab es neben dem griechischen auch schon lateinischen Gottesdienst in Rom.

Zur Christengemeinde in Rom gehörten nicht wenige wohlhabende Leute, wie man aus der materiellen Unterstützung anderer Gemeinden und dem Freikauf von Gefangenen und Sklaven entnehmen kann (vgl. Euseb, KG 4,23; 5,2). Der reiche Marcion, der der römischen Gemeinde 200000 Sesterzien (Tertullian, Adversus Marcionem 4,4; De praescriptione haereticorum 30) vermachte, die er bei seinem Ausschluß zurückerhielt, war offensichtlich nicht das einzige bemittelte Gemeindeglied in Rom. Auch zählte die Gemeinde bald einflußreiche Bürger der Stadt zu den Ihren.

Zu anderen Gemeinden unterhielt die Christengemeinde Roms vielfältige Beziehungen, und so fühlte sie sich bereits früh auch für andere Gemeinden verantwortlich. Namhafte Theologen interessierten sich für die römische Gemeinde und suchten diese auf. Wo die Gemeinde bereits Einfluß besaß, suchte sie ihn geltend zu machen – wie in Korinth am Ende des 1. Jh. (vgl. 1. Clem in Kap. 3,3). Im Laufe der Zeit nahm ihr Einfluß zu, und am Ende des 2. Jh. war ihre Position schon so gefestigt, daß sie – wie im Falle des Ostertermins – von anderen Gemeinden und Gemeindeverbänden die Übernahme ihres Standpunktes erwartete und verlangte. Damit häuften sich freilich die Anlässe für Kontroversen und Konflikte, da der Anspruch der römischen Gemeinde vielerorts nicht auf Gegenliebe stieß, verstärkt durch eine traditionelle Abneigung der Griechen gegen die römische Art und Lebensweise. Denn obwohl sich die Gemeinde Roms vornehmlich aus Griechen rekrutierte und die griechische Sprache benutzte, hatte sie doch römisches Gepräge.

Die beiden *Hauptmerkmale der Gemeinde Roms* waren einmal die treue Bewahrung ihrer Traditionen aus der Zeit des Anfangs, die fast nahtlos in ein kirchliches Christentum einmündeten und zum Bollwerk gegen eindringende andere Traditionen – nach römischer Lesart: Abweichungen – wurden, und zum anderen der nüchterne Sinn der römischen Kirchenmänner für das organisatorisch Notwendige, Machbare und Zukunftsträchtige. Den klar und nüchtern denkenden und handelnden Römern ging alle Neigung für Überschwengliches und Mystisches ab, weshalb sie gegen gnostische Spekulationen, mystische Theologien und enthusiastische Frömmigkeitsformen relativ unanfällig blieben. Ihr Sinn für Ordnung, Gesetz und Organisation bewährte sich von ihren judenchristlich-gesetzlichen Anfängen her bis in die Zeit der Großkirche mit ihren praktikablen kirchenrechtlichen und organisatorischen Vorstellungen und Maßnahmen. Auch das nötige Durchsetzungsvermögen zeichnete die römische Gemeinde aus. Das theologische Rüstzeug erhielten die führenden Köpfe der römischen Gemeinde nicht selten von außen, so z. B. im Falle der Vorstellung vom monarchischen Episkopat. Doch verstand man es gerade in Rom, die Gunst der Lage und Entwicklung zu nutzen und gewonnene Positionen stetig zu festigen. Auf diese Weise wurde im Verlauf des 2. Jh. die überkommene christliche Tradition Roms – anfangs nur eine unter anderen – zur maßgebenden Tradition, an der sich schließlich alle anderen Überlieferungen messen lassen mußten. Das kirchliche Christentum – zunächst nur *eine* Form des christlichen Selbstverständnisses unter anderen – wurde zur Norm. „Katholische Kirche" bedeutete am Ende dieser Entwicklung in Rom nicht mehr die Gesamtheit aller christlichen Gemeinden des Erdkreises schlechthin, sondern exklusiv die sich zum kirchlichen Christentum bekennenden Gemeinden, also die (an Rom orientierte) Großkirche. Alle anderen Traditionen und Gemeindetypen gerieten damit – bewußt oder faktisch – ins Abseits der Häresie. „Die Form, die das Christentum in Rom angenommen hat, ist von ihm zum Sieg geführt und dadurch als Rechtgläubigkeit bewährt worden" (W. Bauer).

Bezeichnend für diese Entwicklung ist die Reise des aus Syrien/Palästina stammenden *Hegesipp* über Korinth nach Rom zur Zeit des römischen Bischofs Anicet (154/155–166). Hegesipp machte sich um 160 auf, um die „reine apostolische Lehre" aufzuspüren (Euseb, KG 4,22), und er wußte offenbar, wo diese zu finden war. Als Maßstab galt ihm die kontinuierliche apostolische Sukzession der „rechtgläubigen" Bischöfe (vgl. Kap. 3,6). In Korinth, wo kurz darauf Bischof Dionysius Roms Position nachhaltig unterstützte, und in Rom selbst fand er, was er suchte. Diese Romreise Hegesipps offenbart einen Trend, dessen Ergebnis wir schon vorweggenommen haben: Die Zeit, in der eine Vielfalt christlicher Traditionen „gleichberechtigt" – wenn auch nicht ohne Konkurrenz und Kampf – nebeneinander existierte, ging allmählich zu Ende. Ein neues Zeitalter kündigte sich an: das der Großkirche, verbunden mit dem theologisch und organisatorisch fundierten Anspruch der reinen Lehre und der daraus resultierenden systematischen Ketzerbekämpfung. Das war allerdings ein langer Prozeß, der in den verschiedenen Bereichen des frühen Christentums unterschiedlich verlief.

Die Frage nach dem Zeitpunkt der Entstehung des *römischen Primats* ist schwer zu beantworten. Faktisch hat schon Clemens Romanus eine besondere Autorität als Bischof von Rom besessen oder doch jedenfalls beansprucht (s. Kap. 3,3). In seiner Argumentation hinsichtlich der Legitimität der bisherigen Führungskräfte in Korinth spielt die apostolische Sukzession eine entscheidende Rolle. Ignatius, der große Vorkämpfer für den monarchischen Episkopat (s. Kap. 3,3), hebt die besondere Stellung Roms hervor, berichtet aber bezeichnenderweise nichts von einer monarchischen Stellung des dortigen Bischofs, was auf einen Fortbestand der kollektiven bzw. kollegialen Leitung der Gemeinde Roms im ersten Drittel des 2. Jh. hindeutet. Erst danach kommt es allmählich zum Monepiskopat. Vom Primat des römischen Bischofs hingegen kann noch lange nicht die Rede sein. Selbst Irenäus geht von ihm noch nicht aus, wie seine Haltung im zweiten Osterterminstreit zeigt.[3]
Bis in die Mitte des 2. Jh. hinein blieb die römische Gemeinde von tiefgreifenden Erschütterungen und Spaltungen verschont. Diese kamen erst von außen. *Marcion* (s. Kap. 6,B2) löste die *erste Krise* aus, die mit seinem Ausschluß aus der Gemeinde im Jahre 144 zwar ihren unmittelbaren Abschluß fand, sich aber permanent durch die von Marcion gegründete eigene Kirche fortsetzte. Die *zweite* große *Auseinandersetzung* mit einem zugereisten Theologen verlief zunächst weniger dramatisch. Etwa gleichzeitig mit Marcion – am Ende der dreißiger Jahre – war *Valentinus* (s. Kap. 3,5) nach Rom gekommen und wirkte dort 20 bis 25 Jahre lang, zuerst innerhalb der christlichen Gemeinde, später als Haupt einer eigenen Schule, bevor er um 160 sich im Osten niederließ (oder in Rom starb). Nach Tertullian (Adv. Valentinianos 4) kam es zum Bruch mit der Gemeinde, weil der zum Bischof vorgeschlagene Valentinus nicht gewählt wurde und sich daraufhin als „Ketzer" betätigte. Doch offensichtlich waren seine Anhängerschaft und sein Einfluß in der Gemeinde nicht so groß, daß seine gnostisch orientierte Lehre sofort als besonders gefährlich empfunden worden wäre. Zudem war in der Mitte des 2. Jh. noch ein gewisser Spielraum im theologischen Denken gegeben. Und schließlich war Valentinus kein Marcion. Die Lehren Valentins und seiner christlich-gnostischen Schule erreichten rasch alle Provinzen des Römerreichs. Vom italischen Zweig des Valentinianismus sind vor allem *Herakleon* und *Ptolemäus* hervorgetreten (s. Kap. 3,5).

Vor Valentinus und Marcion lebte und wirkte – etwa zur Zeit des Bischofs Hyginus (um 136 bis 140) – in Rom der Gnostiker *Kerdon* (Cerdo). Von ihm berichtet Irenäus, daß er zunächst in die christliche Gemeinde aufgenommen, später aber „falscher Lehren" beschuldigt und aus der Gemeinde wieder ausgeschlossen wurde (Advhaer 3,4,3). Dieser Vorgang scheint für die römische Gemeinde in dieser Zeit typisch gewesen zu sein.

Nach den einschneidenden Erfahrungen mit Marcion und Valentinus wurde die römische Gemeinde straffer organisiert und zentralistisch verwaltet. Nunmehr ist das Prinzip des monarchischen Episkopats einerseits und das der apostolischen Sukzession an-

3 Siehe Irenäus; Advhaer ist mit *N. Brox* nicht als Beleg für den römischen Primat zu verwenden, weil es dabei um eine konkrete Situation im Verhältnis Gallien – Rom geht!

dererseits bewußt und konsequent eingesetzt worden. Theologen, die diese Entwicklung unterstützten, waren Polykarp von Smyrna (s. Kap. 3,3), Justin, der nach 135 von Ephesus nach Rom kam und daselbst längere Zeit als Lehrer, Vorsteher einer Schule und Kritiker der „Irrlehrer“ wirkte, Hegesipp und Irenäus. Hegesipp war vermutlich der erste, der eine *Sukzessionsliste* der römischen Bischöfe unter Verwendung profilierter Namen aus der Zeit der kollegialen Gemeindeleitung aufstellte, die dann Irenäus zwanzig Jahre später übernahm und publizierte (Advhaer 3,3).

Bei Irenäus heißt es: „Nachdem also die seligen Apostel (sc. Petrus und Paulus, am Ende des 2. Jh. war es dann nur noch Petrus!) die Kirche gegründet und eingerichtet hatten, übertrugen sie dem Linus den Episkopat zur Verwaltung der Kirche“ (Klebba). Es folgten Anacletus (Cletus; Anencletus), Klemens, „der die Apostel noch sah und mit ihnen verkehrte“, Evaristus, Alexander, Xystus (Sixtus), Telesphorus, Hyginus, Pius, Anicetus, Soter, Eleutherus. –

Die Daten für die Amtszeit der Bischöfe von Rom sind erst von der Mitte des 2. Jh. an annähernd feststellbar, und zwar:

140–154/155	Pius
154/155–166	Anicet
166–174(175)	Soter
174(175)–189	Eleutherus
189–198(199)	Viktor (Victor)
198(199)–217	Zephyrinus
217–222	Kallistus (Calixtus)

In Rom wirkten außer den schon Genannten im 2. Jh. auch *Tatian*, der sich 172 mit der römischen Gemeinde entzweite (vgl. Kap. 3,4), und am Ende des 2. Jh. *Praxeas*, ein Schüler des Monarchianers Noetus, der um 190 nach Rom kam und erfolgreich gegen den Montanismus in Kleinasien agitierte (s. u.). Um dieselbe Zeit wirkte der aus Byzanz gekommene *Theodotus der Gerber*, der in Rom seine adoptianische Theologie zu verbreiten suchte, von Bischof Viktor jedoch aus der Gemeinde ausgeschlossen wurde (vgl. Kap. 4,3). In Rom entstand der 1. Clemensbrief, der Hirt des Hermas (etwa 130/140) und die Urfassung(en) des als „Romanum“ bekannten Tauf-Symbols.

Was die römischen Bischöfe in der zweiten Hälfte des 2. Jh. noch besonders beschäftigte, kann man mit Hans Lietzmann als *„die kleinasiatische Frage“* bezeichnen. Da war zum einen der *Montanismus* (s. Kap. 6,B3), der von den Bischöfen Roms hinsichtlich seiner Bedeutung und Gefahr unterschiedlich bewertet wurde. Bischof Soter hatte gegen „die Phrygier“ geschrieben. Bei Bischof Eleutherus intervenierte Irenäus im Jahre 177 und sprach sich gegen einen Bruch mit den Montanisten aus. Bischof Viktor schließlich wurde um 190 von Praxeas gegen die Montanisten gewonnen. Das andere für Rom und die Gemeinden Kleinasiens folgenreiche Problem war die *Ostertermінfrage*. Als diese Frage zum ersten Male eine kritische Situation verursachte, reiste Polykarp von Smyrna etwa 154/155 nach Rom und konnte Bischof Anicet zu einem toleranten Verhalten bewegen. Fünfunddreißig Jahre später – um 190 – endete jedoch ein erneuter Streit in dieser Sache mit der Aufhebung der Kirchengemeinschaft zwischen Rom und den kleinasiatischen Gemeinden durch Bischof Viktor. Ein Schlichtungsversuch des Lyoner Bischofs Irenäus, der den Kleinasiaten beizustehen versuchte, war erfolglos geblieben.

Allerdings basierte Viktors „Diktat" auf Synodalbeschlüssen in Rom und einigen Provinzen (u. a. in Palästina, Pontus und Gallien). Das allein war schon ein bemerkenswerter und bis dahin einmaliger Vorgang. Die Art seines Vorgehens gegen die auf ihrem Ostertermin beharrenden Kleinasiaten stieß freilich weithin auf Ablehnung und Kritik. Das änderte aber nichts an der Tatsache, daß Rom seine eigene Position gegenüber einer der altehrwürdigen Kirchengebiete des frühen Christentums behauptet hatte (vgl. Euseb, KG 5,23–25; und zu den Einzelheiten des Osterterminstreites Kap. 2,2b).

Ein Grund für den festen Zusammenhalt der römischen Gemeinde und ihre Widerstandskraft gegen krisenhafte Erscheinungen waren die immer wieder durchstandenen Verfolgungen, die unter Nero und Domitian ihren ersten Höhepunkt erreichten und im 2. Jh. weitergingen, wobei sie unter Mark Aurel sogar noch zunahmen. Ihnen fielen in Rom Paulus (im Jahre 62) und Ignatius (110), Polykarp (156?), Justin (165), der vornehme Apollonius (184/185) und andere zum Opfer. So konnte sich die Christengemeinde Roms am Ende des 2. Jh. zwar selbstbewußt und als Bewahrerin des rechten Glaubens darstellen, aber von einer Einheit aller römischen Christen war schon lange keine Rede mehr. Denn die zahlreichen Kontroversen und Ausschlüsse seit der Mitte des 2. Jh. hatten inzwischen zur Bildung vieler Gruppen und Sondergemeinden geführt, wozu die Gnostiker, die Marcioniten und Montanisten, die Adoptianer und Monarchianer gehörten. Jede dieser Gruppen hatte ihren Führer bzw. ihren Bischof. Das setzte sich zu Beginn des 3. Jh. mit der Spaltung der römischen Gemeinde in Anhänger des Bischofs Kallist und Gegenbischofs Hippolyt fort. Gleichwohl waren die entscheidenden Voraussetzungen für die Entwicklung Roms zum Zentrum der katholischen Kirche um 200 schon gegeben.

3. *Das Verhältnis des Christentums zu den Religionen und religiösen Bewegungen*

Die Christen kamen nahezu überall mit Göttern und Kulten ihrer Umwelt in Berührung, und sofern Menschen, die den christlichen Glauben annahmen, nicht aus dem Judentum stammten, kamen sie aus ebensolchen Religionen. Da sich in ihnen die universalistische und monotheistische Tendenz einerseits und eine persönliche Bindung an die Gottheit und an eine Kultusgemeinde andererseits immer stärker durchsetzten, war man – trotz aller Unterschiede – doch auf die Gottesverehrung und Glaubensgemeinschaft der Christen vorbereitet. Das gilt insbesondere für Menschen aus dem Einflußbereich des Judentums, namentlich für die „Gottesfürchtigen", die sich zur Synagoge hielten, ohne zum Judentum überzutreten.

Als Beispiel für die Verehrung einer universalen Gottheit kann die bei Apuleius mitgeteilte Selbstdarstellung der Göttin Isis angeführt werden: „Da bin ich ... die Mutter der Schöpfung, die Herrin der Elemente ... die höchste der Gottheiten ... die Erscheinung der Götter und Göttinnen in einer Gestalt ... deren einzigartiges Walten ... unter vielerlei Namen der ganze Erdkreis verehrt" (es folgen verschiedene Völker- und Götternamen; Metamorphosen 11,5; um 170 n. Chr.).

Da das Christentum einerseits als eine der antiken Erlösungsreligionen Teil dieser Religionswelt war, andererseits aber seine eigene, unverwechselbare Botschaft auszurichten hatte, war sein Verhältnis zur religiösen Umwelt ambivalent. Das gilt im besonderen Maße für das Christentum im 2. Jh.; denn es hatte zur Formulierung seiner Botschaft und dann auch zur Gestaltung seines Kultes Elemente aus dem Judentum wie aus dem Mysterienglauben, aus der Gnosis, aus der zeitgenössischen Bildung, Philosophie und Volksfrömmigkeit aufgenommen. Dieser Prozeß begann schon mit den neutestamentlichen Autoren und setzte sich im 2. und 3. Jh. fort. Die Konstante dabei war die Person Jesu, des Christus. Was zur Beschreibung seiner Bedeutsamkeit an Vorstellungen und Begriffen brauchbar schien, wurde benutzt. Die Frage, ob dabei seine Botschaft jeweils unverfälscht weitergegeben wurde, hat aber schon in der frühen Christenheit zu Kontroversen und Scheidungen geführt.

Andererseits mußten sich die Christen von den Religionen und religiösen Bewegungen ihrer Umwelt abgrenzen. Das betraf vor allem das Judentum und die Gnosis, aber auch die vielen miteinander konkurrierenden Götterkulte. Wollte man nicht einem allgemeinen Synkretismus erliegen, dann galt es, das Besondere und Einmalige des christlichen Glaubens zu wahren und zu sichern.

Alle diese Aspekte stehen im 2. Jh. vielfach noch unausgeglichen nebeneinander. Neben der Verwendung vorgegebener Elemente zur Formulierung der christlichen Glaubensaussagen und zur Gestaltung des christlichen Kultus und neben dem Versuch, die christliche Botschaft mit der zeitgenössischen Philosophie als vereinbar zu erweisen, dabei aber auch die Überlegenheit des christlichen Glaubens und der christlichen Lebensweise herauszustellen (vgl. die Apologeten, Kap. 3,4), ergab sich die Notwendigkeit einer Abgrenzung von den Ansprüchen des Kaiserkults, von den Grundvorstellungen der andersartigen Gnosis und vom gesetzestreuen Judentum. Wer Christ geworden war, durfte sich auch nicht länger an anderen Kulten beteiligen. Das hatte sowohl in der Öffentlichkeit als auch in den Familien schwerwiegende Folgen und führte zur Isolierung der einzelnen Christen von anderen Bürgern und Familienmitgliedern und zur Isolierung der Christengemeinde als ganzer. Das Bekenntnis zu Jesus Christus als dem einzigen Herrn bestimmte aber ganz und gar die Existenz des einzelnen Christen und seiner Gemeinde, sein persönliches Leben und seinen Beruf und führte zu den Vorwürfen der Abkapselung von der bürgerlichen Gemeinschaft und eines unsolidarischen Verhaltens in ihr, zu den Verdächtigungen obskurer Handlungen im Gottesdienst und zu Verurteilungen wegen staatsfeindlichen Verhaltens. Solchen ungerechtfertigten Anschuldigungen zum Trotz zeichneten sich die Christen des 2. Jh. durch Treue zu ihrem Glauben, Bekennermut und eine beispielhafte Lebensweise aus und waren durch ihr engagiertes Eintreten für das Gemeinwohl gute Staatsbürger.

Kapitel 3
Die christliche Literatur – Ihre Bedeutung für die theologische und organisatorische Entwicklung des Christentums im zweiten Jahrhundert

Das 2. Jh. hat eine Fülle an christlicher Literatur hervorgebracht, die teilweise nur fragmentarisch erhalten geblieben ist. Man kann die einzelnen Schriften im Sinne der späteren kirchlich-dogmatischen Entscheidungen in rechtgläubige und häretische Texte einteilen oder aber nach formalliterarischen Kriterien vorgehen und die gesamte Literatur nach den verschiedenen Gattungen behandeln.[1] Denn gerade das später nicht kanonisierte Schrifttum ist von außerordentlicher Bedeutung für die Darstellung der Vielfalt des frühen Christentums – in einer Zeit der breiten Entfaltung des christlichen Glaubens, des Suchens nach neuen Wegen und des Ringens um die rechte Verwaltung des urchristlichen Erbes. Dazu gehört das Erbe des Paulus ebenso wie das des Petrus und Jakobus. Dazu gehört die zur Großkirche hinführende Entwicklungslinie ebenso wie die der christlichen Gnosis, und dazu gehört der breite Strom der Volksfrömmigkeit genauso wie die Bewegungen des Montanus und Marcion. Denn sie alle haben Theologie und Christologie, Eschatologie und Ethik, Gemeindefrömmigkeit, Bekenntnisbildung und Organisationsformen mit bewegt und Entwicklungen in Gang gesetzt, die bis in die Gegenwart nachwirken.

Das außerkanonische Schrifttum erscheint zunächst unübersehbar, obgleich vieles nicht mehr erhalten oder nur dem Namen nach noch bekannt ist. Es umfaßt Inschriften, Grabgedichte, einzelne Jesusworte, Spruchsammlungen, Evangelien, Erlöser-Dialoge, Offenbarungstexte, Apostelgeschichten und Apostelromane, Apokalypsen, Apologien, Brief- und Weisheitsliteratur, Märtyrerakten, Predigten und Homilien, Oden und Psalmen, Exzerpte, theologische Abhandlungen und anderes mehr.

Dies alles läuft in einem breiten Strom nebeneinanderher und muß synchron betrachtet werden, weil es insgesamt für die Entwicklung und Entfaltung der Botschaft von der Person und dem Werk Jesu Zeugnis ablegt. Aber zugleich zeugen die Texte auch von den mannigfachen religiösen und kulturellen Traditionen, Vorstellungen und Bedingungen vor Ort und werfen so die Frage auf, ob in ihnen auch das Anliegen Jesu angemessen zur Sprache kommt (s. Kap. 4).

Diese Fragestellung gerät in Spannung mit den Texten und mit den Entscheidungen der Großkirche. Bei einer Darstellung dieser Literatur ist es jedoch nicht angebracht, die Bezeichnungen „apostolisch" und „nachapostolisch", „kanonisch" und „nichtkanonisch", „christlich" und „gnostisch", „orthodox" und „häretisch" als Markenzeichen für oder gegen die Rechtgläubigkeit ihrer Autoren und Inhalte zu verwenden, da sie bis weit über die Mitte des 2. Jh. anachronistisch sind. Denn die Kriterien für das, was als rechtgläubig zu gelten habe, wurden von der Großkirche erst gegen Ende dieses Jahrhunderts festgelegt. Auch kann die Apostolizität einer Schrift wegen der weit verbreiteten Pseudepigraphie nicht von ihrem Titel abgeleitet werden (vgl. den zweiten Petrusbrief). Die verschiedenen Traditionslinien unter der Autorität eines „Apostels" (Paulus, Petrus, Jakobus, Johannes, Thomas u. a.) laufen nebeneinanderher

---

1 Vgl. in diesem Sinne *H. Köster/J. M. Robinson*, Entwicklungslinien, 252ff.

und weit über die „apostolische Zeit" hinaus. Es war ein sehr verbreiteter Usus, eine Schrift unter die Autorität eines Apostels zu stellen. Hinzu kommt, daß frühjüdische Pseudepigraphen von christlichen Kreisen umgearbeitet wurden. Hinsichtlich der literarischen Gattungen wurden vorhandene Literaturformen benutzt, Vorlagen, Formulare und andere bewährte Möglichkeiten der literarischen Darstellung verwendet, aber den neuen Inhalten entsprechend verändert. Wo die vorhandenen Gattungen dem nicht entsprachen, entstanden neue. Deshalb verbergen sich hinter den traditionellen Namen von Schriften (Evangelium, Apostelgeschichte, Apokalypse) oft ganz andere Texte, als man erwartet, und gehören Schriften mit gleichen literarischen Bezeichnungen oftmals in ganz verschiedene literarische Kategorien.
Das alles erschwert eine Ordnung der Schriften nach literarischen Gattungen. Außerdem ist für manche Texte sowohl die chronologische als auch die geographische Ansetzung ungeklärt. Um die folgenden Ausführungen nicht durch ungesicherte und hypothetische Angaben zu belasten, entscheiden wir uns für einen Mittelweg, der die herkömmliche Gruppierung der Schriften dieser Zeit mit einbezieht. Vorangestellt sind solche Texte, die in das Neue Testament eingegangen sind. Ihnen folgen die außerkanonischen Schriften, sofern sie nicht von namentlich bekannten Schulhäuptern (Valentinus, Basilides) oder Initiatoren besonderer Bewegungen (Marcion, Montanus) stammen. Zwei weitere Abschnitte sind den klassisch gewordenen Schriftgruppen der „Apostolischen Väter" und „Apologeten" gewidmet. Darauf folgen Ausführungen über die namentlich bekannten christlichen Gnostiker sowie über Marcion und Montanus. Der vorletzte Abschnitt behandelt die Werke der kirchlichen Theologen am Ende des 2. und zu Beginn des 3. Jh., wobei auch einige biographische Angaben mitgeteilt werden, um das nächste Kapitel davon zu entlasten. Am Schluß sind einige gegen die Großkirche gerichtete Schriften aufgeführt.

1. Neutestamentliche Texte des zweiten Jahrhunderts

Kurz vor dem Ende des 1. Jh. entstanden das *Lukasevangelium* (um 80) und die *Apostelgeschichte* (um 90), das *Matthäusevangelium* (um 90/95), der *Hebräerbrief* (um 85/95), der *Jakobusbrief* (80/90) und der *Judasbrief* (zw. 90 und 100).
Noch vor der Wende zum 2. Jh. entstanden auch der *Epheserbrief* (evtl. auch schon kurz vor 90), verfaßt von einem Paulusschüler in Kleinasien, und der dem Paulinismus verpflichtete *1. Petrusbrief* an kleinasiatische Gemeinden zu ihrer Stärkung in bedrängter Situation.

Der 1Petr stammt vermutlich aus Kleinasien, wo er im 2. Jh. gut bekannt war (Polykarp, Papias, Irenäus). Der Verfasser wird ein Paulusschüler gewesen sein, der paulinisches Erbe aufnimmt, um die Gemeinden in ihrer Bedrängnis bzw. Verfolgung zu unterstützen. Unter die Autorität des Petrus wurde das pseudepigraphische Schreiben gestellt, um die Glaubensverbundenheit mit Rom zu bekunden. Sollte der 1Petr in Rom entstanden sein, dann ist es nicht ausgeschlossen, daß die römische Gemeinde Einfluß auf kleinasiatische Gemeinden nehmen wollte (wie W. Bauer vermutet) und von ihr die Autorität des Petrus herausgestellt werden sollte.

Auch in der *Offenbarung des Johannes*, entstanden zwischen 90 und 96 (evtl. 92/93), geht es um die bedrängte Situation der kleinasiatischen Gemeinden während der Domitianischen Christenverfolgung gegen Ende des 1. Jh. Beide Schriften finden hier Erwähnung, weil sie für die Situation der Christen Kleinasiens um 200 von Belang sind.

Ebenfalls in den für das frühe Christentum so bedeutenden kleinasiatischen Raum gehören die „*Pastoralbriefe*" (1. und 2. Timotheus, Titus).[2]

Sie stammen von einem an Paulus orientierten Verfasser aus dem Anfang des 2. Jh. – falls nicht 1Tim 6,20 eine Anspielung auf Marcions „Antithesen" ist und sich damit eine 40 bis 50 Jahre spätere Ansetzung nahelegt (so W. Bauer und H. von Campenhausen). Marcion erwähnt die Past jedoch nicht. Sie werden erst von Irenäus und Clemens Alexandrinus bezeugt. In anderer Weise als der Paulinismus des Eph und Kol wenden sich die Past konsequent gegen die gnostische Häresie, erklären dabei Paulus zum Bundesgenossen und erheben ihn zum Garanten der Rechtgläubigkeit. Darin kommen sich der Verfasser der Pastoralbriefe und Polykarp sehr nahe, was für ihre zeitliche Nähe sprechen würde, wenn man nicht sogar (mit Campenhausen) Polykarp für den Verfasser der Past hält. Der Versuch, mit Paulus gegen die gnostische Häresie zu Felde zu ziehen, war allerdings zu dieser Zeit in Kleinasien wenig erfolgversprechend (vgl. 2Petr).

Von den neutestamentlichen Texten, deren Entstehung in das 2. Jh. hineinragt, sind noch die johanneischen Schriften zu nennen. Das wahrscheinlich in Syrien (nicht in Kleinasien) entstandene *Johannesevangelium*, das man bereits um 125 in Ägypten kannte, ist spätestens um oder kurz vor der Jahrhundertwende geschrieben worden, möglicherweise auch schon 20 Jahre früher. Auch die drei *Johannesbriefe* sind, wenn auch (etwas) später, in Syrien entstanden. Da die Verfasserfrage und die Wirksamkeit eines „johanneischen Kreises" sehr verwickelt und umstritten sind, können sie hier nicht in Kürze dargestellt werden (vgl. dazu die Einleitungen in das Neue Testament). Nach unserem Verständnis der johanneischen Schriften sind jedoch für die Geschichte des Christentums am Ausgang des ersten und zu Beginn des 2. Jh. folgende Momente festzuhalten:

Der Verfasser des Johannesevangeliums ist aus dem Bereich der frühen christlichen Gnosis hervorgegangen. Als engagierter Theologe und Autor einer Evangelienschrift nimmt er (christlich-) gnostische Vorstellungen auf bzw. geht von ihnen aus als dem Traditionsgut einer speziellen Gemeindegruppe, reduziert sie aber an entscheidenden Stellen, bricht ihnen sozusagen die Spitze ab und hält sie somit – aus welchen Gründen auch immer – nicht konsequent durch. Das ist offensichtlich seine Absicht: er möchte sie durchbrechen. Auf jeden Fall will der Verfasser des vierten Evangeliums als *Christ* verstanden werden. Er beansprucht für sich und jene, die ihm folgen, einen Platz in der Gemeinschaft der Christen, d. h. in der immer noch in der Tradition der „Urgemeinde" stehenden „Kirche". Dem entspricht auch die „kirchliche" Redaktion des vierten Evangeliums, falls man entsprechende Wendungen und Vorstellungen nicht schon dem Evangelisten selbst zutraut.
Die Autoren (bzw. *der* Autor) der *Johannesbriefe* stehen in derselben gnostischen Tradition, rücken jedoch noch viel stärker als der Verfasser des vierten Evangeliums von ihr ab und bekämpfen sie sogar. Es ist aber die eigene gnostische Herkunft, die sie verleugnen, und das gnostische Denken, das sie nunmehr aus äußeren (organisatorischen) und anscheinend auch inneren (theologischen) Gründen abstoßen. Es sieht so aus, als ob es sich dabei um Vertreter des „johanneischen Kreises" handelt, die eine Wende von der christlichen Gnosis zu jenen christlichen Kreisen und Gemeinden hin vollzogen, die sich auf dem Wege zur „Großkirche" befanden, und d. h., sich in Richtung „Rechtgläubigkeit" und organisatorischer Zusammenschluß bewegten. Dabei gehen diese antignostischen Kräfte ziemlich rigoros vor: wer ihre Wende nicht mitvollzieht, wird ausgestoßen (1Joh 2,19;4,1;2Joh 9–11). Der Hauptstreitpunkt ist die *Christologie*

2 Vgl. dazu *H.-M. Schenke/K. M. Fischer*, Einleitung, Bd. 1, 271ff.

(1Joh 4,2f.), die in den sich immer mehr ausweitenden Auseinandersetzungen zwischen „Kirche" und Gnosis der theologisch entscheidende Faktor werden sollte (s. Kap. 6,B1).
Die antihäretischen und antidoketistischen[3] Äußerungen der Johannesbriefe wurden von den traditionell denkenden christlichen Gemeinden und Theologen gern gehört und aufgenommen. Aber sie waren und blieben mißtrauisch gegenüber der johanneischen Theologie und Exklusivität der von ihr geprägten Gemeinden. Andererseits genoß das Johannesevangelium in gnostischen bzw. christlich-gnostischen und montanistischen Kreisen ein hohes Ansehen, was es jenen, die sich für „rechtgläubig" hielten, noch suspekter machte. Die Orthodoxie hatte später einige Mühe, es für die Kirche wiederzugewinnen (vgl. Irenäus und den gleichen Prozeß bei Paulus).

Die späteste Schrift des Neuen Testaments ist der *zweite Petrusbrief*, der aus diesem Grunde und wegen seiner Frontstellung gegen Irrlehrer (im Gefolge des Judasbriefes!) besondere Beachtung verdient (2,1ff.; 3,16). Zweifellos waren diese Irrlehrer Gnostiker. Der 2Petr versucht, dem für die christlichen Gemeinden so gefährlichen gnostischen Welt- und Daseinsverständnis den rechten christlichen Glauben unverwechselbar und verbindlich gegenüberzustellen, und zwar für die ganze damalige Christenheit. Dazu bemüht er die Autorität des Petrus und versteht sich als dessen Testamentsvollstrecker. Aber die Ausführung dieses Programms hat ihre Probleme. Zum einen findet keine sachliche Auseinandersetzung mit den Irrlehrern statt, sondern nur Polemik und sogar Verleumdung (vgl. 2,22). Andererseits sind manche Positionen denen der Gnostiker sehr ähnlich, so die göttliche Heilsnatur des Gläubigen (1,4). Aber das Hauptproblem ist die Frage, wer „die Schrift" auslegen darf. Da die Gnostiker gestandene Exegeten waren und weithin dieselben Texte und Stellen bemühten wie ihre Kontrahenten (vgl. dazu Kap. 6,B1), war die Frage nach der legitimen Auslegung von grundsätzlicher Natur. Hier stellt 2Petr dem bisherigen dynamischen und von daher auch pluralistischen Prinzip ein eher statisches und exklusives entgegen: die Schriftauslegung ist keine Ermessenssache. Eine „eigenmächtige Auslegung" (1,20) ist unzulässig. Nur wer in der rechten Tradition steht (das sagen die Gegner natürlich auch!), ist zur Schriftauslegung befugt. Aber die rechte, und d.h. „apostolische", Tradition ist hier der Autorität des Petrus unterstellt. Das kirchliche Lehramt kommt in Sicht. Der willkürlichen Exegese muß Einhalt geboten werden (3,16), und zwar von denen, die im Besitz der Wahrheit sind (1,12). Will man die Berechtigung dieses Standpunktes erörtern, muß man immerhin die Tatsache in Rechnung stellen, daß die Gnostiker ihre Exegese auf der Grundlage eines Welt- und Daseinsverständnisses betrieben, das in zentralen Positionen vom Welt- und Menschenbild der Genesis und der Christologie eines Paulus und auch der Synoptiker abweicht (s. Kap. 6,B1).

Die anderen Positionen des 2Petr sind demgegenüber weniger gravierend. Er hält an der Naherwartung und einem unvermittelten apokalyptischen Weltuntergang fest (3,4.9.10f.). Das ist allerdings in der ersten Hälfte bzw. um die Mitte des 2. Jh. (die Entstehungszeit des 2Petr ist nicht sicher auszumachen) bemerkenswert, denn die Frage der Parusieverzögerung war schon lange vorher diskutiert worden (vgl. 2Thess, 1Clem). Als Entstehungsort des 2Petr kommt Kleinasien oder Ägypten in Frage. 2Petr 3,16 bestätigt übrigens, daß Paulus und die paulinischen Texte bei den „Irrlehrern" (Gnostikern) des 2. Jh. ein hohes Ansehen genossen.

---

3 Wir verwenden durchgängig den Terminus *doketistisch* (als Adjektiv zu Doketismus), wenn es um das Phänomen einer Infragestellung der Leiblichkeit des Erlösers Jesus Christus geht. Der Begriff *doketisch* soll der speziellen Gruppe der „Doketen" vorbehalten bleiben.

Alle im vorangegangenen Abschnitt ausführlicher besprochenen Schriften (des späteren Neuen Testaments) befinden sich in Auseinandersetzung mit ihrer Umwelt – sei es auf Grund von Bedrängnis- und Verfolgungssituationen, sei es in Abklärung innergemeindlicher Kontroversen bei der Bewältigung neuer Fragestellungen in einer veränderten Lage der Gemeinden, sei es in Abgrenzung gegen „Irrlehrer". Damit stehen sie nicht nur in der Kontinuität mit anderen Schriften der Urchristenheit, sondern auch mit denen der weiteren frühchristlichen Literatur. Es sind also nicht in erster Linie Erbauungsschriften der frühen Christenheit als vielmehr Zeugnisse eines mühevollen Suchens nach dem rechten Zeugnis, der rechten Standortbestimmung der frühen Christen innerhalb der existierenden theologischen und organisatorischen Möglichkeiten und in der Welt.

2. *Das außerkanonische Schrifttum*

a) Evangelien, Spruchsammlungen, Erlöser-Dialoge

Jede Gemeinde benutzte diejenigen Schriften, die ihrer speziellen Tradition entstammten und entsprachen, also judenchristliche, petrinische, jakobäische, christlich-gnostische u.a. Was die Evangelienliteratur betrifft, so sind erst mit der Kanonisierung der vier Evangelien alle anderen Evangelien zu nichtkanonischen, apokryphen Schriften erklärt worden. Zugleich suchte man die Herstellung weiterer neuer Evangelien zu verhindern. Dennoch blieben die nichtkanonischen Texte vielfach in Gebrauch, und es entstanden auch weiterhin neue Offenbarungsschriften. Auch von den kanonischen Evangelien abweichende Textvarianten wurden mancherorts benutzt.

Dafür ist das in einem Brief des Clemens Alexandrinus zitierte „*Geheime Markusevangelium*" ein Beleg, das am Ende des 2. Jh. in Alexandria sowohl von Christen als auch von den gnostischen Karpokratianern benutzt wurde. Sodann sind Fragmente eines *Petrusevangeliums* erhalten (mit einem Teil der Passionsgeschichte und der Geschichte vom leeren Grab). Es entstand wohl am Anfang des 2. Jh. in Westsyrien, also im Bereich der Petrustraditionen, und wurde dort Ende des 2. Jh. von einigen Gemeinden benutzt – wie Serapion von Antiochien in der Gemeinde von Rhossos bei Antiochia feststellte. Er erlaubte zunächst den Gebrauch dieses Evangeliums, zog aber später seine Erlaubnis zurück, da einiges von der „wahren Lehre unseres Erlösers" abweiche (Euseb 6,12). Hier wird deutlich, wie die Ausscheidung eines nichtkanonischen Evangeliums vor sich ging – ein Prozeß, der schließlich zu dem vollständigen Verschwinden solcher Texte führte. Es ist daher von besonderem Wert, daß aus dem christlich-gnostischen Bereich derartige Originalliteratur erhalten blieb.

Von den nichtkanonischen Evangelien und Spruchsammlungen sind drei judenchristliche Evangelien aus der ersten Hälfte des 2. Jh. zu erwähnen: das Hebräer-, das Nazoräer- und das Ebioniterevangelium. Daneben sind jene Schriften zu nennen, die von Heidenchristen benutzt wurden, darunter ein Ägypterevangelium, ein Thomasevangelium, das Buch des Thomas und der Dialog des Erlösers.

Zunächst ist auf einige Papyrusfragmente hinzuweisen, die keinem der bekannten Evangelien zugeordnet werden können, vor allem auf ein Fragment des Papyrus Egerton 2, das eine alte Evangelientradition mit Elementen aller vier (später) kanonischen Evangelien repräsentiert. Das griechisch abgefaßte *Hebräerevangelium* entstand vermutlich in einer Gemeinde Ägyptens, in der Jakobus als höchste Autorität galt (vgl. die Jakobus-Schriften von Nag Hammadi). Dagegen war das aramäische „*Nazoräerevangelium*" das Evangelium syrischer Judenchristen

in und um Beröa (Aleppo). Es hat das griechische Matthäusevangelium zur Grundlage und enthält keine spezifischen Sonderlehren. Auch das Evangelium der griechisch sprechenden *Ebionäer* (bzw. Ebioniten, Judenchristen) aus dem Ostjordanland geht auf Matthäus, Lukas und Markus zurück. Diese Ebionäer lehnten aber die Jungfrauengeburt ab, verwarfen im Namen Jesu den Opferkult („Ich bin gekommen, die Opfer abzuschaffen ...“; vgl. Mt 5,17ff.) und verlangten eine vegetarische Lebensweise. Durch Zitate bei den Kirchenschriftstellern (Clemens Alexandrinus, Hippolyt, Epiphanius) ist ein *Ägypterevangelium* (nicht zu verwechseln mit demjenigen aus Nag Hammadi) belegt, das möglicherweise in der ersten Hälfte des 2. Jh. den ägyptischen Heidenchristen diente (während die dortigen Judenchristen das Hebräerevangelium benutzten – so die Vermutung von W. Bauer). Jedenfalls ist bemerkenswert, daß die Exzerpte daraus asketisch-enkratitische Züge tragen (Abwertung der Geschlechtlichkeit; „Der Heiland sprach: Ich bin gekommen, die Werke des Weiblichen aufzulösen ...“, ClemAl, Strom 3,63) und die Nähe der Gnosis deutlich spüren lassen. Es ist also kein Zufall, daß dieses Evangelium auch von Gnostikern (Naassenern, Valentinianern) gelesen und geschätzt wurde (vgl. Hippolyt, Ref 5,7). Weiterhin gibt es Verbindungen zum Thomasevangelium, von dem es vielleicht sogar abhängt (Köster).
Das schon im ersten nachchristlichen Jahrhundert in Syrien oder Palästina entstandene, von den synoptischen Evangelien unabhängige *Thomasevangelium* ist eine Spruchsammlung, die der Weisheitsliteratur *(Logoi sophōn)* zuzurechnen ist. Es erhebt einen exklusiv-esoterischen Anspruch (vgl. die Schlüsselstelle am Anfang: „Wer die [richtige] Deutung dieser Worte findet, wird den Tod nicht schmecken“) und weist eine gnostisierende Tendenz auf (Herkunft der Erwählten aus dem Licht, Abwertung des Kosmos und der Sarx, weltflüchtig-asketische Lebenshaltung; Riten und Werke, auch Fasten, Gebete, Almosen, Speisegebote werden verworfen). Das „Evangelium“ steht unter der Autorität des Didymos Judas Thomas, gehört also in die syrische Thomastradition.
Eine Sammlung mit weisheitlichem und apokalyptischem Spruchgut ist auch *„Das Buch des Thomas“* (NHC II,7) mit einer rigoristisch-asketischen Ethik (Ende 2./Anfang 3. Jh., Syrien?). Es enthält geheime Offenbarungen an den Zwilling Judas Thomas. Auch hier fehlt (wie in Ev Thom) der Christus-Titel. Das gilt auch für die Schrift *„Der Dialog des Erlösers“* (NHC III,5), einer Diskussion des Erlösers mit Judas, Matthäus, Maria, Mariamne und allen 12 (!) Jüngern über kosmologische und soteriologische Fragen mit gnostisierender Tendenz. Diese wohl aus dem syrischen Raum (Parr zum EvThom und Johev) stammende „erweiterte Spruchsammlung“ (Köster) kennt ebenfalls keine Passionsgeschichte.

Das Anwachsen der christlichen Literatur wird auch an den *„Kindheitsevangelien“* deutlich, die auf die Volksfrömmigkeit, Liturgie und Kunst großen Einfluß ausübten und an denen speziell gnostische Kreise ein großes Interesse zeigten.

Bereits im 2. Jh. entstand *„die Kindheitserzählung des Thomas“*, eine Anreicherung des Evangelienstoffes mit mythologischen, legendären Elementen zu Kindheitserlebnissen Jesu, und das *„Protevangelium des Jakobus“* (eigentlich: „Geburt der Maria“), das hauptsächlich *Marienlegenden* enthält und auf die Ausbildung der *Mariologie* stark einwirkte (Maria als Heilige mit permanenter Virginität dargestellt, Jesu Geschwister stammen aus Josephs erster Ehe!).

Die literarische Gattung der *Erlöserdialoge* wurde vor allem in gnostischen Kreisen ausgebildet und benutzt. Es sind aber zumeist keine eigentlichen Dialoge, sondern *Offenbarungsreden* des Auferstandenen (!) an auserwählte Jünger, Jüngerinnen und auserwählte Leser, mehr oder weniger aufgelockert als Dialoge.

Außer dem schon genannten Thomasbuch und dem Dialog des Erlösers gehören dazu von den Nag-Hammadi-Schriften des 2. Jh. auch die *Epistula Jacobi apocrypha* (NHC I,2) sowie *die erste und zweite Apokalypse des Jakobus* (NHC V,3 und 4). Alle drei Schriften stehen in juden-

christlicher Tradition und verstehen Jakobus als Tradenten geheimer Offenbarungen des Erlösers und Garanten der rechten Lehre. Trotz ihrer andersartigen Bezeichnungen sind auch *die Apokalypse des Paulus* (NHC V,5), die Dialoge während der Himmelfahrt des Paulus enthält, und *die Epistula Petri ad Philippum* (NHC VIII,2) hier einzuordnen. Zu den christlich-gnostischen Erlöserdialogen gehören weiterhin *„Das Evangelium der Maria"* und die Rahmen der Schriften *„Die Sophia Jesu Christi"* und *„Das Apokryphon des Johannes"* aus dem koptischen Papyrus Berolinensis 8502 (SJC und AJ auch in der Nag-Hammadi-Bibliothek erhalten) sowie die beiden *Bücher Jeû* (Codex Brucianus). Alle diese Erlöserdialoge dienten der Mitteilung esoterischer (weitgehend gnostischer) Lehren. Man versuchte, diese zu legitimieren, indem man sie dem Auferstandenen in den Mund legte.
Aus dem großkirchlichen Bereich stammt die *Epistula Apostolorum* (zweite Hälfte des 2. Jh., wahrscheinlich in Ägypten entstanden, vielleicht auch in Kleinasien). Diese ursprünglich in griechischer Sprache verfaßte Schrift ist vollständig in einer äthiopischen Übersetzung erhalten. Eine alte koptische Übersetzung ist teilweise, eine lateinische nur in Bruchstücken vorhanden. Die Briefform und die Stoffe aus den Evangelien bilden den Rahmen für *Offenbarungen des Auferstandenen*. Diese werden aber nicht als esoterische Heilslehren unter der Autorität eines Apostels für einen Kreis von Auserwählten verstanden, sondern als die wahre Lehre für *alle* Christen im Namen aller Apostel (darunter des Kephas!) gegen die Irrlehren der „Pseudoapostel Simon und Kerinth" (Kap. 1–2). *Paulus* wird hier (Kap. 31–33) am Ende des 2. Jh. als Prediger und Lehrer der Heiden den anderen Aposteln an die Seite gestellt und damit den Irrlehrern streitig gemacht, oder anders gesagt: Paulus wird den anderen Aposteln unterstellt.

Die Epistula Apostolorum ist in mehrfacher Hinsicht bedeutsam: Sie bekämpft gnostische Christologie unter Rückgriff auf Evangelienstoffe und paulinische Traditionen (vor deren Kanonisierung), aber unter Verwendung gnostischer Formen und Vorstellungen, was wiederum in großkirchlichen Kreisen Befremden auslöste und die Schrift später als nicht mehr brauchbar erscheinen ließ. Aber das zur großkirchlichen Norm gewordene Glaubensbekenntnis wird hier herausgestellt. Die antignostische und antidoketistische Tendenz der Schrift wird darin deutlich, daß die irdische Existenz des Erlösers sowie seine Kreuzigung und Auferstehung ebenso als Realitäten begriffen werden wie die irdische Existenz der christlichen Gemeinden mit ihren ethischen und organisatorischen Fragen (vgl. die Kap. 41 f.: Ämter, im einzelnen: Väter = Prediger; Lehrer und Diener = Diakone, sowie 46–49: Gemeindezucht).

b) Zeugnisse der frühchristlichen Volksliteratur

Apostelgeschichten – Apostelromane; Erzählungen, Traktate, Abhandlungen

Es entstanden zahlreiche Acta Apostolorum, da die Person und Lebensgeschichte der Apostel eine desto stärkere Beachtung fanden, je mehr ihre Autorität wuchs. Die meisten dieser „Apostelgeschichten" haben den Charakter christlicher Volksliteratur, die zwar als eine neue Gattung, aber in Weiterführung des antiken Romans entstand und der Adaption und Neuschöpfung von Legenden freien Raum ließ. Aus Gründen der großkirchlichen Konsolidierung wurden die Apostel zu Garanten der ungebrochenen Überlieferung und der reinen und unverfälschten Lehre. Zugleich erlangten sie als „Helden" des Urchristentums, als mit besonderen Fähigkeiten ausgestattete Männer, Volkstümlichkeit. Diese Apostelgeschichten oder Apostelromane wurden daher von den kirchlichen Autoritäten ganz anders beurteilt und behandelt als die diversen Evangelien der unterschiedlichsten *theologischen* Entwicklungslinien. Allerdings war auch die Apostelliteratur nicht frei von Elementen, die unter das Verdikt der Häresie fielen, denn auch die Apostelromane repräsentierten ja unterschiedliche Traditionen des frühen Christentums. Doch wollte man mit der Autorität der Apostel Irrlehre bekämpfen und die nicht auf der großkirchlichen Linie liegenden Gruppierungen ausschalten. Deshalb blieben – anders als bei den kirchlich nicht approbierten Evangelien – vorerst viele apokryphe Apostelgeschichten erhalten, und so konnte es später, im 4. Jh., sogar zu einer Sammlung dieser Schriften durch die Manichäer kommen, wodurch sie freilich nicht mehr nur einzelnen, sondern nunmehr den meisten kirchlichen Theologen suspekt wurden, wenn auch nicht überall und nicht alle in der gleichen Weise.

In den *Petrusakten*, zwischen 180 und 190 wahrscheinlich in Kleinasien entstanden, wird über die von Petrus vollbrachten Wunder und von seinem Kampf gegen Simon Magus berichtet (vgl. die Pseudoklementinen!).
Petrus gelang es, die nach der Abreise des Paulus unter den verderblichen Einfluß des Simon Magus geratene römische Gemeinde wieder auf den Pfad des rechten Glaubens zu führen.
Eine früh von den Petrusakten abgetrennte Überlieferung stellt die in Latein und Griechisch und mehreren anderen Sprachen erhaltene Schilderung des *Martyriums des Petrus* dar, in welcher Petrus auch zwei Reden über das Geheimnis des Kreuzes während seiner eigenen Kreuzigung in Rom hält.
Etwas jünger als die Petrusakten sind die ebenfalls nur fragmentarisch erhaltenen *Acta Pauli*, die nach Tertullian (De baptismo, 17) aus der Feder eines „kleinasiatischen Presbyters" stammen. Sie orientieren sich an Stationen des Paulus und enthalten als auch selbständig überlieferte Stücke die *„Acta Pauli et Theclae"* (Theklageschichte: Bekehrung, Tierkampf und Selbsttaufe), *„das Martyrium des Paulus"* (Enthauptung in Rom) und den *„dritten Korintherbrief"*, der in die armenische Bibel Eingang fand. Dieser ist ein Antwortschreiben des Paulus von Philippi aus an die korinthische Gemeinde und ihre Ältesten und enthält u. a. Äußerungen über seine bedrängte Lage, über die Auferstehung des Fleisches und eine etwas summarische Verurteilung der zuvor als Gnostiker charakterisierten Irrlehrer in Korinth.
Es ist bemerkenswert, wie hier eine der Großkirche nahestehende Schrift vom Ende des 2. Jh. Paulus in den Mittelpunkt stellt (vgl. die Epistula Apostolorum, Kap. 3,2a) und wie in den beiden Apostelakten Paulus bzw. Petrus als Gegner von Irrlehrern und Irrlehren und als Märtyrer geschildert werden. Beide Schriften sind auch nicht (mehr) exklusiv nur einem der beiden Apostel gewidmet, sondern lassen beide auftreten, wenn auch mit unterschiedlichem Gewicht.
Nur wenig erhalten ist von den in der zweiten Hälfte des 2. Jh. entstandenen *Andreasakten* über Reisen dieses Apostels und sein Martyrium. In den erhaltenen Reden an seine Brüder, an Maximilla und Stratokles, spielt die Forderung der Keuschheit und sexuellen Enthaltsamkeit die Hauptrolle (vgl. die Acta Petri und Pauli), eingebettet in die theologische Begründung, dem Retter und dem Licht zu gehören.
Es ist nicht verwunderlich, daß die Acta Andreae auf Grund ihrer Ausführungen über Licht und Finsternis, Kreuz und Kosmos und wegen ihrer Moral der Enthaltsamkeit von gnostischen Kreisen gern benutzt wurden (vgl. Euseb, 3,25,6). Das gilt in einem noch viel stärkeren Maße von den *Johannesakten*, sofern diese nicht überhaupt aus der christlichen Gnosis hervorgegangen sind.
Auch hier ist derselbe moralische Grundton eines Enkratismus und ethischen Rigorismus anzutreffen, und die Theologie, namentlich die Christologie der Johannesakten, trägt ausgesprochen gnostische Züge. Der interessanteste Teil der in Syrien oder Kleinasien im 3. Jh. (mit Johannes-Traditionen des 2. Jh.!) verfaßten Johannesakten ist die „Evangeliumsverkündigung des Johannes" (Kap. 87–105) mit Ausführungen über die vielgestaltige Erscheinung Christi, den mit seinen Jüngern tanzenden Christus und das wahre Wesen des Erlöserleidens, über die Geheimnisse des Kreuzes und das Lichtkreuz (Kap. 94–96: ein Hymnus Christi; Kap. 97–101: Offenbarungsworte). Als derjenige, der das esoterische Wissen von der Natur des Kosmos und dem eigentlichen Sinn der Erlöservorgänge hat, ist der Gnostiker aus der Masse der gewöhnlichen Gläubigen herausgehoben. Was die Johannesakten sonst über den Apostel Johannes zu berich-

ten wissen, vor allem über seine mitunter seltsamen Wundertaten (vgl. das Wanzenwunder in Kap. 60) und die Untaten anderer, befindet sich bisweilen am Rande dessen, was selbst eine volkstümliche Schrift christlicher Grundprägung an Kuriosem und Absonderlichem ihren Lesern zumuten kann (vgl. Kap. 48–53: Selbstentmannung eines Ehebrechers und Vatermörders; Kap. 63ff.: Nekrophilie). Hier erscheint die Askese als „Erotik mit negativem Vorzeichen" (Vielhauer).

Bereits in das 3. Jh. gehören die in Ostsyrien beheimateten, in syrischer Sprache geschriebenen und ins Griechische übersetzten *Thomasakten*. Auch sie stehen in der Tradition der antiken Romanliteratur, wurden in verschiedenen Sprachen bearbeitet (armenisch, äthiopisch, lateinisch), was ihre weite Verbreitung anzeigt, und erfuhren auch kirchliche Überarbeitungen. Die Acta Thomae berühren sich stark mit gnostischen Vorstellungen des Bardesanes und repräsentieren ein gnostisches Christentum um Edessa (Kap. 2,2a).

Unter den 13 „Taten" des Didymos Judas Thomas werden Wundertaten, Bekehrungsgeschichten und das Martyrium des Apostels in Nordwestindien berichtet. Ferner enthält diese Schrift Reden und Predigten, Gebete und Hymnen und liturgische Stücke (Kap. 6/7: das Hochzeitslied; Kap. 108–113: das Lied von der Perle) – dies alles verbunden mit gnostischen Erlöser- und Erlösungsvorstellungen. Auch die Acta Thomae sind dem asketisch-enkratitischen Ideal verpflichtet.

In die erste Hälfte des 3. Jahrhunderts gehört auch die „Grundschrift" *(Kērygmata Petrou)* der unter dem Sammelbegriff *Pseudoklementinen* bekannten Rezensionen des Klemensromans, nämlich die 20 „Homilien" und die 10 Bücher „Rekognitionen". Diese Grundschrift entstand in einem judenchristlichen Milieu gnostischer Prägung im syrischen Raum und enthält interessante, für die Situation des frühen Christentums um die Wende vom 2. zum 3. Jh. aufschlußreiche Anschauungen.

Dazu gehört die Vorstellung vom „wahren Propheten", der mit unterschiedlichen Namen und in wechselnder Gestalt von Adam bis zu Jesus auftrat, um die Menschen zur Erkenntnis der Wahrheit zu leiten. Der Zusammenhang dieses, besonders von den Ebioniten und Elkasaiten gelehrten, stufenförmigen Auftretens eines „wahren Propheten" mit den Prophetenreihen im Koran, also mit der Verkündigung Muhammads, ist unverkennbar. Der gesetzlichen Gnosis des wahren Propheten steht die weibliche Prophetie gegenüber, die durch Paulus (!) vertreten wird. Ihm gelten auch die Angriffe mit dem Vorwurf der Irrlehre, die vordergründig gegen Simon Magus gerichtet sind (vgl. in den Homilien II,16 und XVII,13). Die Schrift liegt somit auf der theologischen und „kirchenpolitischen" Linie: Petrus contra Paulus.

Die Bibliothek von Nag Hammadi enthält weitere wichtige Texte. Die erste Schrift von Kodex VI ist eine vulgärchristliche, nichtgnostische Erzählung mit Zügen des antiken Romans, die anscheinend auf eine Petruspredigt zurückgreift und den (sekundären) Titel trägt *„Die Taten des Petrus und der zwölf Apostel"*.

In ihr begegnet Jesus den Aposteln als Lithargōēl, gibt sich ihnen als Arzt zu erkennen, schenkt ihnen Heilmittel und sendet sie mit dem Heilungsauftrag in die Welt. Auch dieser Text enthält asketisch-enkratitische Aussagen. Möglicherweise ist er von bzw. für Judenchristen geschrieben worden, wie die Aufnahme des jüdischen Heilungsengels Lithargōēl vermuten läßt. Die Passion des Erlösers wird nicht ausdrücklich berichtet, klingt aber deutlich an. Insofern hält sich diese Schrift trotz ihres „surrealistischen" Charakters (Schenke) theologisch im vulgärgroßkirchlichen Rahmen.

Eine Schrift ganz eigener Prägung ist der „*Tractatus Tripartitus*“ (NHC I,5), in welcher ein Gnostiker Hauptstücke des christlichen Glaubens interpretiert. Es ist anscheinend das Ziel der Abhandlung, die Lehren der valentinianischen Gnosis mit den Vorstellungen der Großkirche in Übereinstimmung zu bringen. In Ausführung dieses Vorhabens werden jedoch wesentliche gnostisch-christliche Positionen beibehalten, und so verbleibt der Text auf einer von der Kirche nicht akzeptierten Linie.
Aus dem 2. Jh. stammt schließlich „*Der Brief an Rheginus über die Auferstehung*“ (NHC I,3), der kein echter Brief ist, sondern eine Abhandlung über das Problem, wie sich pneumatische, psychische und sarkische (geistige, seelische und fleischliche) Auferstehung zueinander verhalten. Doch der Versuch, die gnostische Vorstellung vom Seelenaufstieg mit der „fleischlichen Auferstehung“ zu verbinden, konnte letztlich nicht gelingen, weil hier Elemente unterschiedlicher Denkstrukturen (gnostische und jüdisch-christliche) zusammenstoßen, die sich nicht ohne weiteres zusammenspannen oder gar harmonisieren lassen.

Das mit dem Rheginusbrief aufgegebene Problem ist m. E. ganz ähnlich wie das im Tractatus Tripartitus: Der Verfasser möchte die Vereinbarkeit gnostischer und christlicher Vorstellungen „beweisen“. Aber auch der Autor des Rheginusbriefes bleibt in wesentlichen Punkten seiner gnostischen Weltanschauung verbunden, und so war sein gnostisch-christliches Produkt für die großkirchliche Theologie nicht annehmbar. Die ganze Problematik einer „Alchemie der Weltanschauungen“ und des verwickelten Verhältnisses von Christentum und Gnosis läßt sich an derartigen Texten gut ablesen und studieren.

Abgesehen von solchen Grundfragen, war allen diesen Schriften vor allem das Einströmen antiker Formelemente und Vorstellungen sowohl der gehobenen als auch der primitiven Volksfrömmigkeit in die frühchristliche Volksliteratur festzustellen. Die Kirche wurde dadurch vor die Aufgabe gestellt, die Fülle der literarischen Produkte zu sichten und zu werten, den einzelnen Text zu sanktionieren oder zu verwerfen. Das war ein langwieriger Prozeß, der im Blick auf das gesamte Christentum in den ersten Jahrhunderten keineswegs einheitlich verlief (zur Kanonfrage s. Kap. 4,2).

c) Apokalyptische Texte

Das Vorbild der apokalyptischen Schriften und Einzelstücke zur Zeit des frühen Christentums war die ältere jüdische Apokalyptik, deren Thema und literarische Form schon vorhanden war, als von der Mitte des ersten Jahrhunderts an zu gleicher Zeit neue jüdische (4. Esra, syrischer Baruch), christliche (synoptische Apokalypse, Johannesoffenbarung) und auch gnostische Apokalypsen entstanden. Dabei gilt auch hier, was über das Verhältnis von Form und Inhalt einleitend gesagt wurde: die Prägung der Texte geschah vor allem durch die jeweiligen Glaubensinhalte. Zum anderen wirkten aber auch die gesellschafts- und religionspolitischen Verhältnisse und Ziele vor Ort gerade auf die apokalyptischen Texte besonders stark ein. Ein Beispiel dafür ist die *Offenbarung des Johannes* vom Ende des 1. Jh. (s. Kap. 3,1).

Eine weit verbreitete Schrift aus der ersten Hälfte des 2. Jh. ist die in äthiopischer Übersetzung vollständig erhaltene, wahrscheinlich aus Ägypten stammende *Petrus-Apokalypse*, in der Jesus über seine Wiederkunft, die Auferstehung der Toten und das Jüngste Gericht mit unterschiedlicher Bestrafung der Sünder in der Hölle und die herrliche Zukunft der Gerechten im Himmel Offenbarungen gibt. Diese Schrift war in der alten Kirche umstritten, erfuhr aber eine weitrei-

chende und langandauernde Wirkung. Aus dem 2. Jh. stammt auch *die Himmelfahrt Jesajas* (Ascensio Isaiae), die vollständig nur in äthiopischer Sprache erhalten ist und die christliche Bearbeitung und Erweiterung einer jüdischen Schrift darstellt.
Eine mit einer Schau verbundene christlich-gnostische Schrift, die *Dialoge* während der Himmelfahrt des Apostels Paulus enthält, ist die aus der Bibliothek von Nag Hammadi stammende *Apokalypse des Paulus* (NHC V,2). Sie kann aber nur bedingt zur apokalyptischen Literatur gerechnet werden (s. Kap. 3,2a). Das gilt auch für die pagan-gnostische *Apokalypse des Adam* (NHC V,5), die sich nicht mit Endzeitfragen, sondern mit dem Ablauf der Weltgeschichte und den drei Strafzeiten von der Sintflut bis heute befaßt. *Die 1. und 2. Apokalypse des Jakobus* (NHC V,3 und 4) haben mit den eigentlichen Apokalypsen nur die Bezeichnung gemeinsam (s. Kap. 3,2a). Aus dem 3. Jh. stammt die christlich-gnostische *Apokalypse des Petrus* (NHC VII,3), die mit der obenerwähnten Petrus-Apokalypse nicht identisch ist und im Gegensatz zu jener Probleme des zeitgenössischen Christentums in der Form spezieller Offenbarungen an Petrus behandelt. Wegen ihrer antigroßkirchlichen Ausrichtung ist sie für die Geschichte des frühen Christentums von besonderem Interesse (s. Kap. 3,7). In den meisten dieser als „Apokalypsen" bezeichneten gnostischen Schriften sind also typische Züge und Elemente der Apokalyptik nur teilweise (oder auch gar nicht) enthalten.

Andererseits sind hier einige Texte zu erwähnen, die nicht die Bezeichnung „Apokalypse" tragen, die aber unter anderem auch mit apokalyptischen Themen befaßt sind bzw. als Apokalypse gestaltet sind, so *die Epistula Apostolorum* (s. Kap. 3,2a), das 16. Kapitel der *Didache* (s. Kap. 3,3) und *der Hirt des Hermas* (s. Kap. 3,3). Zu nennen sind auch jene apokalyptischen Schriften jüdischer (bzw. paganer) Provenienz, die von Christen übernommen, umgearbeitet und erweitert worden sind. Hierzu gehören die im frühen Christentum viel zitierten *Oracula Sibyllina* (Kap. 1–2: jüdisch-christlich; 6–8: christlich), *das fünfte und sechste Buch Esra, das Testament Salomos* und das (nur in Bruchstücken bei Hippolyt und Epiphanius überlieferte) *Buch des Elchasai*. Diese Schriften gehören mit in den großen Bereich der Apokalyptik und „apokalyptischen Prophetie" des frühen Christentums.

d) Predigten/Homilien, Oden, Märtyrerberichte

Neben den schon behandelten literarischen Gattungen sind noch die diversen Zeugnisse der Gemeindeliteratur in Prosa und Dichtung zu erwähnen sowie die Gruppe der Märtyrerakten. Die älteste christliche Homilie, die erhalten geblieben ist, ist der sogenannte *„zweite Clemensbrief"*, um 140 in Ägypten (Alexandria), Korinth oder Rom entstanden.

Diese Schrift ruft die Christen zur Buße und zu einem untadeligen Leben mit guten Werken auf. Das 14. Kapitel enthält zudem interessante Ausführungen über das Wesen der Kirche (s. das 4. Kapitel) und über das Verhältnis von Geist und Leib – in christologischer, anthropologischer und ekklesiologischer Hinsicht – mit antignostischem Akzent (vgl. auch das 9. Kapitel).

Eine meditative Homilie, in welcher dem Mysterium der Offenbarung und dem Erlösungswirken Jesu Christi für die Auserwählten nachgegangen wird, ist das gnostisch-christliche *Evangelium der Wahrheit* (Evangelium Veritatis NHC I,3). Zur poetischen Literatur des 2. Jh. zählen der bei Hippolyt (Refutatio 5,10,2ff.) überlieferte *Naassenerpsalm* und die *Oden Salomos*, eine Liedersammlung von 42 Oden christlich-gnostischer bzw. synkretistischer Prägung aus Syrien/Palästina oder Ägypten.

Diese Oden sind aus dem kultischen Bereich hervorgegangen und kreisen um das innige Verhältnis zwischen Erlöser und Erlöstem. In einem jubelnden Lobpreis des Erwählten, in seiner Liebe zum Herrn als dem Geliebten und in der unerschütterlichen Glaubensgewißheit des Erlösten äußert sich in diesen Liedern eine oft überschwengliche, enthusiastische Frömmigkeit. Die Oden Salomos fanden auch innerhalb der Großkirche viele Bewunderer und Benutzer. Lieder, Hymnen und Gebete sind darüber hinaus in vielen christlichen und christlich-gnostischen Schriften dieser Zeit enthalten.

Zu den wenigen Schriften des 2. Jh., die sich mit geschichtlichen Ereignissen befassen, gehören die *Märtyrerberichte*. Es handelt sich einmal um Berichte über das „Martyrium", die manchmal auch als Schreiben an Gemeinden zu deren Stärkung abgefaßt wurden, und zum anderen um die sogenannten „Acta", bei denen es um Gerichtsprotokolle der Verfahren gegen die Märtyrer geht.

Der älteste der erhaltenen Märtyrerberichte ist das Martyrium des Polykarp, ein Schreiben der Gemeinde von Smyrna an die phrygische Gemeinde in Philomelium. Über das Martyrium des Justin und seiner Gefährten berichten die Acta Justini. Justin selbst gibt in seiner zweiten Apologie einen Bericht über das Martyrium von Ptolemäus und Lucius. Aus dem 2. Jh. stammen ferner die Akten der Märtyrer von Scilli in Numidien (hingerichtet im Jahre 180), das älteste Zeugnis des frühen Christentums in lateinischer Sprache, die Märtyrerakten des Apollonius (Anfang der 80er Jahre) und der Brief der Gemeinden von Vienne und Lyon über die dortige Verfolgung (177/178) an die Gemeinden in Asien und Phrygien. Von ganz anderer Art sind die Erzählungen über die Martyrien von Petrus und Paulus in den Petrus- und Paulusakten (s. Kap. 3,2b).

Die frühesten Kirchenordnungen (Didaskalia), Kanonverzeichnisse (Kanon Muratori) und Taufsymbole sollen hier nur erwähnt werden (s. dazu Kap. 4 und Kap. 5). Die *Briefliteratur* findet sich, soweit es sich um wirkliche Schreiben handelt, vor allem im folgenden Abschnitt (Kap. 3,3). Auch die oben erwähnten Schreiben über Martyrien gehören mit dazu. Der bei Epiphanius überlieferte Brief des Ptolemäus an Flora ist bei den Zeugnissen der namentlich bekannten christlichen Gnostiker aufzuführen (s. Kap. 3,5). Ein Teil der als Briefe deklarierten literarischen Zeugnisse gehört allerdings zu den Gattungen der Abhandlungen, Traktate, Homilien, Erlöserdialoge usw. Andere „Briefe" finden sich innerhalb größerer Werke, z. B. die 7 Sendschreiben der Johannesoffenbarung (s. Kap. 3,1) und der „dritte Korintherbrief" in den Paulusakten (s. Kap. 3,2b). Schließlich sind noch die Briefe der großen Kirchenschriftsteller zu nennen, darunter die des Irenäus (vgl. Euseb 5,20,1: an Blastus und an Florinus).

3. Die Apostolischen Väter

Die Bezeichnung „Apostolische Väter" rührt daher, daß die Verfasser dieser Schriften noch christliche Zeugen der sogenannten apostolischen Zeit gekannt haben sollen. Zur leichteren Orientierung behalten wir diese eingebürgerte Bezeichnung für eine frühchristliche Schriftengruppe bei.
Die im folgenden behandelten Schriften gestatten einen Einblick in die Situation frühchristlicher Gemeinden vom Ende des 1. bis zur Mitte des 2. Jh. Sie sind *an Christengemeinden gerichtet* und beschäftigen sich mit deren theologischen und organisatorischen Fragen und mit Ansichten, die von ihrer eigenen Norm abweichen (Häresie-Problem). Ihre Autoren verwalten das Erbe, als es nach dem enthusiastischen

Schwung und visionären Elan der „Gründerzeit" auf die Solidarität unter den Gemeinden, die Bestimmung und Wahrung ihrer Identität und die Ordnung der gemeindlichen resp. kirchlichen Verhältnisse nach innen und außen ankam. Sie leisteten damit ihren Gemeinden und zugleich der folgenden Theologengeneration, den „Apologeten", einen notwendigen und wichtigen Dienst (vgl. Kap. 4).
Der *„erste Clemensbrief"*, der nach Dionysius von Korinth (Euseb, KG 4,23,11) Clemens Romanus zugeschrieben wird, gehört zwar in das 1. Jh. (um 96), muß aber wegen seiner großen Bedeutung und weitreichenden Wirkung hier erwähnt werden. Es handelt sich um ein Schreiben der Gemeinde in Rom an die Gemeinde in Korinth, wo innergemeindliche Kontroversen zur Absetzung der bisherigen Presbyter durch jüngere Gemeindeglieder geführt hatten. Es ist nicht endgültig auszumachen, welche Ursachen diese Vorgänge hatten: spielten gnostische Kräfte dabei eine Rolle (W. Bauer), oder waren es innere Machtkämpfe? Jedenfalls sieht sich „Rom" veranlaßt zu intervenieren – sei es, um mit der römischen Gemeinde verbundene Männer zu unterstützen, um sie nicht zu verlieren, sei es, um eine gnostische Gruppe wieder auszuschalten. Von den Schuldigen wird gefordert, daß sie ihr Unrecht einsehen und Korinth verlassen (54,2).
Wenn auch von einem *römischen Primat* noch nicht die Rede sein kann, so scheint der Vorsteher der römischen Gemeinde doch eine besondere Autorität besessen und möglicherweise auch beansprucht zu haben. Immerhin war die Intervention in Korinth erfolgreich.

Das Argument gegen die erfolgte Absetzung der Presbyter in Korinth lautete: die Bischöfe und Diakone bzw. Presbyter (44,5; 57,1) wurden von den Aposteln eingesetzt, und diese wiederum erhielten ihre Legitimation und ihren Auftrag von Christus (Kap. 42–44). Folglich ist es ein Unrecht und gegen die göttliche Ordnung, sie aus ihrem Dienst *(leitourgia)* der Opferdarbringung und von ihrem Bischofsamt *(episkopē)* zu vertreiben. Denn sie sind im Sinne dieser *theologischen* Argumentation nicht absetzbar. Außerdem haben sie ihr Amt untadelig verwaltet (44,3 bis 6).
Obwohl der monarchische Episkopat im 1. Clem noch nicht direkt bezeugt ist, weist das Schreiben in diese Richtung. Das Amt steht in *apostolischer Sukzession* und wird von Christus und Gott hergeleitet (vgl. Kap. 42). Der „Grund des römischen Kirchenrechts" ist damit gelegt (Vielhauer).

Aus dem Inhalt des 1. Clem ist noch dreierlei hervorzuheben: In Kap. 5–6 wird die *Christenverfolgung* unter Nero erwähnt. In 23,3–5 ist die Frage der *Parusieverzögerung* angesprochen. Am Schluß des Briefes findet sich ein großes Gebet (59,4–61,3), das liturgischen Charakter hat. Nach Euseb (KG 4,23,11) wurde in Korinth der erste Clemensbrief regelmäßig „zur Belehrung" vorgelesen. Er gehörte in Syrien und Ägypten eine Zeitlang zum Kanon.
Der sogenannte *„zweite Clemensbrief"* ist kein Brief, sondern eine Homilie (s. Kap. 3,2d).
Die Didache oder Apostellehre („Lehre der zwölf Apostel") stammt aus Syrien oder Ägypten und wurde wahrscheinlich am Beginn des 2. oder sogar schon Ende des 1. Jh. verfaßt. Für diese frühe Datierung spricht das Auftreten von Wanderpredigern, von wandernden Aposteln und Propheten (Kap. 11), deren Niederlassung in einer Ortsgemeinde ins Auge gefaßt wird (Kap. 13), ferner die Hochschätzung der Geistbegabung (Kap. 11,6ff.) und die beginnende Etablierung des Bischofs- und Diakonenamtes in

den Gemeinden (Kap. 15; s. u.). Die Didache ist die *älteste Kirchenordnung* der Christenheit.

Die Didache geht auf die jüdische Zwei-Wege-Lehre zurück, die in ihr verchristlicht und erweitert wird. Sie behandelt in 16 kurzen Kapiteln zunächst die zwei Wege, „einen zum Leben und einen zum Tode“ (1–6), wobei unter den vielen Kennzeichen des Todesweges auch Götzendienst und Zauberei genannt werden (5,1; 3,4). Dem folgen Ausführungen über die zu übende Praxis bei der Taufe (7) – normalerweise „in fließendem Wasser“, in Ausnahmefällen (hier erstmals erwähnt!) durch dreimaliges Gießen auf den Kopf des Täuflings unter der Trinitätsformel (7,3) – sowie über das Verhalten beim Fasten (mittwochs und freitags!, 8,1), beim Beten und bei der „Eucharistie“ (8–10). Bei den Gebeten (9–10) handelt es sich möglicherweise nicht um Eucharistiegebete, sondern um Tischgebete (Benediktionen) bei Agapen. Kap. 14 behandelt die Sonntagsheiligung durch das „reine Opfer“ und erwähnt dabei das Sündenbekenntnis, das Brotbrechen und die Danksagung. Eine genaue Schilderung der eucharistischen Feier fehlt.
In den Kap. 11–13 wird auf die Behandlung der wandernden „Apostel und Propheten“ eingegangen. Nach Kap. 15 sollen in der Gemeinde Bischöfe und Diakone gewählt und entsprechend „geachtet“ werden, da sie es sind, die für die Glieder der Gemeinde „den Dienst der Propheten und Lehrer“ versehen. Damit wird eine Übergangssituation beschrieben, in welcher das Bischofsamt noch nicht im Sinne des monarchischen Episkopats etabliert ist, aber die Bischöfe zusammen mit den Diakonen bereits geistliche Funktionen übernehmen und damit auch zu geistlichen Autoritäten werden (s. Kap. 5,2).
Abschließend geht die Didache auf das wachsame Ausharren der Christen bis zur Wiederkunft des Herrn ein (16).

Die *Ignatiusbriefe* (Ignatianen) entstanden nicht lange vor dem Martyrium des antiochenischen Bischofs Ignatius im Jahre 110. Während seines Transports als Gefangener von Syrien nach Rom stärkte er in den verschiedenen Städten die Christengemeinden und schrieb außerdem sieben Briefe: von Smyrna nach Ephesus, Magnesia, Tralles und Rom, von Troas nach Philadelphia und Smyrna und an Polykarp (Euseb, KG 3,2ff.).

Ignatius ermahnt die Empfänger seiner Briefe, sich fest an den jeweiligen Bischof (Episkopat), Presbyter (Presbyterat) und an die Diakone (Diakonat), also an die kirchliche Hierarchie zu halten. Der *monarchische Episkopat* ist für ihn eine unbedingt notwendige Institution im kultischen (Eucharistie, Taufe) und im kirchenpolitischen Bereich, denn der Bischof führt den Vorsitz an Gottes Stelle! Man soll ihm gehorchen wie Jesus Christus (s. die Briefe an die Gemeinde in Magnesia, Kap. 6/7, in Philadelphia, Kap. 4 und 7, und in Smyrna, Kap. 8. Ebendort, 8,2, erstmaliges Auftauchen des Begriffs „katholische Kirche“). Getrennt vom Bischof, von den Presbytern und Diakonen, kann man von keiner Kirche reden (Trall 3,1).

Danach sieht es so aus, als ob Anfang des 2. Jh. der monarchische Episkopat in Kleinasien und Syrien schon weithin praktiziert worden wäre. Es ist aber fraglich, ob die Äußerungen des Ignatius den tatsächlichen Verhältnissen in diesen Gemeinden entsprachen. Es ist auch möglich, daß er eine derartige monarchische Stellung der Bischöfe herbeiwünschte, während diese in Wirklichkeit nur jenen Teil der Gemeinde vertraten, der sich als kirchentreu verstand und von der Gnosis abgrenzte (vgl. im Brief an die Philadelphier Kap. 3,2: alle, die Gott und Jesus Christus angehören, stehen auf der Seite des Bischofs!). In den Ignatiusbriefen wird immer wieder zur Einheit der Kirche aufgerufen und gegen Spaltungen Stellung bezogen. Da sich Ignatius besonders scharf *gegen den Doketismus* gewisser Irrlehrer wendet, können diese nur *christliche* Gnostiker innerhalb der christlichen Gemeinden gewesen sein (Smyrn 2; 4,2; 5,2; Trall 10). Er wendet sich aber auch gegen judaisierende Kräfte (Magn 10,3; Phil 6,1). Der gnostischen Christologie setzt Ignatius das Bekenntnis zu dem *Gott* Jesus Christus entgegen, der wirklich gekreuzigt wurde und gestorben und auferstanden ist (Eph 7,2; Röm 3,3; Smyrn 1,1f.; Trall 9). Ansonsten bewegt sich Ignatius nicht selten selbst in der Nähe gnostischer Gedanken und drückt in seinen Briefen eine enthusiastische, ja mystische Frömmigkeit aus. Im Blick auf das bevorstehende *Martyrium* zeigt er offen seine Sehnsucht nach dem Märtyrertod, um zu Jesus Christus zu gelangen als ein Nachahmer der Gottesleiden (vgl. den Brief an die Gemeinde in Rom).

In jüngerer Zeit sind Zweifel an dieser Sicht vom Leben und Wirken des Ignatius angemeldet worden, die hier erwähnt werden sollen. J. Rius-Camps hat in einer Untersuchung über die Ignatiusbriefe (s. Lit. zu Kap. 3) die Ansicht vertreten, daß ein Fälscher im 3. Jh. aus drei Briefen, und zwar aus den nach Magnesia, Tralles und Ephesus gerichteten Schreiben, sechs Briefe herstellte. Diese drei weiteren Briefe seien die beiden Schreiben an die Gemeinden von Philadelphia und Smyrna und der Brief an Polykarp. Den Brief an die römische Gemeinde habe der Fälscher gar nicht gekannt. In Smyrna, wohin Ignatius von Ephesus aus gereist sei, habe er fünf Briefe geschrieben (Magn, Trall, Eph, Röm und einen nicht erhaltenen Brief nach Antiochia). Dem Fälscher seien aber nur die ersten drei bekannt geworden, aus denen er die erwähnten sechs Briefe hergestellt habe. Demnach wäre der Brief des Ignatius an Polykarp gefälscht und das Verhältnis zwischen beiden fingiert. Schließlich sei Ignatius auch nicht anläßlich einer Christenverfolgung umgekommen, sondern habe wegen der inneren Bedrohung des Friedens in der Kirche freiwillig den Tod auf sich genommen (!) – und das auch sehr viel früher, als bisher der Zeitpunkt seines Martyriums angesetzt wurde. – Diese auf einer literarkritischen Analyse der Ignatiusbriefe fußenden Hypothesen und Schlußfolgerungen bedürfen erst einer genauen Nachprüfung, bevor sich einzelne Befunde möglicherweise als stichhaltig erweisen und zu kleineren oder größeren Korrekturen am bisher gesicherten Ignatiusbild nötigen.

Der Brief des Polykarp an die Gemeinde in Philippi befaßt sich ebenfalls mit den doketistischen Lehren der Gnostiker, ohne sich jedoch sachlich mit ihnen auseinanderzusetzen. Er stellt ihnen lediglich das traditionelle kirchliche Bekenntnis zu Jesus Christus als den im Fleisch erschienenen, gekreuzigten und auferstandenen Herrn gegenüber (Kap. 7). Zudem steht er auf dem Standpunkt, daß man sich Irrlehren gar nicht erst anhören soll (Iren 3,3,4; Euseb, KG 5,20,7). Polykarp kennt die Gefahren der gnostischen Vorstellungen und Praktiken sehr gut aus seiner eigenen Gemeinde, Gefahren, die Ignatius in seinen Briefen an die Gemeinde in Smyrna und an Polykarp anschaulich dargestellt hat. Seinerzeit war Polykarp nur noch von den traditionell-kirchlich Gesinnten seiner Gemeinde als Bischof akzeptiert worden, während die Gnostiker ihren eigenen Leiter (Bischof?) hatten. Ähnlich prekär scheint die Lage in Philippi gewesen zu sein. Es fällt auf, daß sich Polykarp nur an die Presbyter und Diakone wendet und dazu auffordert, ihnen zu gehorchen (5,3). Von einem Bischof ist hingegen nicht die Rede. Gab es demnach in Philippi keinen Bischof – oder stand er auf seiten der Gnostiker (so W. Bauer)? Jedenfalls befand sich die Mehrheit der Gemeinde im Lager der Gnosis.
Polykarp setzte sich leidenschaftlich für die kirchliche Tradition und schriftgemäße Lehre ein (7,2). Er genoß in Kleinasien über Smyrna hinaus ein beachtliches Ansehen. Im vorgerückten Alter erlitt er im Jahre 156 (möglicherweise noch später) den Märtyrertod.

Nach Kap. 13 seines Briefes an die Philipper, das wahrscheinlich noch kurz vor dem Märtyrertod des Ignatius (um 110) abgefaßt wurde, während die Kap. 1–12 aus späterer Zeit (um 135?) stammen, hat sich Polykarp um die Sammlung und Verbreitung der Ignatiusbriefe verdient gemacht. Desgleichen hielt er „die Weisheit des seligen und berühmten *Paulus*" (3,2;9,1) hoch und erhielt ihn dadurch in einer Zeit, in der Paulus von den Gnostikern beansprucht wurde, der Kirche. Bei seinem Versuch, sich in Rom mit Bischof Anicet über den *Ostertermin* und andere damit zusammenhängende Fragen zu einigen, hatte er jedoch keinen Erfolg.

Zu den frühen christlichen Schriftstellern zählt auch der Bischof von Hierapolis, *Papias*, ein Freund Polykarps, der um 130/140 fünf Bücher „Exegesen von Herrenworten" schrieb. Davon sind allerdings nur Zitate und Berichte erhalten (vgl. Euseb, KG 3,39,1ff.; Iren 5,33,4). Diese zeigen, daß Papias mündliches Traditionsgut über Jesus und seine Jünger sammelte und auslegte. Dabei führte er die Überlieferungen auf die „Apostel" (sieben werden genannt, dazu Aristion, der Presbyter Johannes, die Töchter des Philippus – Euseb, KG 3,39) zurück und konnte sich so mit Hilfe „echter" Tradenten von der gnostischen Tradition abgrenzen.

Nach Eusebs Zeugnis spielten in den von Papias aufgegriffenen Überlieferungen Wundergeschichten und chiliastische Vorstellungen eine besondere Rolle; Papias habe sich nur auf die Evangelien nach Markus und Matthäus, auf 1Petr, 1Joh und das Hebräerevangelium berufen (also nicht auf Luk, Joh und Paulus!). Für die Zeit kurz vor der Mitte des 2. Jh. erscheint die Verfahrensweise des Papias hinsichtlich der Sicherung „echter" Traditionen – im Vergleich zur Tendenz der großkirchlichen Entwicklung – bereits als unzureichend und überholt (so Vielhauer unter Hinweis auf die anstehende Notwendigkeit der Schriftauswahl und Schriftbegrenzung [Kanon] und der verbindlichen Auslegung [Amt] im Zusammenhang mit der apostolischen Sukzession).

Der *„Barnabasbrief"* entstand etwa um 135 n. Chr. (jedenfalls zwischen 115 und 140) und wurde schon früh dem Apostel Barnabas zugeschrieben, obwohl weder ein Absender noch ein Adressat genannt wird. Der allegorischen Schriftauslegung nach zu urteilen, stammt der Text aus Ägypten (Alexandria).

Die Abhandlung hat zwei Teile (1–17, 18–20), deren erster sich mit der über dem gewöhnlichen Glauben stehenden „vollkommenen Gnosis" befaßt, während der zweite Teil die *beiden Wege*, den des Lichtes und den der Finsternis, im sittlichen Wandel des Menschen beschreibt (vgl. die Didache). Theologisch wichtig ist der erste Teil, in dem das Verhältnis von Altem und Neuem Bund im Sinne einer völligen Vereinnahmung – nicht Verwerfung! – des Alten Testaments für die Christen behandelt wird. Da die Juden des von Mose empfangenen Bundes nicht würdig waren, ging er auf die Christen über. Daher gilt nur der Bund Gottes in Jesus Christus (vgl. Kap. 14,4f.). Die jüdischen Einrichtungen und Riten (Tempel, Opfer, Fasten, Sabbat, Beschneidung, Speisevorschriften) sind wertlos und erhalten erst ihren Sinn durch die tiefere, pneumatische (hier: allegorische) Deutung auf Christus hin. Die Juden hingegen wurden durch einen „bösen Engel" verführt (9,4) und nahmen Gottes erklärten Willen im Gesetz wortwörtlich – haben ihn also mißverstanden!

Der Traktat hatte mit dieser theologischen Position eine gefährliche Wirkung im frühen Christentum. Andererseits ist er ein Vertreter der judenchristlichen Tradition, was sich in der Verwendung jüdischer Denkstrukturen zeigt.
Der Hirt des Hermas, um 130/140 in Rom entstanden, genoß im 2. Jh. teilweise kanonisches Ansehen, obwohl der Kanon Muratori nur die private Lesung dieser apokalyptischen Schrift erlaubte. Dem Autor geht es aber weniger um apokalyptische Vor-

gänge als um die ethisch-sittliche Erneuerung der Gemeinde. Daher richtet er die Aufforderung an alle getauften Christen, vor der Wiederkunft des Herrn nochmals *Buße* zu tun, um gereinigt zu werden und Vergebung der Sünden zu erlangen (vgl. das 11. Kap. des 8. Gleichnisses). Der Anlaß zu dieser neuartigen theologischen Position einer letzten, einmaligen Möglichkeit zur Buße (4. Gebot, Kap. 3,6) ist offensichtlich die in der Gemeinde aufgebrochene Frage nach der rechten christlichen Lebenspraxis unter dem Vorzeichen der *Parusieverzögerung* gewesen. Gleichwohl ist die Schrift von einer starken Enderwartung geprägt.

Der umfangreiche Text, in dem hellenistisches und jüdisches Gedankengut verarbeitet ist, besteht aus 5 Visionen, 12 Geboten und 10 Gleichnissen. Sein Verfasser hat ein ausgeprägtes *ekklesiologisches Interesse*. In den ersten 4 Visionen erscheint als Symbol der Kirche eine himmlische Frau. In der 3. Vision wird die Kirche mit einem Turm verglichen, dessen Bausteine die guten Christen sind, während die Sünder erst noch behauen werden müssen, bevor sie in den Bau eingefügt werden können. Dem dient die *Buße*, zu der Hermas im Auftrag der Frau und des Hirten bzw. Bußengels (Vision 5ff.) aufzurufen hat.
Auch *christologisch* ist die Schrift von Interesse. Sie spricht nicht von Jesus Christus, sondern erwähnt nur den „Sohn Gottes", der sich als Heiliger Geist zeitweilig inkarniert hat (5. Gleichnis) und als höchster Engel erscheint (9. Gleichnis, Kap. 12,7f.; zur adoptianischen Christologie vgl. Kap. 4,3).

4. Die Apologeten

Waren die unter dem Sammelbegriff „Apostolische Väter" genannten Autoren vor allem um die Bewahrung des urchristlichen Glaubensgutes und um die Festigung und Ordnung der Gemeinden bemüht, so hatten es nach ihnen die „Apologeten" vornehmlich mit der Verteidigung des christlichen Glaubens nach außen zu tun. Denn die Situation in der Mitte des 2. Jh. hatte sich inzwischen verändert: die christlichen Gemeinden waren äußerlich und innerlich gewachsen. Sie hatten an Stabilität und Selbstvertrauen gewonnen. Neue Bevölkerungsschichten waren dazugestoßen, mehr und mehr auch Vornehme und Gebildete. In zunehmendem Maße kam die Allgemeinheit mit dem Christentum in Berührung. So kam es, daß sich gebildete Nichtchristen kritisch mit den Vorstellungen des Christentums auseinandersetzten (unter ihnen Fronto, Lukian von Samosata, Kelsos/Celsus, s. Kap. 6,A). Dadurch wurden wiederum Christen herausgefordert, grundsätzlich zu den Vorwürfen gegen ihren Glauben Stellung zu nehmen, ihn zu verteidigen und sich damit an die Öffentlichkeit zu wenden. Auf diese Weise entstand das Genus der „christlichen Apologetik". Sie führte die urchristliche Apologetik fort, orientierte sich am griechischen Protreptikos (Einladung zur Lebensphilosophie) und an der jüdischen Apologetik und setzte schon vorhandene Stilmittel (Dialog, Verteidigungsrede) ein. Die Apologeten waren bemüht, die Vorbildlichkeit der christlichen Moral und die Vorzüge des christlichen Glaubens herauszustellen und zu begründen. Sie wiesen alle Vorwürfe von Unmoral und Gottlosigkeit zurück und griffen ihrerseits den heidnischen Polytheismus an. Vor allem aber warben sie für ihren Glauben, den sie im *Rückgriff auf die griechische Philosophie* als die allein wahre und für die Gebildeten angemessene Philosophie darstellten (vgl. dazu Kap. 4). Diese christliche Philosophie ist nach ihrer Meinung allen bisherigen Philosophien und Religionen überlegen und erweist sich als für den Staat förderlich, weil sie nicht nur Lebenshilfe für den einzelnen ist, sondern auch der Gemeinschaft dient.

Die christliche Apologetik sollte fortan einen festen Platz in der theologischen Literatur einnehmen und in Theologen wie Clemens Alexandrinus, Origenes und Tertullian ihre Meister finden. Ihre Anfänge nehmen sich freilich noch bescheiden aus. Nicht immer erreichten die frühen Apologeten das Niveau ihrer Kontrahenten.
Zu den frühen Apologeten gehört der wahrscheinlich in Kleinasien beheimatete *Quadratus*, der eine nur fragmentarisch erhaltene Apologie an Kaiser Hadrian verfaßte (Euseb, KG 4,3,1f.). Ebenfalls an Hadrian (so nach Euseb 4,3,3,; möglicherweise aber an Antoninus Pius) wandte sich der athenische Philosoph *Aristides*, dessen Apologie vollständig in syrischer Übersetzung vorliegt.

Sie ist als freie Bearbeitung in dem griechischen „Barlaam und Joasaph (Josaphat)"-Roman enthalten (Kap. 26f.). Den drei „Geschlechtern" der Barbaren, Griechen und Juden, deren Religionen verworfen werden (Kap. 1–14) ist das vierte „Geschlecht" der Christen gegenübergestellt, das den rechten Gottesbegriff und eine hohe Moral besitzt (Kap. 15–17).

Um 140 schrieb *Ariston von Pella* den durch Origenes (Contra Celsum 4,52) belegten ersten christlichen Dialog zwischen Jason und Papistus über Christus – eine theologische Auseinandersetzung mit dem Judentum. Aus der Zeit Mark Aurels sind mehrere Apologeten bekannt. Der kleinasiatische Rhetor *Miltiades* schrieb nach Euseb (5,17,5) je zwei Bücher gegen „die Heiden als auch gegen die Juden" und eine Verteidigungsschrift gegen die weltlichen Machthaber, wovon nur Fragmente erhalten sind. Er verfaßte auch eine antivalentinianische und eine antimontanistische Schrift (Tertullian, Adversus Valentinianos, 5; Euseb, KG 5,28,4). Ebenfalls sind die von *Apollinaris*, dem Bischof von Hierapolis, verfaßten apologetischen Schriften, darunter die gegen die Juden, Hellenen und Montanisten und an den Kaiser Mark Aurel (s. Euseb 4,27,1; ebenda Aufzählung), verlorengegangen. An die Kaiser Mark Aurel und Commodus richtete der Athener Philosoph *Athenagoras* um 177 eine Bittschrift zugunsten der Christen, worin er die gängigen Vorwürfe und Verleumdungen (Gottlosigkeit, Unmoral usw.) zurückweist und die beispielhafte Moral der Christen hervorhebt.

Da die Christen sowohl an Gott als den Vater, Sohn und Heiligen Geist (Trinität!) als auch an das Wirken der Engel glauben, können sie keine Atheisten sein. Eine weitere, theologisch fundierte Schrift des Athenagoras handelt „Über die Auferstehung der Toten".

Von dem antiochenischen Bischof *Theophilus* sind nur seine drei Bücher „An Autolycus" (um 180) erhalten, in denen er einem Freund die Überlegenheit des christlichen Glaubens und seiner heiligen Schriften (Altes Testament) und der christlichen Moral über alle griechische bzw. heidnische Religion und Philosophie darlegt. Die anderen Schriften des Theophilus (u. a. an Hermogenes und Marcion) sind nur dem Namen nach bekannt. Nicht erhalten ist auch die an Mark Aurel gerichtete Apologie des Bischofs *Melito* von Sardes (um 172), die eine sehr besonnene und auf ein gedeihliches Verhältnis zwischen Staat und Kirche bedachte Haltung Melitos angesichts neuer Verfolgungen erkennen läßt (s. Kap. 6,A1). In seiner Schrift „Auszüge aus dem Gesetz und den Propheten" bietet Melito eine – und zwar die älteste – Übersicht über die Bücher des Alten Testaments (Euseb 4,26). Zu den ältesten Homilien zählt außer dem sogenannten zweiten Clemensbrief die Passahomilie des Melito. Antimarcionitisch sind seine drei Bücher „Über die Fleischwerdung Christi".
Aus dem späten 2. Jh. stammt der anonym tradierte *Brief an Diognet*, eine Apologie des Christentums gegenüber Juden und „Heiden". In derselben Zeit (oder etwas spä-

ter) entstand *Die Spottschrift des Hermias* über die Widersprüche in den verschiedenen Philosophien über Gott, die Welt und die Seele des Menschen. In ethischer Hinsicht bedeutsam sind die um die Wende vom 2. zum 3. Jh. christlich bearbeiteten *Sextussprüche* mit moralischen Vorstellungen und Forderungen aus platonischer, stoischer und neupythagoreischer Tradition, die sich auch unter den Schriften aus Nag Hammadi befinden (NHC XII, 1). Apologetischen Charakter haben auch pseudepigraphische Schriften – wie z. B. das Petrusevangelium und die Schrift *„Kērygma Petrou"*.
Der bedeutendste Apologet war *Justin* (s. auch Kap. 4, 1). Er entstammte einer griechischen nichtchristlichen Familie aus Flavia Neapolis (ehedem Sichem, heute Nablus) in Palästina, studierte verschiedene philosophische Richtungen, vor allem den Platonismus, die ihn aber nicht befriedigten, und fand um 135 in Ephesus zum christlichen Glauben (Dialog 8). Von da an zog er als christlich-philosophischer Wanderlehrer umher und gründete schließlich in Rom eine Schule. Daselbst erlitt er um 165 den Märtyrertod.
Von Justin sind nur drei Schriften erhalten, die für die Theologie und den christlichen Kultus um die Mitte des 2. Jh. von großer Bedeutung sind. Die erste Schrift ist eine um 155 verfaßte, an Kaiser Antoninus Pius gerichtete *Apologie*, die als 1. Apologie bekannt ist.

In ihr werden die gegen die Christen vorgebrachten Anschuldigungen durch die Beschreibung des wahren Sachverhalts christlicher Lehre und Lebensführung widerlegt (Kap. 1–29). Anschließend stellt Justin den Inhalt des christlichen Glaubens, vor allem das Erlösungswerk Jesu Christi, ausführlich dar (Kap. 30–60). In einem dritten Teil werden hauptsächlich Taufe, Abendmahl und der sonntägliche Gottesdienst behandelt (Kap. 61–67). Es ist die wichtigste Quelle für Kultus und Gemeindeleben der Christen im 2. Jh. Als Anhang erscheint ein Schreiben Hadrians an Minucius Felix, Prokonsul der Provinz Asia, mit dem Verlangen einer gerechten Behandlung der Christen (Kap. 68).

Die 2. Apologie, an den römischen Senat adressiert, möglicherweise aber ebenfalls an Antoninus Pius gerichtet (vgl. dazu Euseb, KG 4, 18), scheint ein Anhang der 1. Apologie gewesen zu sein. Sie schildert das Schicksal einer Christin, ihres christlichen Lehrers und weiterer Glaubensgenossen, die Fragwürdigkeit des Vorgehens gegen die Christen und – deren Tugenden.
Die dritte (nicht ganz vollständig) erhaltene Schrift ist der nach 155 verfaßte *Dialog mit dem Juden Tryphon*, dem mutmaßlichen Rabbi Tarphon.

Justin stellt fest, daß mit Jesus Christus das Gesetz der Juden durch den neuen Bund, der allen Menschen offensteht, abgelöst ist (vgl. 8–47), obwohl auch diejenigen, die an Christus glauben und die mosaischen Gebote noch halten, andere aber nicht dazu zwingen, das Heil finden können (46f.). Die weiteren Kapitel enthalten vor allem christologische Ausführungen (s. dazu Kap. 4, 3). Justins Dialog ist nicht nur an die Juden, sondern zugleich an die „Heiden" gerichtet. Er will umfassend aufklären: die Juden über den christlichen Glauben und über Jesus Christus als die Erfüllung der ihnen gegebenen Verheißungen, die „Heiden" über die Juden, die Christen und über sich selbst – und schließlich auch die Christen über den wahren Glauben und Gottesdienst als Vollendung aller sonstigen Religion und Philosophie.

Von Justins Schüler *Tatian* aus Mesopotamien stammt eine „Rede an die Hellenen", verfaßt nach 165, in der er seine Abwendung von der griechischen Philosophie und Hinwendung zum christlichen Glauben rechtfertigt. Für die religiösen Werte und kulturellen Leistungen des Griechentums hatte Tatian nichts übrig. Er verachtete und verspottete sie. Dem Einfluß der Dämonen soll sich der Christ durch eine strenge Askese entziehen. Tatian brach im Jahre 172 n. Chr. mit der römischen Gemeinde und kehrte nach Ostsyrien zurück, wo er theologisch und ethisch prägend wirkte. Mit seiner rigoristischen Ethik ebnete er dem Enkratismus den Weg. Irenäus betrachtete Tatians Lehren (s. Kap. 4,3) als Ketzereien (Euseb, KG 4,29). Die Evangelienharmonie Tatians, das *Diatessaron*, wurde in der Liturgie der syrischen Kirche bis in das 5. Jh. verwendet.

5. *Die Werke christlicher Gnostiker (Basilides, Valentinus u. a.) sowie des Marcion und Montanus*

Alle erhalten gebliebenen christlich-gnostischen Originalschriften des 2. Jh. gehören zum apokryphen und pseudepigraphischen Schrifttum. Sie laufen unter der Autorschaft und Autorität eines „Apostels" oder tragen den Namen eines mythischen Offenbarers. Von den namentlich bekannten christlichen Gnostikern und Schulhäuptern sind dagegen nur Exzerpte und Referate bei den Häresiologen und Kirchenschriftstellern (Irenäus, Hippolyt u. a.) vorhanden. Nach der Auffindung zahlreicher Schriften christlich-gnostischer Prägung in der Bibliothek von Nag Hammadi (Oberägypten) hat es sich gezeigt, daß den Auszügen und Referaten der Kirchenväter weitgehend Zutrauen geschenkt werden kann. Das ist auch insofern von Bedeutung, als diese Theologen und Historiker den Bereich der Gnosis überblickten und es uns mit ihrer Klassifizierung ermöglichen, die noch erhaltenen Texte einzuordnen.
Der erste namentlich bekannte christliche Gnostiker war *Satornil* (Saturninus), der in Syrien auftrat (nach Irenäus 1,24,2) und Christus als Erlöser derjenigen Menschen lehrte, die den Lichtfunken in sich tragen. In seiner Christologie finden sich jene doketistischen Vorstellungen, die in den christologischen Auseinandersetzungen der alten Kirche leidenschaftlich diskutiert wurden (vgl. Kap. 4,3). In Kleinasien wirkte um die Mitte des 2. Jh. der christliche Gnostiker *Kerinth*, der einen theologischen Dualismus (oberster Gott / Demiurg) und die Trennung von Jesus und Christus (und die Leidensunfähigkeit des letzteren) lehrte (vgl. Kap. 4,3). Bereits in der ersten Hälfte des 2. Jh. traten die christlichen Gnostiker *Karpokrates* und *Kerdon* in Kleinasien bzw. Rom auf. Schriften dieser Vertreter einer (mehr oder weniger schon) christlichen Gnosis und ihrer Schüler (Karpokrates' Sohn Epiphanes verfaßte ein Buch „Über die Gerechtigkeit" im sozialen Bereich) sind im Original nicht erhalten.
Auch von dem unter den Kaisern Hadrian und Antoninus Pius in Alexandria lehrenden *Basilides* gibt es nur Zeugnisse aus zweiter Hand, die sich zudem in der Beschreibung seines theologischen Systems (durch Irenäus bzw. Hippolyt) unterscheiden. Nach den Angaben Eusebs (KG 4,7,7) verfaßte Basilides ein umfangreiches exegetisches Werk „24 Bücher über das Evangelium", außerdem poetische Schriften (Psalmen, Oden). Von seinem Sohn *Isidoros* stammt u. a. eine Abhandlung über ethische Fragen (ClemAl, Stromata 2,1). Der andere große gnostisch-christliche Theologe um die Mitte des 2. Jh. war der aus Ägypten stammende *Valentinus*, der sich bis zu seinem Bruch mit der Kirche zur Gemeinde in Rom hielt. Leider sind von seinen Schriften nur Fragmente bei Clemens Alexandrinus und Hippolyt überliefert (aus Homilien, Psalmen, Briefen).

Anders steht es mit den Zeugnissen des *Valentinianismus*, von denen etliche auch in der Bibliothek von Nag Hammadi enthalten sind. Valentinus hatte zahlreiche Schüler, unter ihnen Ptolemäus, Herakleon, Theodotus und Markus. Der Valentinianismus in seiner orientalischen und westlichen Spielart war der im Mittelmeerraum am weitesten verbreitete und am stärksten wirksame Zweig der christlichen Gnosis (zum theologischen Aspekt s. Kap. 4,3). Von den bei den Kirchenschriftstellern überlieferten Zeugnissen der Valentinianer sind vor allem der *Brief des Ptolemäus an Flora* (bei Epiphanius, Panarion 33,3), die Auslegungen von Stellen des Johannesevangeliums des Herakleon (z.T. erhalten im Johanneskommentar des Origenes, bei Clemens Alexandrinus und Photius) und die Sammlung und Kommentierung von Äußerungen des Theodot, des Ptolemäus und anderer Valentinianer durch Clemens Alexandrinus (Excerpta ex Theodoto) zu nennen. Im syrischen Original erhalten ist der „Dialog vom Schicksal" oder das „Buch der Gesetze der Länder" des *Bardesanes* (Bar-Daisan) von Edessa (gest. 222), während Stücke seiner 150 Hymnen nur durch Ephraem den Syrer überliefert sind. Mani, zu dessen Vorläufern Bardesanes zählt, gehört bereits in das dritte Jahrhundert (um 216–276).

Von *Montanus* (s. Kap. 6,B3) und den montanistischen Prophetinnen Priska (Priscilla) und Maximilla in Kleinasien existieren keine Originaltexte, auch nicht von ihren Anhängern, da der Montanismus ebenso wie die Gnosis hart verfolgt und der Besitz montanistischer Schriften mit dem Tode geahndet wurde. Fragmente der prophetischen Aussprüche sind bei Epiphanius, Tertullian, Didymus und Euseb überliefert. Auch die zahlreichen antimontanistischen Schriften, die Euseb noch bekannt waren und von ihm benutzt wurden (KG 5,16), sind verlorengegangen. Eine Quelle für den späten Montanismus sind die Werke des zum Montanismus konvertierten Tertullian.[4]
Leider sind auch von *Marcion*, dem großen Gegenspieler der sich herausbildenden Großkirche, keine Texte im Original erhalten. Er (s. Kap. 6,B2) schuf durch seine Auswahl aus den überlieferten „kirchlichen" Evangelien und Apostelbriefen einen *Kanon* (s. Kap. 4,2) und legte seine theologischen Vorstellungen in einem grundlegenden Werk mit dem Titel *„Antitheseis"* (Antithesen) nieder. Fragmente dieser Schrift sind u. a. bei Irenäus, Tertullian, Origenes und Adamantius erhalten. Durch die umfangreichen Auseinandersetzungen von Kirchenschriftstellern (auch des Epiphanius) mit Marcion ist man aber über seine Lehre gut unterrichtet.

6. Die Werke kirchlicher Theologen am Ende des zweiten und zu Beginn des dritten Jahrhunderts

Anders als bei den großen „Häretikern" des 2. Jh., von denen so gut wie nichts im Original überliefert ist, sind die Schriften der kirchlichen Theologen zu einem guten Teil, allerdings oft nur in Übersetzung, erhalten. Das gilt allerdings für *Irenäus*, den ersten bedeutenden Kirchenschriftsteller nach Justin (s. Kap. 3,4), auch nur mit Einschränkung.

Irenäus wurde vor 142 (um 130?) geboren und war ein aus Kleinasien stammender Grieche, der nach Eusebs Auskunft (KG 5,20) in seiner Jugendzeit ein Hörer und Verehrer des Polykarp von Smyrna gewesen ist. Es ist daher anzunehmen, daß er selbst aus dieser Gegend stammt. Später finden wir ihn als Presbyter in Lyon (Lugdunum), von wo aus er um das Jahr 177 nach Rom geschickt wurde, um sich bei Bischof Eleutherus (174–189) für die Montanisten und gegen einen Bruch mit ihnen zu verwenden. Durch diese Reise entging er der großen Verfolgungswelle in

4 Vgl. *G. Haendler*, Von Tertullian bis zu Ambrosius 35ff. und unten Kap. 3,6.

Lyon. Im Jahre 177 oder 178 trat er in Lyon die Nachfolge des Bischofs Photinus nach dessen Märtyrertod an. Eine Friedensmission übernahm Irenäus später (um 190) noch einmal im Osterstreit, indem er bei Bischof Viktor von Rom zugunsten der kleinasiatischen Gemeinden intervenierte. Mehr ist aus seinem Leben nicht bekannt, auch sein Todesdatum ist unsicher (um die Wende vom 2. zum 3. Jh.).

Von den Schriften des Irenäus sind einige nur dem Titel nach bekannt, so eine Studie „Über die Achtzahl" (Euseb 5,20), andere sind lediglich fragmentarisch (so die bei Euseb 5,20 erwähnten Briefe) oder in Übersetzungen erhalten. Letzteres gilt für die *Epideixis tou apostolikou kērygmatos* (Erweis der apostolischen Verkündigung) in armenischer Sprache – ein Werk über die Grundvorstellungen des christlichen Glaubens von der Gottesvorstellung über die Christologie bis zur Soteriologie mit Ausführungen zur Schöpfung, zum Sündenfall und zur Erlösung durch Jesus Christus (mit alttestamentlichen Belegen zu Person und Werk Jesu).
Von dem griechisch geschriebenen Hauptwerk des Irenäus „*Elenchos kai anatropē tēs pseudonymou gnoseōs*" (Entlarvung und Widerlegung der angeblichen Gnosis) finden sich umfangreiche Fragmente bei Hippolyt, Euseb und Epiphanius. Einzelne Stücke existieren in syrischer Übersetzung, die Bücher 5 und 6 in armenischer Sprache. Vollständig erhalten ist das um 180 (oder Anfang der 80er Jahre) geschriebene Werk nur in lateinischer Sprache und wird meistens als „Adversus haereses" (Gegen die Häresien) zitiert.

In diesem Buch werden die gnostischen Lehren und Systeme in ihrer vielfältigen Ausprägung mit großer Sorgfalt und Sachkenntnis abgehandelt (Kap. 1), der Kritik unterzogen und vom großkirchlichen Standpunkt bzw. von der Theologie des Irenäus aus in einer breit angelegten Widerlegung verworfen (Kap. 2–5). Bei seiner Argumentation sind für Irenäus die Heilige Schrift Alten und Neuen Testaments, die Glaubensregel und die apostolische Sukzession der Bischöfe die drei entscheidenden Faktoren für die rechte Lehre.
Auch und gerade heute, da wesentlich mehr gnostische Originaltexte zur Verfügung stehen als zu Beginn der Gnosis- und Kirchengeschichtsforschung, erweist sich die historisch-kritische Arbeit des Irenäus als äußerst wertvoll, da sie zum einen an den Originalen gemessen werden kann und sich trotz notwendiger Korrekturen als weithin zuverlässig erweist und zum anderen Maßstäbe bietet, die nicht nur historischen Wert haben, sondern für die Klassifizierung der gnostischen Zeugnisse auch für die heutige Forschung hilfreich sind. Für die späteren Ketzerbestreiter war das Werk des Irenäus von grundlegender Bedeutung.

Um 180 entstanden auch die fünf Bücher „*Hypomnēmata*" (Erinnerungen, Denkwürdigkeiten) des aus Syrien/Palästina stammenden *Hegesipp*. Sein Opus, das für die Geschichte der Ketzerbekämpfung von großem Wert ist, blieb nur fragmentarisch in Referaten und Zitaten bei Euseb u. a. erhalten.

Hegesipp unternahm zur Zeit des römischen Bischofs Anicet (um 154–166) eine Reise über Korinth nach Rom, um in den Gemeinden die „reine apostolische Lehre" aufzuspüren (!) – ein Verfahren, wie es den Christen 20 Jahre später von Tertullian empfohlen wurde (vgl. De praescr. haer., 36; zitiert in Teilband I/3, 30). Das Ergebnis seiner Nachforschungen hielt Hegesipp in dem obengenannten Titel fest.

Das Interesse Hegesipps bestand nicht mehr wie noch bei Papias in der Feststellung der „echten" Jesustraditionen (gegenüber den gnostischen) durch Aufweis der „echten" Tradenten, sondern an der Scheidung der wahren, legitimen von der falschen, illegitimen Tradition an Hand einer lückenlosen apostolischen Sukzession rechtgläubiger Bischöfe. Im monarchischen Episkopat, also in einer sich gerade herausbildenden Institution, sah er den Garanten für die rechte Lehre, und von daher nimmt er die Maßstäbe für die Abgrenzung von den (gnostischen) Irrlehren. Vergleicht man dieses Verfahren mit dem des Papias (um 130/140) und der Stellung des monarchischen Episkopats zur Zeit des Ignatius (um 110, s. Kap. 3,3) einerseits und mit der Argumentation des Irenäus (um 180) andererseits, so ergibt sich, daß Hegesipp den entscheidenden Schritt in der Scheidung von „Orthodoxie" und „Häresie" mit Hilfe des Traditionsbegriffs der in die Großkirche einmündenden Entwicklungslinie des frühen Christentums, also des monarchischen Episkopats, schon getan hat.

Wir haben der *antihäretischen* Literatur keinen eigenen Abschnitt gewidmet, verweisen aber in diesem Zusammenhang auf die später in den Kanon aufgenommenen Schriften (Jud, 2Petr, Past, s. Kap. 3,1), auf die Epistula Apostolorum (Kap. 3,2a), die Paulusakten (Kap. 3,2b), auf die Ignatianen und den Polykarpbrief (Kap. 3,3), die alle gegen die Gnosis Stellung bezogen. Das gilt auch für etliche nicht mehr erhaltene Schriften (z. B. eines Agrippa Castor, Apion, Candidus usw.), die Euseb im 4. und 5. Buch seiner Kirchengeschichte erwähnt. Hinzu kommen die zumeist nur dem Namen nach bekannten Autoren und Schriften, die sich mit Marcion auseinandersetzen (darunter Justin, der Tatianschüler Rhodon aus Kleinasien, Theophilus von Antiochia, Philippus von Gortyna, Modestus – vgl. Euseb 4,24.25; 5,13) und die antimontanistischen Schriften (u. a. des Miltiades, Apollinaris, Theophilus, Melito von Sardes, s. Kap. 3,4).

Bereits an den Anfang des dritten Jahrhunderts gehört der aus Alexandria oder Kleinasien stammende (vor 170 geborene) und noch in griechischer Sprache schreibende *Hippolyt(us)*, der hier vor allem als wichtiger Vertreter der Häresiologie zu nennen ist, während er theologisch weniger originell und bedeutsam war als seine großen Zeitgenossen Irenäus, Tertullian und Klemens von Alexandria. Hippolyt setzte das ketzerbestreitende Werk des Irenäus fort, dessen Schüler er war.

In der Zeit des Bischofs Viktor, also gegen Ende des 2. Jh., war Hippolyt Presbyter in Rom. Später begegnet er dort als Gegenbischof von Kallistus (Calixtus I., 217–222). Im Jahre 235 kam er während einer Verfolgung unter Maximinus Thrax zusammen mit dem zweiten Nachfolger Kallists, Pontianus (230–235), in die Verbannung nach Sizilien, wo beide noch im selben Jahr – übrigens nach ihrer Aussöhnung – starben. Doch sind die Nachrichten darüber nicht völlig sicher.

Hippolyt kämpfte sowohl gegen die Gnosis als auch gegen den Modalismus (Noetus, Sabellius; s. Kap. 4,3) und gegen eine chiliastische Naherwartung. Nur ein Teil seines umfangreichen Werkes ist erhalten geblieben, manches nur fragmentarisch und das meiste nur in Übersetzungen in zahlreiche Sprachen. In griechischer Sprache erhalten sind die um 200 verfaßte Schrift „Über den Antichrist" und der um 204 geschriebene vierbändige Danielkommentar (ganz erhalten in altslawisch, große Teile in griechisch) – der älteste altchristliche Bibelkommentar. In seiner „Apostolischen Tradition" hat Hippolyt noch vor seiner Bischofszeit eine Kirchenordnung verfaßt, die wichtige Aufschlüsse über die gottesdienstlichen und kirchenrechtlichen Vorgänge und das Gemeindeleben gibt (s. Kap. 5). Von den weiteren Schriften Hippolyts sind zu nennen: Abhandlungen über den Segen Jakobs und Moses, mehrere Homilien, ein Kommentar über das Hohelied, eine (nicht erhaltene) Schrift „Über das Evangelium und die Apokalypse des Johannes", das (nicht erhaltene) antihäretische „Syntagma gegen alle (32) Häresien" und vor allem die 10 Bücher „*Kata pasōn haireseōn elenchos*" (bekannt als: Refutatio omnium haeresium; früher als Philosophumena zitiert), die aber möglicherweise erst nach dem Tode Hippolyts aus seinem Nachlaß herausgegeben worden sind.

In dieser seiner „*Widerlegung aller Häresien*", wovon acht Bücher erhalten sind (Buch 2 und 3 fehlen), will Hippolyt nachweisen, daß alle Häresien aus dem Heidentum stammen, d. h. aus der Philosophie der Griechen (Buch 1), und aus den Mysterien, der Magie und der Astrologie (bes. Buch 4). In dem anderen großen und für die Geschichte des frühen Christentums wichtigen Komplex (Buch 5–9) beschäftigt sich der Autor mit 33 gnostischen Häresien, die ebenfalls auf das Heidentum zurückgeführt werden (Philosophie, Mysterienreligionen, Astrologie). Im 10. Buch faßt Hippolyt die ersten neun Bücher zusammen und stellt abschließend kurz den Inhalt des christlichen Glaubens dar. Das ganze Werk enthält eine Fülle von Exzerpten aus den als Quellen für die „heidnischen Irrlehren" herangezogenen Originalschriften und Berichten anderer Autoren (u. a. des Irenäus). Der zweite Teil (Buch 5–9) ist neben der Schrift „Adversus haereses" des Irenäus – und vor allem auch im Vergleich mit dieser – eine der ergiebigsten Quellen für die Gnosisforschung aus dem Bereich der Kirchenschriftsteller.

Der erste große lateinische Kirchenschriftsteller ist der um 160 in Karthago geborene *Tertullian*, von dem ein großer Teil (31) seiner zahlreichen Schriften erhalten ist. Er wird in Band I/3 ausführlich behandelt, ist aber hier schon zu erwähnen, da einige seiner wichtigsten Schriften noch im 2. Jh. entstanden und sich mit Vorgängen im Christentum des ausgehenden 2. und beginnenden 3. Jh. befassen.

Tertullian war zunächst Rechtsanwalt in Rom, erlebte dort um 195 seine Bekehrung zum christlichen Glauben und kehrte danach nach Karthago zurück, wo er in einer umfassenden und prägenden Weise theologisch-literarisch wirkte. Er starb nach 220.
Außer den beiden apologetischen Schriften aus dem Jahre 197 „Ad nationes" und „Apologeticum", denen weitere folgten, verfaßte Tertullian vor allem antihäretisch-polemische Werke. Dazu gehören u. a. Schriften gegen die Gnostiker Hermogenes und Valentinus und ihre Anhänger, die antidoketistischen Werke „De carne Christi" (Über das Fleisch Christi, um 210/212) und „De carnis resurrectione" (Über die Auferstehung des Fleisches), die antignostischen Schriften „De anima" (Über die Seele, 210/213) und „Scorpiace" (gegen den Skorpionstich der Gnosis gedachte Medizin, 213), das gegen die Taufe der Häretiker gerichtete Buch „De baptismo" (Über die Taufe), das große Werk „Adversus Marcionem" (5 Bücher aus dem Jahre 207) sowie das um 200 verfaßte Werk „*De praescriptione haereticorum*" (Von der Prozeßeinrede der Häretiker). Darin verfolgt Tertullian dieselbe Linie wie Hegesipp und Irenäus hinsichtlich der rechten Lehre, indem er die apostolische Überlieferung der Lehre Christi als die allein rechtmäßige, gültige und vor allem ursprüngliche gegenüber allen erst später und daneben entstandenen Lehren ansieht. Von daher meint er, die gnostischen Vorstellungen und Überlieferungen gar nicht erst der Häresie überführen zu müssen, da sie außerhalb der Tradition der apostolischen Gemeinden entstanden waren und somit von vornherein als sekundär und heterodox anzusehen sind.[5]
Außer den genannten Werken schrieb Tertullian mehrere praktisch-theologische und seelsorgerliche Schriften, in denen zumeist seine asketisch-rigoristische Haltung zutage tritt, die sich nach seiner Konversion zum Montanismus (um 207) noch verstärkt und antikirchliche Züge annimmt.

5 Zur Bedeutung von Glaubensregel (regula fidei), Heiliger Schrift, Tradition und kirchlicher Institution bei Tertullian siehe ausführlich bei *G. Haendler*, Von Tertullian bis zu Ambrosius, 28–31.

Zu den großen Theologen und Gelehrten des Ostens an der Wende vom 2. zum 3. bzw. am Anfang des 3. Jh. gehören Klemens von Alexandrien (Clemens Alexandrinus) und Origenes (ausführlich behandelt im Band I/4).

Klemens von Alexandrien stammte vermutlich aus Athen, wirkte in den beiden letzten Jahrzehnten des 2. Jh. in der durch ihn berühmt gewordenen Katechetenschule in Alexandria, das er zu Beginn des 3. Jh. während einer Verfolgung unter Septimius Severus verließ, um nach Kleinasien zu gehen, wo er vor 215 starb. Anders als Tertullian, schenkte er – wie es der Tradition der weltoffenen, bildungsfreundlichen und von mancherlei Religionen und Philosophien geprägten Stadt Alexandria entsprach – den philosophischen und religiösen Strömungen seiner Zeit große Aufmerksamkeit und suchte die in ihnen enthaltenen Werte und Wahrheiten mit dem christlichen Glauben in Einklang zu bringen. Das gilt auch für die Gnosis, die er von seiner christlichen Grundposition aus zu einer „wahren Gnosis" zu erheben trachtete (vgl. Kap. 4,3). Klemens schrieb griechisch, besaß profunde Kenntnis des Bildungsgutes seiner Zeit und verarbeitete es in seinen Werken.

Von den erhaltenen Werken des Klemens von Alexandrien sind hier zu nennen: der *Protreptikos pros Hellēnas* (die Mahnrede an die Hellenen/Heiden), in dem er die Erlösung durch Christus den „heidnischen" religiösen, sittlichen und kultischen Vorstellungen und Praktiken gegenüberstellt; der *Paidagōgos* (Pädagoge, 3 Bücher), worin er diese Linie fortführt und Christus als den Erzieher der Erlösten vorstellt und preist und den Christen Ratschläge für ihren Alltag erteilt (Mäßigung, aber nicht Askese); die 8 Bücher *Strōmateis* (oder: *Strōmata*, Teppiche), in welchen Klemens die „wahre", d. h. wahrhaft christliche und kirchliche Gnosis von aller sonstigen, „fälschlichen" Gnosis abhebt. In diesem Werk gibt Klemens Auskunft über die Ansichten der christlichen Gnostiker (z. B. Valentinus, Valentinianer) und vermittelt dem heutigen Leser eine Vorstellung, wie christlich-gnostisches Gedankengut in der frühchristlichen Theologie aufgearbeitet und kirchlich „veredelt" worden ist. Besonders wertvoll für das Studium der valentinianischen Gnosis sind die schon erwähnten Excerpta ex Theodoto mit Auszügen aus Schriften des Theodotus, Ptolemäus und anderer Vertreter der valentinianischen Gnosis. Zu dieser Exzerpt-Literatur gehören auch die Eclogae propheticae. Erhalten ist noch die Schrift „*Tis ho sōzomenos plousios*" (Quis dives salvetur: Welcher Reiche wird gerettet werden?), während andere Werke des Klemens nur dem Titel nach bekannt oder fragmentarisch überkommen sind, darunter Stücke der acht Bücher „*Hypotyposeis*", „Entwürfe" zur Kommentierung zahlreicher Bibelstellen.

Der letzte hier zu erwähnende Theologe ist *Origenes* (185–253/254).

Er leitete die Katechetenschule in Alexandria seit etwa 203, entfaltete eine außerordentliche Gelehrsamkeit und umfassende schriftstellerische Tätigkeit und übte mit seiner Theologie eine große Ausstrahlungskraft auf seine Zeitgenossen und nachhaltige Wirkung auf die Nachgeborenen aus (s. Band I/4). Auf Grund von Auseinandersetzungen mit Bischof Demetrius wurde er im Jahre 231 aus Alexandria verbannt, lebte seitdem in Caesarea (Palästina), wo er wiederum als Lehrer wirkte, und starb 253 oder 254 in Tyrus an den Folgen seiner in der Gefangenschaft erlittenen Folterung während der decianischen Verfolgung. Origenes war ein Mann der Kirche und ein Bibeltheologe und Exeget par excellence – aber seine theologischen Auffassungen waren bald heftig umstritten und führten später, vor allem im 5. und 6. Jahrhundert, zu immer nachhaltigeren Zweifeln an seiner Rechtgläubigkeit, zur Verurteilung bestimmter theologischer Aussagen und schließlich zu seiner Verwerfung als Häretiker.

Von den zahlreichen Schriften des Origenes ist nur etwa ein Drittel erhalten, davon manches nur in Übersetzung. Er verfaßte exegetische und textkritische Werke, Bibelkommentare, Scholien, Homilien und Predigten, Traktate und Briefe. Neben der

„Hexapla", dem Text des Alten Testaments in sechs Kolumnen (hebräischer Text mit hebräischen und griechischen Buchstaben und vier griechischen Übersetzungen), sind vor allem zwei Werke hervorzuheben: die 8 apologetischen Bücher *Kata Kelsou* (Contra Celsum: Gegen Celsus, vgl. Kap. 6,A3) und die vier Bücher *Peri archōn* (De principiis: Über die Grundlehren), die eine erste Darstellung der grundlegenden Vorstellungen und Fragen des christlichen Glaubens bringen (220/230). Zeugnisse seines tiefen Glaubens und sittlichen Ernstes und seiner Standhaftigkeit sind die Schriften *Peri euchēs* (De oratione: Über das Gebet) und der *Logos protreptikos eis martyrion* (Ermunterung zum Martyrium).

7. Gegen die (Groß-)Kirche gerichtete christlich-gnostische Schriften

Wenn von den literarischen Auseinandersetzungen der Kirchenschriftsteller mit den von ihnen als „Häresien" verurteilten Bewegungen und Richtungen die Rede ist, müssen auch die literarischen Zeugnisse der anderen Seite erwähnt werden. Seit dem Fund von Nag Hammadi ist man in der glücklichen Lage, auch die Argumente und Vorwürfe der christlichen Gnostiker gegen die Ansichten und Praktiken der Großkirche aus erster Hand zu erfahren. Davon ist an anderer Stelle zu reden (s. Kap. 6,B1). Hier sollen nur die Quellen aufgeführt werden, die aus der Bibliothek von Nag Hammadi dafür zur Verfügung stehen. Es handelt sich dabei um Texte, die teilweise noch im 2. Jh. oder um die Wende vom 2. zum 3. Jh. entstanden. Die meisten dieser Schriften gehören jedoch bereits in das 3. Jh.

Diese Schriften wenden sich gegen die Theologie und Christologie, Sakramentslehre und Ethik und gegen die Ekklesiologie der Großkirche, namentlich gegen deren Amtsverständnis und Schriftauslegung. Christlich-gnostische Schriften, die betont anti-großkirchlich konzipiert wurden und nicht mit Polemik sparen, sind das „Testimonium Veritatis" (NHC IX, 3; 3. Jh.), „Die Apokalypse des Petrus" (NHC VII,3; 3. Jh.) und „Der zweite Logos des großen Seth" (NHC VII,2; 3. Jh.). Näheres dazu s. Kap. 6,B1. Gegen den geistigen Führungsanspruch der Großkirche richtet sich „Der Brief des Petrus an Philippus" (NHC VIII,2; Ende 2./Anfang 3. Jh.). Ein von der großkirchlichen Ekklesiologie abgehobenes Gemeindeverständnis entwickelt die mehr seelsorgerlich ausgerichtete Schrift „Die Interpretation der Gnosis" (NHC XI,1). Gegen den in der Großkirche herrschenden Mangel an wahrer Erkenntnis des mit Jesus verbundenen Erlösungsgeschehens und gegen die andauernde Verstockung der Großkirche richtet sich „Die zweite Apokalypse des Jakobus" (NHC V,4; Mitte 2. Jh.). Eine Reihe weiterer Texte entwickelt von der Großkirche abweichende theologische und ekklesiologische Vorstellungen, die auch als Auseinandersetzung mit der Kirche anzusehen sind bzw. eine solche voraussetzen, ohne dies ausdrücklich festzustellen. Dabei ist freilich nicht an solche Texte gedacht, die andere als zur Großkirche hinführende Traditionen vertreten, sondern an jene, die sich bereits bewußt von der Großkirche *abgrenzen*.

Kapitel 4
Die theologischen Vorstellungen

1. Etappen der theologischen Entwicklung

Das 2. Jh. ist das Jahrhundert der Weichenstellungen, in seiner Bedeutung und Brisanz dem Jahrhundert der Reformation vergleichbar. Aber die Quellenbasis ist trotz der Fülle überkommener Texte wesentlich ungünstiger, und manches Einzelurteil ist weniger gesichert denn gewagt. Gleichwohl sind die entscheidenden Schaltstellen deutlich erkennbar und auch im einzelnen beschreibbar. Wie schon herausgestellt wurde, muß man sich zuerst einmal frei machen von der späteren Sicht dieses Jahrhunderts durch die „Kirchenväter", wenn man den Verlauf der theologischen Entwicklung unvoreingenommen betrachten und sich den Blick für die Vielfalt der Probleme, Anliegen und Lösungen nicht von vornherein verstellen lassen will.

Das 2. Jh. ist – kirchengeschichtlich und theologisch gesehen – kein in sich geschlossener Zeitabschnitt. Die Zäsur zwischen dem frühen Christentum und der alten Kirche liegt gerade in der Mitte dieses Jahrhunderts, das von der Zeit der unmittelbaren Nachfahren der urchristlichen Gemeinden bis zu den ersten großen Schriftstellern und Theologen der Großkirche reicht. Was sich im 2. Jh. zwischen Clemens Romanus und Clemens Alexandrinus theologisch ereignete, ist der vielschichtigen und mitunter sprunghaften Entwicklung eines Menschen im Kindesalter vergleichbar.

Aus den literarischen Zeugnissen ist zu entnehmen, daß vor allem Jakobus und Johannes, Petrus und Paulus von recht unterschiedlichen Vertretern des Christentums als Kronzeugen ihrer Traditionslinie beansprucht wurden. Während sich das kirchliche Christentum schwer tat, Jakobus und Johannes als apostolische Säulen herauszustellen, konnte es an Petrus und Paulus nicht lange vorübergehen, obwohl beide – nicht weniger als andere urchristliche Zeugen – auch und besonders von der Gnosis beansprucht wurden, so daß Tertullian später Paulus sogar als „Apostolus haereticorum" bezeichnen konnte (Adversus Marcionem 3,5).

Das paulinische Erbe hat die Christen am Ende des 1. und während des 2. Jh. wieder besonders beschäftigt, nachdem Paulus und seine Theologie zuvor in den Hintergrund getreten waren. Dabei wird die paulinische Theologie in sehr unterschiedlicher Weise rezipiert. Vielfach wird Paulus nur als Autorität in Anspruch genommen – sei es im Interesse einer Einheit des kirchlichen Christentums (1. Clem), sei es, um dem Paulusverständnis der Gnosis und der „gnostischen Gefahr" zu begegnen (Past). Im Epheserbrief wird er in einer Weise theologisch benutzt – H. Köster spricht von einem „gnostischen Universalismus" –, die der Großkirche später ausgesprochen suspekt erschien. Ähnlich erging es der Epistula Apostolorum (zweite Hälfte des 2. Jh.; vgl. Kap. 3,2a), die die gnostische Christologie u. a. mit paulinischen Traditionen bekämpfte, aber mit Formen und Vorstellungen, die selbst aus der Gnosis stammten. Deshalb erschien diese Schrift den großkirchlichen Kreisen als wenig brauchbar. Ähnlich geschah es mit anderen Schriften, die sich mit der Gnosis auseinandersetzten, sich dabei aber auf deren Gedanken einließen. Das Schrifttum des 2. Jh. bis hin zu Irenäus ist weithin geprägt vom Einfluß des gnostischen Denkens einerseits und von der Auseinandersetzung mit der Gnosis andererseits. Das wird auf allen theologischen Gebieten deutlich – sowohl in der Gottesvorstellung, Kosmologie und Anthropologie als auch und besonders in der Christologie und Soteriologie (s. Kap. 4,3).

An der *unterschiedlichen Einstellung zum paulinischen Erbe* im 2. Jh. wird das Weiterwirken der Entwicklungslinien *beispielhaft* deutlich. So hat die *judenchristliche Tradition* des 2. Jh. Paulus als Antinomist abgelehnt (vgl. noch die Pseudoklementinen), während Marcion einen extremen Paulinismus vertrat. In einer ganz anderen Weise hat das *volkstümliche Christentum* seine Paulusrezeption im Sinne einer Paulusverehrung betrieben (so z. B. die Paulusakten). Daher ist jeweils zu fragen, *welcher* Paulus gemeint ist und was mit der Benutzung paulinischer Traditionen und dem Namen „Paulus" bezweckt wird. Das gilt in gleicher Weise für Petrus und die anderen „apostolischen" Autoritäten (Johannes, Jakobus) samt ihren Traditionen, und es gilt für das Zusammenspannen von „Petrus und Paulus" (1. Clem 5; Ignatius, An die Römer 4,3; Epistula Apostolorum) unter dem Aspekt der kirchlichen Einheit ebenso wie für die Alternative Petrus *oder* Paulus bzw. Petrus *contra* Paulus (Pseudoklementinen) bei der Verfolgung einer bestimmten Traditionslinie und den dahinterstehenden kirchenpolitischen Interessen und Machtfragen.

Diese Beispiele sollen verdeutlichen, wie sich in den theologischen und kirchenpolitischen Problemen und Kontroversen die Weiterführung schon vorhandener Entwicklungslinien unter den wechselnden Bedingungen des 2. Jh. widerspiegelt und daß das Ringen um die rechte Interpretation der Botschaft Jesu Christi sowie der Kampf um den Anspruch, das „rechte" Christentum zu vertreten, stets im Zusammenhang mit den überkommenen Traditionen und ihren Vertretern zu sehen ist.

Die *Anliegen* der Verfasser der uns überlieferten Schriften waren entsprechend ihrer theologischen Herkunft, ihrer Einbindung in bestimmte christliche Richtungen und ihrer Stellung in den Gemeinden sehr verschieden. Doch lassen sich durchaus gewisse Grundtendenzen erkennen, die eine Zusammenfassung von Vertretern mit gemeinsamen oder ähnlichen Traditionen, Positionen, Anliegen und Interessen rechtfertigen, um eine Orientierung in der Vielfalt der theologischen Vorstellungen und Ansichten zu ermöglichen.

Das gilt einmal für die *„Apostolischen Väter"*, bei denen sowohl judenchristliches als auch heidenchristliches Traditionsgut aufgenommen und verarbeitet wurde. Die pneumatischen und prophetischen Aussagen der Frühzeit machen hier weithin nüchternen Erwägungen Platz. Man besinnt sich mehr und mehr auf das von den Vätern Überlieferte. In erster Linie sind die anstehenden Aufgaben zu lösen. Die Umstände verlangen nach festen Normen und Autoritäten, auf die man sich berufen kann. Man benötigt Gottesdienstordnungen und eine Regelung der Zuständigkeiten, also Ämter. Hier wirkt, vor allem in der *judenchristlichen Traditionslinie*, das jüdische Vorbild (auch im ethischen Bereich und bei den Gebetsformen). Obwohl seit dem Ende des 1. bis zur Mitte des 2. Jh. die Beschäftigung und Auseinandersetzung mit dem Judentum allmählich zurücktreten, spielen sie bei den „Apostolischen Vätern" noch eine beachtliche Rolle. Hier kann man beobachten, wie sich das Christentum noch relativ lange in den Spuren des Judentums bewegt. Man beansprucht, das Erbe Israels anzutreten, welches die Verheißungen durch seine Untreue verwirkt habe (Barn). In Jesus Christus ist das Gesetz Wirklichkeit geworden. Durch seinen Tod hat er der Welt das Heil erworben. Dem Nachweis seiner Messianität und dem Verständnis seiner Passion gilt der *Schriftbeweis*. Es ist das besondere Verhältnis zur „Schrift", was das Judenchristentum auszeichnet. Dabei spielt nicht nur das „Alte Testament" eine große

Rolle (bereits im 1. Clem), es gewinnen auch die Zeugnisse der ersten und zweiten Generation immer mehr an Autorität (bei Polykarp erstmals Zitierung von Paulusbriefen und des 1Petr). In vielfältiger Weise wird das Verhältnis von Gott und Jesus Christus mit der Tendenz zum Adoptianismus beschrieben, ohne schon in dogmatischen Formeln festgeschrieben zu werden.

Das in sich nicht einheitliche *Judenchristentum* war bis über die Mitte des 2. Jh. hinaus noch ein wichtiger Faktor im theologischen Denken. Seine Vielgestaltigkeit schlug sich auch literarisch nieder (vgl. Kap. 2,1 und 3,2a).

Besonders herauszuheben ist die theologische Wirksamkeit des *Ignatius*, der ein hellenistisch geprägtes Christentum repräsentierte, was u. a. an seiner Verarbeitung des Paulus deutlich wird, dabei aber auch dem jüdischen Denken naheblieb. Er öffnete sich den Vorstellungen der Gnosis, ohne in ihnen aufzugehen. Ignatius brachte die Theologie auf hellenistischem Boden merklich voran – sowohl hinsichtlich der Gotteslehre und Christologie, wobei er dem Modalismus (Christus als Erscheinungsform Gottes) zuneigte, als auch in der Ekklesiologie und in der Beschreibung des Christseins, das er in der „imitatio Christi“ und speziell im Martyrium erfüllt sah, worin sich für ihn die Einheit von Gottheit und Menschheit wie bei Jesus Christus vollendet.
Mit den *Apologeten* (vgl. Kap. 3,4) beginnt eine systematisch-theologische Arbeit im wissenschaftlichen Sinne, und zwar in der bewußten Begegnung mit der griechischen Philosophie (speziell mit dem mittleren Platonismus), was den Apologeten den Vorwurf der Überfremdung (Hellenisierung) des christlichen Glaubens eintrug. Es ging ihnen jedoch um ein zeitgemäßes Verständnis des Christentums als Glaubens- und Lebenslehre, deren theologische und moralische Überlegenheit über alle Religionen und Philosophien sie den Gebildeten ihrer Zeit beweisen wollten, und um den Erweis des Christentums als die wahre und vollkommene Philosophie. Sie verteidigten dieses gegen Angriffe von außen, trugen aber vor allem im Innern zu seiner theologischen Entfaltung bei. Mit ihrer Offenheit gegenüber der zeitgenössischen Bildung, ihren Bemühungen, die theologischen Fragen denkerisch zu durchdringen, mit der Entfaltung von Gotteslehre und Christologie in trinitarischer Richtung, dem Ausbau einer *Logoschristologie* (s. u. zu Justin) und einer christlichen Anthropologie legten sie die Grundlagen für eine Theologie, die ihre spätere Krönung in Klemens von Alexandrien und Origenes fand. Letzterem gelang dann die Synthese von Philosophie und Glaube. So gingen von den Apologeten *starke theologische Impulse* aus – auch was ihre eingehende Beschäftigung mit der Bibel betrifft (normative Deutung der Traditionen, Inspirationsvorstellungen). Hinzu kommt ihre nicht geringe missionarische Wirkung und ihr Bemühen, dem Staat gegenüber die großen moralischen Qualitäten des Christentums als eines stabilisierenden Faktors für die staatliche Ordnung zu betonen, um dessen Toleranz zu erreichen (s. Kap. 6,A1).
Unter den Apologeten ist besonders *Justin* zu erwähnen, der an dem „missionarischen Vorstoß der christlichen Botschaft in den Raum des griechischen Denkens“ (K. Adam) einen entscheidenden Anteil hatte. Seine Bibelauslegung und seine Schriftbeweise sind christologisch-typologisch bestimmt: Christus und sein Leidensweg sind im „Alten Testament“ vorgezeichnet und angekündigt. Auf Grund seiner „christozentrischen Geschichtstheologie“ (A. Grillmeier) hat er darüber hinaus Christus als den Logos und Nomos der gesamten Menschheitsgeschichte verstanden und so mit seiner Logoslehre nicht nur griechische Philosophie in sein theologisches Denken ein-

bezogen, sondern auch eine universale Geschichtsdeutung unter christologischem Aspekt konzipiert. Seine exegetische und systematisch-theologische Arbeit war von weitreichender Wirkung auf die Theologiegeschichte.
Zur gleichen Zeit leisteten die *christlichen Gnostiker* eine sehr beachtliche theologische Arbeit (vgl. Kap. 3,2a und Kap. 6,B1). Sie forderten die Theologen der zur Großkirche hinführenden Entwicklungslinie zur verstärkten Beschäftigung mit den überkommenen Traditionen und zur Auseinandersetzung mit ihren auf viele Zeitgenossen faszinierend wirkenden Entwürfen heraus. Doch wurde diese Herausforderung in theologischer Hinsicht nur zögernd angenommen. Die *Denkanstöße* der christlichen Gnostiker waren aber nicht weniger wichtig als die der Apologeten und in mancher Hinsicht sogar bedeutsamer. Namentlich die *exegetischen Leistungen* – erinnert sei nur an die „24 Bücher über das Evangelium" des Basilides – machten Schule, und die Entstehung immer neuer Evangelien und Apostelschriften führten schließlich mit zur Schaffung eines kirchlichen Kanons. Nicht zuletzt im Gegenüber zur christlich-gnostischen Konzeption wurden die Grundlinien des kirchlich-christlichen Glaubens klarer herausgearbeitet. Die überragende Bedeutung der christlich-gnostischen Theologen und die ganze Tragweite ihres Denkens ist von den kirchlichen Theologen aber erst gegen Ende des 2. Jh. klar erkannt worden (Irenäus), und erst die großen Theologen des 3. Jh. vermochten sich ihren Gedanken im Sinne einer Verarbeitung und Bewältigung zu stellen. Zunächst blieb es bei einer – oft nur oberflächlichen – Abwehr der gnostischen Lehren.
Zu den bedeutenden Anregern und Bewegern der Theologie des 2. Jh. gehört auch *Marcion* (s. Kap. 6,B2), der sich als konsequenter Paulusschüler verstand, obwohl er den Intentionen des Paulus an entscheidenden Punkten gar nicht folgte. Jedenfalls machte er auf die Bedeutung des Paulus wieder nachdrücklich aufmerksam. Seine Verwerfung des „Alten Testaments", sein theologischer Dualismus, d. h. seine Trennung von Schöpfergott und Erlösergott, und seine doketistische Christologie forderten die kirchlichen Theologen zum Widerstand, aber auch zur Neubesinnung heraus. Marcion beeindruckt durch seinen konsequenten exegetisch-kritischen und bibeltheologischen Ansatz, wodurch er sich von der spekulativen Theologie seiner Zeitgenossen wesentlich unterscheidet. Doch sein exklusives Schriftverständnis, sein „Schriftfundamentalismus" (C. Andresen), führte nicht nur zu einer extraordinären Theologie und zu einer rigoristischen Ethik, sondern auch zur exklusiven Ekklesiologie, worauf das kirchliche Christentum viel allergischer reagierte als mitunter auf die gnostischen Spekulationen. Der von Marcion unter dem Vorzeichen des Antijudaismus und Antinomismus geschaffene *Kanon* trieb den Prozeß der kirchlichen Kanonbildung wesentlich voran. Sie erwies sich als notwendig, um der Flut der schon vorhandenen und immer neu entstehenden Schriften Herr zu werden. Damit wurde immer klarer umrissen und schließlich festgelegt, was als *apostolische Tradition* gelten sollte.
Dem kirchlichen Christentum war es nur unzulänglich gelungen, sich die Anliegen seiner Gegner als Korrektive der eigenen Position und Defizite zu eigen zu machen und damit den großen Gegenbewegungen wirksam zu begegnen. Darin liegt zweifellos sein Versagen. Die *kirchliche Organisation* jedoch ist durch die Auseinandersetzungen mit Marcion, mit der montanistischen Geistbewegung (s. Kap. 6,B3) und der Gnosis gefestigt worden. Damit ging eine zunehmende Polarisierung der theologischen Positionen zwischen dem kirchlichen und nichtkirchlichen Christentum einher. Eine Profilierung der kirchlich-theologischen Anschauungen kam aber nur sehr lang-

sam zustande. C. Andresen hat darauf aufmerksam gemacht, daß die Krisenerscheinungen des Christentums in der Mitte des 2. Jh. theologischer Natur waren, hervorgerufen durch die „theologische Insuffizienz" des kirchlichen Christentums. An der Christologie wird deutlich, daß das 2. Jh. mehr Fragen aufgeworfen als gelöst hat. Die vielfältigen christologischen Ansätze und Entwürfe sind damals theologisch nicht bewältigt worden. Auf der anderen Seite haben die Auseinandersetzungen des kirchlichen Christentums nach außen und im Innern zur Herausbildung der tragenden Säulen der Großkirche geführt: zur kirchlichen Hierarchie mit dem monarchischen Episkopat, zur Feststellung der apostolischen Tradition, zur kirchlichen Kanonbildung und zur regula fidei. Im letzten Drittel des 2. Jh. steht auf kirchlicher Seite das Wirken von *Hegesipp*, der die „reine" apostolische Tradition mit dem Maßstab der apostolischen Sukzession „rechtgläubiger" Bischöfe bestimmte, und von *Irenäus*. Für ihn ist die solcherart festgestellte apostolische „Lehre" bereits Norm für die Scheidung von „Rechtgläubigkeit" und „Ketzerei" und für seine umfängliche Behandlung der Irrlehren. *Schrift und Tradition* gehören für Irenäus untrennbar zusammen. Als Schrifttheologe stützt er sich auf das Wort der Bibel (des „Alten" und „Neuen Testaments"), das in der regula fidei seine Verdichtung erfahren hat und durch die Sukzession der Bischöfe als gemeinsame Lehre der Kirche garantiert ist. Die Heilsgeschichte, die Zusammengehörigkeit von Schöpfergott und Erlösergott und das Erlösungswerk Christi sind für Irenäus die wichtigsten Themen bei der Abwehr der gnostischen Lehren. Dabei orientiert er sich ganz an der Bibel und verzichtet auf die Einbeziehung der griechischen Philosophie in seine Theologie.

Das ist um so mehr bei *Klemens von Alexandrien* der Fall, dem es im Gegensatz zu Irenäus um Bildung und Erkenntnis zu tun war und der die Logoslehre systematisch weiterentwickelte. Nach Klemens soll der Glaubende von der Pistis zur Gnosis weiterschreiten, da er nur durch die „wahre Gnosis" (im Gegensatz zur zeitgenössischen Gnosis!) Gott erkennen, und das heißt, an Gott und seiner Kirche teilhaben kann. Der dritte große Theologe an der Wende vom 2. zum 3. Jh. ist *Tertullian*, der Vater des lateinischen Christentums, der die Theologie, vor allem die Trinitätslehre, durch eine klare, aus der Jurisprudenz stammende Begrifflichkeit bereicherte (zu den Werken von Irenäus, Klemens und Tertullian vgl. Kap. 3,6 und Kap. 4,3).

Im Vergleich zu diesem hohen theologischen Niveau war das *Gemeindechristentum* weithin durch eine schlichte und traditionsverbundene Frömmigkeit bestimmt, so daß der Außenstehende im allgemeinen nur diese und einen für die Christen charakteristischen „way of life" wahrnehmen konnte, nicht aber die geschilderten geistigen Bewegungen und theologischen „Höhenflüge". Falls einer überhaupt mit dem Christentum in Berührung kam, lernte er es in der ortsüblichen Ausprägung kennen. Von der Vielfalt der theologischen Traditionen merkte er allenfalls etwas bei Auseinandersetzungen divergierender Gemeinden innerhalb einer Stadt.

2. *„Die Schrift" und die Schriften* *Tradition, Kanon und Bekenntnis*

Die Vertreter des frühen Christentums stützten sich zunächst auf die heiligen Schriften der Juden (Gesetz – Propheten – Schriften), wenn sie für ihre Darlegungen, speziell für die christologische Deutung des Wirkens Jesu, einen Schriftbeweis benötigten. Wo also „die Schrift" als Autorität herangezogen wurde, handelte es sich vorerst stets um die Bibel der Juden (vgl. 1Kor 1,31; Gal 4,30), die von den Christen anfangs ganz selbstverständlich benutzt und in ihrem Sinne ausgelegt wurde. Doch die eigentliche Autorität und Norm waren von vornherein der auferstandene Herr als die „Urkunde“ des christlichen Glaubens (Campenhausen), später dann auch die Apostel. Der Umgang mit der jüdischen Bibel war freilich schon am Anfang des 2. Jh. nicht mehr so unproblematisch und ihre Auslegung nicht mehr so unbefangen wie zuvor, was sich dann zunehmend im Verständnis des „Alten Testaments“ auswirkte. Einerseits wird die jüdische Bibel von den Christen als *ihre* heilige Schrift vereinnahmt (1. Clem, Barn). Andererseits werden die Aussagen des „Alten Testaments“ christologisch, allegorisch, typologisch gedeutet. Das Hauptproblem bildet dabei das Verständnis des Gesetzes und sein Verhältnis zu dem in Jesus Christus geschenkten Heil. Das veranlaßte einerseits *Justin* zur Unterscheidung von Sittengesetz, Christusweissagung und Kultgesetz, wobei das letztere für Christen keine Gültigkeit mehr habe, und andererseits *Marcion* zur Verwerfung von Gesetz und „Altem Testament“. Damit erreicht die Krise des „Alten Testaments“ im 2. Jh. ihren Höhepunkt.

In dieser Zeit gewinnen die *Jesustraditionen*, d. h. die gesammelten Jesus-Worte und die Überlieferungen von seinem Leben und Wirken (die man zu Evangelien verarbeitet hatte), die Paulusbriefe sowie andere Apostelschriften immer mehr an Bedeutung. Bereits im Barnabasbrief und dann im 2. Clemensbrief wird auf Jesusworte als schriftliche Autorität („Es steht geschrieben“) Bezug genommen, was dann bei den christlichen Gnostikern verstärkt der Fall ist (Basilides, Valentinus). So nimmt die Differenzierung jüdisch-biblischer Texte zu und die Bezugnahme auf sie zugleich ab; denn die Jesus- und Aposteltraditionen treten nunmehr an ihre Seite (kirchliches Christentum) bzw. an ihre Stelle (Marcion). Das führt zu einer neuen Einschätzung der schriftlichen Traditionen, zu ihrer Sichtung und damit zu einer allmählichen Entstehung eines christlichen Schriften-Kanons. Dieser Kanon wurde dann zur ersten Norm des (groß-) kirchlichen Christentums neben Bekenntnis bzw. Glaubensregel und Bischofsamt als zweiter und dritter Norm. Die Bezeichnung „Kanon“ im Sinne von *Katalog* der biblischen Schriften begegnet allerdings erst im 4. Jh. „Kanon“ als Richtschnur des Glaubens war zunächst das Bekenntnis bzw. die Glaubensregel.

Die verschiedenen Sammlungen von Jesusworten und Paulusbriefen (1. Clem verwendet schon Paulusbriefe, ebenso Polykarp; Ignatius kennt eine Sammlung) können als eine Art Vorstufe des späteren Kanons angesehen werden. Vorangetrieben wurde der Prozeß der Kanonbildung durch Berufung christlicher und christlich-gnostischer Gruppen auf unterschiedliche Apostel Autoritäten und die Fülle entsprechender Spruchsammlungen, Evangelien und Apostelgeschichten. Das alles mußte früher oder später zu einer Klärung und Abgrenzung führen. Eine solche war auch gegenüber der montanistischen Geistbewegung vonnöten. Weiterhin trug *Marcion* durch seine theologisch-kritische Arbeit und die Schaffung eines „Kanons“ („gereinigtes“ Lukasevangelium und 10 Paulusbriefe) zur Entstehung eines zweiteiligen kirchlichen Kanons wesentlich bei. Nach Marcion hat *Justin* die Evangelien in einer von ihm bearbeiteten Fassung(!) als schriftliche Autoritäten neben dem „Alten Testament“ herausgestellt. Die Paulusbriefe erwähnt er nicht bzw. ignoriert er. Zweifellos spielte das gestörte Verhältnis des kirchlichen Christentums zu Paulus (vgl. Kap. 4,1), durch Marcions extremen Paulinismus noch bestärkt, bei der Unsicherheit über die als Erbe der Urchristenheit aufzubewahrenden und als Autorität zu benutzenden Schriften eine nicht geringe Rolle. Die Entstehung eines Kanons ging jedenfalls eher sporadisch denn gezielt und planmäßig vor sich. So kam es, daß der kirchliche Kanon erst bei *Irenäus* in

deutlicher Gestalt begegnet. Er spricht auch als erster vom „Neuen" Testament. Sein „Kanon" umfaßt alle vier Evangelien, alle Paulusbriefe und einige „katholische" (an alle Gemeinden gerichtete) Briefe.
Um 200 lag der Kanon in seinem dann Mitte des 4. Jh. festgelegten Umfang im wesentlichen bereits vor. Der sogenannte *Kanon Muratori*, das älteste Verzeichnis der neutestamentlichen Schriften, nennt die vier Evangelien, die Apostelgeschichte des Lukas, 13 Paulusbriefe, die Johannes- und (bedingt) die Petrusapokalypse, den Judasbrief, zwei Johannesbriefe, einen Petrusbrief und die Weisheit Salomos. Der Hebräer- und der Jakobusbrief fehlen; der Hirt des Hermes wird nur als privater Lesestoff empfohlen. Verworfen werden ein Laodiceer- und ein Alexanderbrief des Paulus und die Schriften der Häretiker (Marcion, Valentinus u. a.). Was alles zum Kanon gehören soll, bleibt allerdings vorerst umstritten. Doch der Kernbestand steht am Beginn des 3. Jh. fest und wird außer durch Irenäus für Gallien und den Kanon Muratori für Rom auch durch Tertullian für Nordafrika und Klemens von Alexandrien für Ägypten bestätigt. Im 7. Jh. haben dann alle Kirchen den Kanon von 27 Schriften. Gegen Marcion bleibt *die jüdische Bibel* in der Kirche gültig und wird als „Altes Testament" mit dem „Neuen Testament" in heilsgeschichtlicher Sicht verbunden.

Der Kanon erwies sich für die Großkirche als wirksame Schutzmauer gegen die nicht auf ihrer Linie liegenden Gruppen („Häresien") wie Gnostiker und Montanisten. Er konnte jedoch nicht verhindern, daß sich solche Gruppen (wie z. B. die christlichen Gnostiker) auf dieselben Schriften beriefen, sie aber anders auslegten. Dem sollten nun Bekenntnis und Glaubensregel entgegenwirken. Für die Gnostiker war es jedoch ein leichtes, auch diese in *ihrem* Sinne auszulegen. Daher nahm die Großkirche als dritte Norm das Bischofsamt in apostolischer Sukzession hinzu, das für die rechte Auslegung von Schrift und Tradition und überhaupt alle Lehre garantieren sollte.

Bekenntnisse finden sich bereits in der ältesten Christenheit (Bekenntnis zu Jesus als dem Christus, Sohn Gottes und Herrn, als Weisheit und göttlichen Menschen) in großer Vielfalt. Schon in dieser frühen Zeit werden Glaubensaussagen auch als Bekenntnisse im engeren Sinne formuliert (vgl. z. B. Phil 2,5–11). Sie begegnen in zwei- und dreigliedriger Form (vgl. 1Kor 8,6/2Kor 13,13; Mt 28,19). Aus dem dreigliedrigen Bekenntnis (auch im 1. Clem und bei Justin) entwickelte sich um die Mitte des 2. Jh. das römische Glaubensbekenntnis, das dem apostolischen Glaubensbekenntnis entspricht und ihm zugrunde liegt. Doch entsprechend der unterschiedlichen Entfaltung von Glaubensaussagen in den Gemeinden (Katechese, Gottesdienst; Taufsymbole) entstanden auch unterschiedliche Bekenntnisse im Westen und Osten des Römischen Reiches. Wie das Glaubensbekenntnis war auch die *regula fidei* eine komprimierte Zusammenfassung zentraler Glaubensaussagen, die als Richtschnur für Unterricht und Lehre diente.
Für den *Umgang mit der Bibel* ist für das 2. Jh. eine auffällige Veränderung festzustellen. Während die jüdische Bibel anfangs unbefangen verwendet wurde, nahm ihre Autorität allmählich ab, machte einer mehr kritischen Aneignung bzw. einer Bibelkritik Platz und geriet Mitte des 2. Jh. sogar in eine kritische Phase. Bemerkenswert ist auch das Fehlen von exegetischen Bemühungen zur Begründung von Glaubensaussagen gerade bei den Vertretern der kirchlichen Entwicklungslinie, während die christlichen Gnostiker zunehmend exegetisch wirksam wurden. Das differenziertere Verhältnis zur „Schrift" betrifft auch das eigene christliche Schrifttum, wie oben an der Kanon-

bildung gezeigt wurde. Schließlich erstreckt sich die bewußte Differenzierung des „Erbes“ auf das *Verhältnis von „Schrift“ und „Tradition“*, das erst im Prozeß der Entstehung eines christlichen Kanons und in der Auseinandersetzung des kirchlichen Christentums mit anderen Richtungen näher bestimmt wurde. Dabei ist die lebendige Überlieferung keineswegs zurückgedrängt worden, sondern erhielt neben der „Schrift“, nunmehr der christlichen Bibel, ihren festen Ort zugewiesen (so bei Irenäus; vgl. Advhaer 3,2,1f.; 3,3; 3,3,1). Papias hielt noch die mündliche Tradition für nützlicher als das aus Büchern Stammende (vgl. bei Euseb 3,39).

3. Gott, Jesus Christus und die Erlösung des Menschen
Theologie, Christologie, Anthropologie und Soteriologie; Eschatologie und Ethik

Die Mannigfaltigkeit theologischer und christologischer Entwürfe, die schon im 1. Jh. vorhanden ist, nimmt im 2. Jh. noch weiter zu. Doch setzt nunmehr eine stärkere Profilierung einzelner Konzeptionen sowie ein Bemühen um Lösungen der aufgeworfenen Fragen ein. Das christologische Problem, das die frühe Christenheit bis in Zerreißproben führen wird, kündigt sich jetzt an: das Verhältnis von Gott und Jesus Christus. Hier finden sich bei den Theologen des 2. Jh. hauptsächlich folgende Lösungsversuche und Konzeptionen:

1. Die weitgefächerte *Geist-(Pneuma-)Christologie* (vgl. Paulus, Johannes-Ev.), wonach Christus als Geistwesen beim Vater war, in Menschengestalt auf der Erde erschien und nach seiner Passion zum Vater zurückkehrte. Von hier aus laufen Linien sowohl zur Logoschristologie und zur doketistischen Christologie als auch zum Adoptianismus und zur Vorstellung von der Jungfrauengeburt des Erlösers.
2. *Die Logoschristologie*, die Christus als präexistenten Logos und Geschöpf Gottes und daher *subordinatianisch* (Gott untergeordnet) versteht (subordinatianische Züge im Hirten des Hermas; Apologeten, Justin).
3. *Die doketistische Christologie*, die die Gottheit des Erlösers betont und sein Erscheinen auf Erden mit der Vorstellung eines Scheinleibes verbindet. Leiden und Sterben des Erlösers geschahen danach nur scheinbar und nicht wirklich. Dieser Doketismus kommt in vielen Varianten und Abstufungen vor (mit Einschränkung beim Johannesevangelium; des öfteren in der christlichen Gnosis).
4. *Der dynamistische Monarchianismus.* Dem Monarchianismus geht es darum, den Monotheismus unverkürzt zu wahren und zugleich mit der Gottheit Christi in Einklang zu bringen. *Der Dynamismus* lehrt die Geburt Christi aus göttlichem Geist und seine Ausstattung mit göttlichen Kräften. Die hier begegnende Vorstellung von der „Adoption“ Christi als Gottessohn bei der Taufe *(Adoptianismus)* findet sich schon in frühen Schriften des 2. Jh. (Apostolische Väter). Damit verbunden wird die Geistchristologie.
5. *Der modalistische Monarchianismus*, der den Erlöser und den Heiligen Geist als *Erscheinungsweisen Gottes* darstellt (Noetus, Praxeas, Bischof Zephyrin; später Sabellius/Patripassianer; modalistische Züge schon bei Ignatius).

Jeder dieser Lösungsversuche, bei denen unterschiedliche Traditionen und Vorstellungen oft miteinander kombiniert werden oder auch nur nebeneinanderstehen, ist aus der jeweiligen Entwicklungslinie heraus zu verstehen und zunehmend auch als Abgrenzung gegen andere Konzeptionen. So wird z. B. die wahre Menschheit Jesu Christi gegenüber doketistischen Vorstellungen hervorgehoben und andererseits seine wahre Gottheit einem Verständnis Jesu als gottbegnadeten Menschen gegenübergestellt. Die einzelnen Phasen dieser Entwicklung sollen im folgenden charakterisiert werden. Die Fragen des Erlösungswirkens Christi und des Heils der an ihn Glaubenden (Soteriologie) sind in diesen Überblick eingeschlossen.

Zunächst ist noch einmal an die *verschiedenen Traditionen* zu erinnern, die zuerst in mündlicher, dann in schriftlicher Überlieferung begegnen. Im syrisch-palästinensischen Raum sind das: die Verkündigung von Kreuz und Auferstehung (Passionsgeschichte), die Spruchüberlieferung von Jesus als der himmlischen Weisheit, die Darstellung Jesu als göttlicher Mensch in den Wunderberichten und die apokalyptisch ausgerichtete Tradition. Diese stehen nebeneinander, wirken je auf ihre Weise weiter, sind aber noch nicht Gegenstand theologischer Kontroversen. In den Evangelien (nach Markus und Matthäus) werden sie zusammengebunden und in die jeweilige theologische Generallinie eingeordnet. Damit wird in einem Bereich die Tendenz zur Aufarbeitung unterschiedlicher Traditionen, hier im Interesse der Einheit des kirchlichen Christentums, sichtbar. Dem entspricht die Aufnahme, Aufarbeitung, Verzahnung und theologische Interpretation christologischer Traditionen in den anderen Entwicklungslinien des frühen Christentums (johanneischer Kreis, christliche Gnosis usw.). Diese Entwicklung hat sich nicht einlinig, sondern mehr komplex vollzogen.

Aus dem großen Bereich der *judenchristlichen Theologie* sind (nach Daniélou) folgende christologische Züge charakteristisch:
1. Die Beschreibung der Transzendenz Christi als gegenwärtiger „Name" Gottes (Namenschristologie, z. B. im Hirt des Hermas: „der Name des Gottessohnes");
2. Christus als die Verwirklichung des „Gesetzes", als „Bund" und als „Anfang" (u. a. im Hirt des Hermas);
3. Christus als „Engel" (Engelchristologie; z. B. Christus als Gabriel in der Epistula Apostolorum).

Literarische Zeugnisse für diesen Bereich sind außerdem das Petrus-, Jakobus-, Hebräer- und Ägypterevangelium, die Petrusapokalypse, die Didache, der Barnabasbrief, die Oden Salomos, die Ignatianen, das 2. Henochbuch und die Himmelfahrt Jesajas (vgl. Kap. 3). Jesus wird als Prophet, Messias, Sohn Davids und Gottesknecht bezeichnet. Hinzu kommt der als „häretisch" geltende jüdisch-christliche Bereich (Ebionäer, Nazoräer u. a.; vgl. Kap. 3 und Kap. 2,2a).
Bemerkenswert ist, daß im Petrusevangelium das Schwergewicht nicht auf dem Kreuz, sondern auf der Auferstehung liegt – wie das auch für gnostische Evangelien und Offenbarungsschriften typisch ist (vgl. Kap. 3,2a). Die Geistbegabung Jesu wird unterschiedlich dargestellt. Im Hebräer- und Nazoräerevangelium steigt der Geist bei der *Taufe* auf Jesus herab und verbindet sich mit ihm zum Gottessohn. Wenn beim Judenchristentum von *adoptianischen Zügen* gesprochen wird, so doch mit Einschränkung und nicht im Sinne des späteren Adoptianismus (wie bei Theodotus dem Gerber). Gelegentlich ist gnostisch-doketistischer Einfluß spürbar.

Betrachtet man die Christologie in der ersten Hälfte des 2. Jh. nach den Gruppierungen „Apostolische Väter" und „Apologeten", so ergibt sich folgendes Bild: Eine durchreflektierte Christologie kennen die *„Apostolischen Väter"* aufs Ganze gesehen noch nicht. Sie haben auch keine gemeinsame „Lehre" über Christus. Gemeinsam ist ihnen die Herausstellung der Einzigartigkeit Gottes, des Schöpfers, dem Christus als „Herr" und Weltenrichter an die Seite gestellt wird. Von ihm ist zu denken „wie von Gott" (2. Clem 1,1), auch wenn er von diesem zu unterscheiden ist („Sohn Gottes": 1. Clem 59; Barn 12,10; Hirt des Hermas). Das *präexistente Geistwesen* Christus kam ins Fleisch und nahm in Jesus Gestalt an (der erste Geist wurde Fleisch [2. Clem 9,5];

Christus stammt sowohl aus dem Samen Davids als auch aus dem Hl. Geist : Ignatius [Eph 18,2]; Gott pflanzte den präexistenten Geist in einen Leib : Hirt des Hermas, Gleichnisse 6,5; Pneumachristologie!).

Ignatius betont immer wieder die *Gottheit Christi* im Sinne der Einheit von Vater und Sohn einerseits und ihrer selbständigen Seinsweisen andererseits (Smyrn 1,1; Eph 7,2; 18,2; Röm 3,3) und zugleich *seine menschliche Wirklichkeit* „im Fleische": „Einer ist Arzt, fleischlich wie auch geistig, geboren und ungeboren, im Fleische wandelnd ein Gott, im Tode wahrhaftiges Leben, sowohl aus Maria als aus Gott, zuerst leidensfähig, dann leidensunfähig, Jesus Christus, unser Herr" (Eph 7,2). Nach dem antidoketistischen Glaubensbekenntnis (Trall 9,1f.) wurde er wirklich geboren, verfolgt, gekreuzigt und auferweckt (zum Antidoketismus vgl. Trall 10, Smyrn 1–7 und bei Polykarp 7,1). Für Ignatius ist Christus derselbe im Fleisch bzw. am Kreuz wie nach seiner Auferstehung (Smyrn 7,3. 1). Die *Eucharistie* ist „das Fleisch unseres Erlösers Jesus Christus, das für unsere Sünden gelitten und das der Vater auferweckt hat" (Smyrn 7,1; vgl. Phil 8,1: „... damit wir in ihm das Leben haben"; so auch Polykarp 8). Nach dem 1.Clem soll der Gläubige auf das Blut Christi sehen, das für sein Heil vergossen wurde und „der ganzen Welt Gnade und Sinnesänderung *(metanoia)* gebracht hat" (7,4). Christus ist der Hohepriester und der Weg zur Seligkeit (1.Clem 36). Sowohl bei Ignatius als auch bei Polykarp besteht Nachfolge in der Leidensnachfolge (Ign, Röm 5,3 u.ö.; Polykarp 8: Nachahmer *[mimētai]* seiner Geduld; Verherrlichung Christi im Leiden um seines Namens willen).

Vielfach weist die Christologie dieser Schriften *volkstümliche Züge* auf. Das gilt auch und besonders für die zahlreichen Zeugnisse eines volkstümlichen Christentums (Apostelakten und -romane/Apokryphen; vgl. Kap. 3,2). In ihnen sind alle Elemente der Volksfrömmigkeit von der Legende bis zur Magie und Zauberei enthalten und werden u. a. auch alle Stationen des Erdenlebens Jesu Christi (Empfängnis, Geburt, Taufe, Versuchung und Verklärung, Passion, Auferstehung, Himmel- und Höllenfahrt) breit entfaltet und farbig geschildert.

Mit den „Apologeten" (vgl. Kap. 3,4 und Kap. 4,1) beginnt die eigentliche *Logoschristologie*. Hier ist der Logos nicht mehr (wie bei Ignatius, Magn 8,2) der geschichtliche Jesus Christus, sondern der präexistente, ewig in Gott seiende, vom Vater zwecks Schöpfung der Welt hervorgebrachte und damit als „Geschöpf" und „Schöpfungsmittler" aus der göttlichen Vernunft herausgetretene offenbarte Logos. Auf diese Weise ist aber der Sohn dem Vater *subordiniert*, worin manche nachfolgenden Theologen eine Gefährdung der Einheit von Vater und Sohn erblickten und darauf mit unterschiedlichen Gegenkonzeptionen reagierten (s. u.).

Am eindrücklichsten hat *Justin* diese Logoschristologie entwickelt. In seinem universalen Geschichtsverständnis (vgl. Kap. 3,4) hat der Logos eine zentrale Stellung inne. Als *„logos spermatikos"* (1. Apologie 44,4; 2. Apologie 8,3; 13,3) wohnt der Logos als Vernunft in allen Menschen (1. Apologie 46) und artikulierte sich schon durch bedeutende Menschen (jüdische Propheten, Sokrates, Heraklit u. a.). Er ist als Schöpfungs- und Offenbarungsmittler das alles vorantreibende Prinzip vom Anfang der Menschheit bis zu ihrem Ende und insofern der Nomos der Menschheitsgeschichte. Aber erst in Jesus Christus ist der präexistente Logos erstmals und einmalig in seiner Fülle offenbar geworden und im Fleisch erschienen (ausgestattet mit Soma, Logos und Psyche; 2. Apologie 10). Insofern besitzen nur die Christen die ganze Wahrheit (1. Apologie 46; 2. Apologie 8.13). Von daher kann Justin mit seiner christozentrischen Theologie alles Geschehen vor und nach Jesus Christus von diesem her verstehen und deuten. Im Namen Jesu Christi können die Dämonen (die gefallenen Engel), die den Menschen zum Bösen verleiten, vertrieben und vernichtet werden. Doch gibt es auch gute Engel, denen Gott die „Fürsorge für den Menschen und die Dinge unter dem Himmel anvertraute" (2. Apologie 5; vgl. zum Ganzen bes. 6ff.). Für Justin ist Christus der göttliche Lehrer, dessen Lehre (Bergpredigt – nova lex!) zur rechten Lebensführung befähigt, und nicht in erster Linie der Erlöser. Diese Christologie unterscheidet sich deutlich vom Modalismus. Sie ist dynamisch und subordinatianisch – eine „Transformationschristologie" (Tillich). Hinsichtlich der trinitarischen Entfaltung der Theologie bei den Apologeten ist noch auf das erstmalige Vorkommen des Terminus „tris" bei Theophilus hinzuweisen, das sich auf Gott, den Logos und die Sophia (Weisheit) bezieht. Vielfach wurden Logos und Weisheit gleichgesetzt (schon bei Philo; dann in der alexandrinischen Theologie).

Justins Schüler *Tatian* wendete sich von der griechischen Philosophie ab, entwickelte aber ebenfalls eine Logoslehre. Zwischen Justin und Irenäus steht *Melito von Sardes* mit seiner typologischen Deutung der Bibel „auf Christus hin", den er als Gott *und* Mensch (mit stark antidoketistischer Ausrichtung, u. a. gegen Marcion) beschreibt. Durch Jesu Christi Leiden und seinen Sieg über die Mächte der Finsternis wird dem sündigen Menschen die Erlösung und Rückkehr zu Gott ermöglicht.

Bevor wir auf das Weiterwirken der Logoschristologie und die Gegenreaktionen gegen sie eingehen, sind noch die christologischen Positionen der *christlichen Gnostiker* und *Marcions* zu erwähnen (dazu s. auch Kap. 6,B1 und Kap. 6,B2). Dabei ist die beachtliche Vielfalt von Vorstellungen hervorzuheben, deren Ursache einmal in der Verarbeitung unterschiedlicher Traditionen und zum anderen in der mehr oder weniger starken Einwirkung der gnostischen Weltanschauung liegt.

Was den Gegnern der gnostischen Christologie als besonders typisch erschien und den gnostischen Ansatz auch folgerichtig zum Ausdruck bringt, ist neben der Zwei-Götter-Lehre (oberster Gott und Demiurg) vor allem der *Doketismus*. Im engeren Sinne ist darunter der Scheinleib des Erlösers zu verstehen (Satornil), im weiteren Sinne das von der materiellen Finsterniswelt völlig geschiedene Wesen des Soter, sein scheinbares Leiden und Sterben. Dieser Doketismus bzw. doketistische Tendenzen tauchen in christlich-gnostischen Schriften in zahlreichen Variationen auf. Das gilt auch für die Interpretation der Passion Jesu Christi. Hier ist die Deutung des Kreuzes als Selbstgericht der Finsternismächte besonders interessant. Die soteriologische Funktion des Erlösers besteht in der Erweckung des Menschen und in der Gnosisvermittlung (Wissen um das Woher und Wohin des Menschen und um das Wesen von Licht- und Finsterniswelt) – mithin in der Wegbereitung für die Rückkehr der Auserwählten in die Lichtwelt (vgl. u. Irenäus!). Ein charakteristisches Beispiel für eine doketistische Christologie findet sich in der Nag-Hammadi-Schrift „Zweiter Logos des großen Seth" (NHC VII,2) aus dem 3. Jh., wo es innerhalb einer breit angelegten Erlöserkonzeption heißt: „Ich war doch überhaupt nicht dem Leiden unterworfen. Jene bestraften mich (mit dem Tode), doch ich starb nicht wirklich, sondern (nur) dem Anschein nach ... Ich aber litt (nur) in ihrer Vorstellung ... Denn dieser Tod von mir ist es, von dem sie denken, daß er ihnen zunutz eingetreten sei, während sie in ihrem Irrtum und in ihrer Blindheit ihren Menschen annagelten (und so) an ihren Tod (auslieferten). Denn ihre Gedanken sahen mich nicht, denn sie waren Taube und Blinde. Dadurch, daß sie das aber tun, richten sie sich (selbst) ... [Es war „ein anderer", dem die Passion widerfuhr, nämlich „Simon"] ... Ich aber ergötzte mich in der Höhe an dem ganzen (scheinbaren) Reichtum der Archonten und an dem Samen ihres Irrtums ... und ich lachte über ihren Unverstand. Alle ihre Kräfte aber machte ich zu Sklaven" (p.55,15–56,21).

Nach anderen Darstellungen hat nur das Sarkikon des Soter, seine fleischliche Hülle, gelitten (Apokalypse des Petrus, NHC VII,3), oder der Erlöser hat zwar gelitten, ist aber im Grunde leidensunfähig (Zostrianus, NHC VIII, 1; Epistula Petri ad Philippum, NHC VIII,2 [2./3. Jh.]; Johannesakten [2. Jh.], Kap. 96–102). *Marcion* teilt mit der Gnosis die Zwei-Götter-Vorstellung und den christologischen Doketismus, unterscheidet sich aber von ihr in der Anthropologie (keine Wesensidentität des Menschen mit dem Lichtgott; vgl. Kap. 6,B2).

Die Gnostiker haben also wesentliche Probleme im Verhältnis von Gott und Erlöser, Christus und Jesus, Geist und Fleisch bereits deutlich erkannt und ihrer antikosmischen Weltanschauung entsprechend zu lösen versucht. Komplizierte christologische Fragen, die die späteren kirchlichen Theologen bewegten, haben sie schon gestellt und beantwortet. So kamen sie bereits auf die Vorstellung einer *Substanzgleichheit* zwischen Erzeuger und Erzeugtem (bereits bei Valentinus), also auf die *Homoousie* (Basilides bei Hippolyt, Ref. 22,7 und 11), die Irenäus bei ihnen feststellte, aber noch nicht zu übernehmen wagte. Schon die Gnostiker entwickelten eine Zwei-Substanzen- bzw. Zwei-Naturen-Lehre; nur, daß es ihnen dabei auf eine säuberliche Trennung ankam, während die kirchlichen Theologen das Verschiedene zu verbinden suchten (vgl. Tertullian). Damit war den Gnostikern auch das Problem aufgegeben, das *Celsus* als die Hauptschwierigkeit der christlichen Theologie bezeichnete: Hat sich Gott in einen sterblichen Menschen verwandelt, oder ist er nur scheinbar ein Mensch geworden (Origenes, Contra Celsum 4,18). Die Gnosis entschied sich in letzter Konsequenz für die doketistische Lösung, die Kirche konterte mit dem Monarchianismus und geriet auf der modalistischen Linie zum Patripassianismus. Die Gnosis lehrte: der Erlöser kann gar nicht leiden; Sabellius: der Vater selbst hat gelitten. So kam es schließlich, daß die großkirchlichen Theologen an die gnostische Konzeption anzuknüpfen genötigt waren (vgl. Tertullian). Auch hinsichtlich der *Logoslehre* trugen die Gnostiker Entscheidendes bei (Kommentierung des Johannesevangeliums durch Valentinus und Herakleon), obwohl die kirchlichen Theologen hierbei den Apologeten folgten.
In Auseinandersetzung mit den Gnostikern ging es *Irenäus* vor allem um die Identität von Schöpfergott und Erlösergott. Dieser Gott hat das Wort (den Logos) bzw. den Sohn und die Weisheit bei sich (Trinität). Zur Erlösung der Welt (nicht bloß des Lichtfunkens, des göttlichen Pneuma im Menschen!) kommt der Logos ins Fleisch, wird ein „leidensfähiger Mensch". Irenäus verbindet seine Logosvorstellungen mit einer Inkarnationslehre. Es ist der *geschichtliche* Jesus Christus, in welchem Gott und Mensch vereint sind, der den Menschen zu seinem Heil führt. Dieses besteht in der Gottwerdung des Menschen: Gott wurde Mensch, damit wir göttlich würden. Der Mensch ist ein Geschöpf Gottes und sein Ebenbild (imago, similitudo Dei), doch ging ihm letzteres durch den Fall verloren. Christus ist der zweite Adam, der die Schöpfung vollendet und die Heilsgeschichte nach dem Heilsplan Gottes *(oikonomia)* zu ihrem Ziel bringt. Er stellt den ursprünglichen Zustand vor dem Fall, die Gottebenbildlichkeit wieder her (*anakephalaiōsis*, recapitulatio) und ermöglicht durch seine Vollkommenheit die Vervollkommnung des Menschen im Gehorsam gegen Gott und seine Gebote mit Hilfe der Kirche (Sakramente, Geistbesitz der Kirche). Bevor aber der Mensch Gott wird, muß er zunächst wirklich Mensch werden (Advhaer 4,39,2; vgl. zum Ausgeführten 3,16,6. 22,1; 4,18,1ff.; 4,20. 37. 38; 5,36,3).
Hatte sich Irenäus speziell gegen die gnostischen Lehren abgegrenzt, so die *Monarchianer* gegen die Logoschristologie der Apologeten, bei der sie die Einzigartigkeit Gottes gefährdet sahen. In den beiden Richtungen Dynamismus (Adoptianismus) und

Modalismus (s. o.) fanden sie besonders in *Rom* prominente Anhänger, aber auch starke Gegner (vgl. Kap. 2,2d). Die von der Logoschristologie ausgegangenen Impulse erwiesen sich jedoch als stärker und zukunftsträchtiger, obwohl gerade diese Christologie von den einfachen Gemeindegliedern vielfach nicht verstanden wurde. Schon vor 200 ist der Dynamismus und Adoptianismus in Rom verworfen worden: Bischof Viktor schloß Theodotus den Gerber aus der Gemeinde aus. Als Vertreter einer subordinatianischen Logoschristologie (man warf ihm Ditheismus vor!) war *Hippolyt* einer der aktivsten Gegner der monarchianischen Richtung (zur Vergottung des Menschen vgl. Refutatio 10,34). Er bekämpfte vor allem den Modalismus, der sich in Rom länger halten konnte, nicht zuletzt, weil Bischöfe unter seinen Anhängern waren (Viktor, Zephyrin, Kallist). Doch mußten diese schließlich nachgeben, und Kallist, der eine vermittelnde theologische Position einnahm, schloß Sabellius aus der Gemeinde aus.

Vor Hippolyt hatte sich schon *Tertullian* für die Logoschristologie und *gegen den Modalismus* (speziell des Praxeas) ausgesprochen. Er definiert in seiner subordinatianischen Trinitätslehre die Einheit von Vater und Sohn bzw. Vater, Sohn und Geist als zwei bzw. drei „Personen“ mit *einer* Substanz (tres personae, una substantia; Vater und Sohn = unum, non unus!) und im Blick auf die Menschwerdung Gottes Christus als Logos und im Fleisch, *eine* Person in zwei Substanzen.[1]

Immerhin zwang der Modalismus die Logoschristologen zu einer stärkeren Betonung der Einheit von Vater und Sohn. Im Osten trat die Logoschristologie ihren Siegeszug an, aufgenommen und weitergeführt durch Klemens von Alexandrien und Origenes. Dagegen lebte der Adoptianismus vor allem in der antiochenischen Schule weiter (Paulus von Samosata). Bei *Klemens* ist der Logos die den Menschen zugewendete Seite Gottes, der Erzieher der Menschheit, der als *logos spermatikos* nicht nur bei den Juden, sondern auch bei den Heiden wirksam war und in Jesus Christus in die Geschichte eintrat. Der Logos führt zur Erkenntnis und zum rechten Wandel. Über den schlichten (kirchlichen) Glauben (Pistis) hinaus soll der Gläubige zur wahren Gnosis finden. Der getaufte und dem Logos gemäß lebende Christ kann Gott gleich werden. Nach seinem Tode erfährt er seine Erlösung als Rückkehr der Seele zu ihrem göttlichen Ursprung (gnostischer Einfluß!).

Abschließend ist noch auf die Entwicklung von Eschatologie, Ekklesiologie und Ethik im 2. Jh. einzugehen. Mit der Erfahrung der frühen Christen, daß das erwartete nahe Ende der Welt und die Wiederkunft Christi sich verzögerten und man sich auf das Leben in der Welt einstellen mußte, wandelten sich auch das Gemeindeverständnis und die Vorstellungen über die Ethik. Die *eschatologische* Grundhaltung blieb weiterhin bestehen und bestimmte das Denken, die Naherwartung flaute nur allmählich ab, aber das apokalyptische Denken wurde schon im 1. Jh. als ein großes Problem empfunden: Wie soll ein Christ in der Welt verantwortlich leben und handeln, wenn er nicht weiß, wann mit der Parusie zu rechnen ist. Daher stellten einige einen „apokalyptischen Fahrplan“ auf. Der zweite Thessalonicherbrief weist solche Spekulationen ab und orientiert auf die *Gegenwart*, auf die Bewährung des Christseins im Alltag (3,6ff.). Damit gewinnt die Ethik eine neue Bedeutung, desgleichen die Gemeinde, die „Kirche“ als Heimat der Gläubigen. Die Vorstellung einer „Vorläufigkeit“ nimmt ab

1 Vgl. zu Tertullian *G. Haendler*, Von Tertullian bis zu Ambrosius, 39–42.

zugunsten des Themas „Der Christ in der Welt“. Wie sich beides zueinander verhält, bleibt allerdings kontrovers.

Vom Rückgang der Naherwartung erfahren wir aus dem zweiten Petrusbrief (2,8ff.), dem Hirten des Hermas (Gleichnisse 10,4) und dem zweiten Clemensbrief (11,2; 12,1ff.). Doch ist die Naherwartung im ganzen 2. Jh. noch lebendig (vgl. auch Didache, Barn) und erreicht mit dem Montanismus nochmals einen Höhepunkt. Für viele Theologen ist sie zu diesem Zeitpunkt aber schon ein Fernziel geworden. Nunmehr gewinnt der *Chiliasmus*, die Vorstellung von einem „tausendjährigen Reich“ mit dem eschatologischen Ziel der Vereinigung aller Glaubenden aus der Zerstreuung Raum (Johannesoffenbarung,; Justin, Dialog 80; Papias, Irenäus, Tertullian, Hippolyt).

Eine *Ekklesiologie* gab es schon im frühen Christentum, seitdem über das Wesen der Gemeinde Jesu Christi nachgedacht (Paulus) und sie vor allem als *geschichtliches* Phänomen verstanden wurde (Apg). Zur *Lehre* entwickelte sie sich erst, als die „Kirche“ zur eigenständigen Größe wurde (vgl. Kol, Eph: Christus und die Kirche), man über das Verhältnis von „sichtbarer“ und „unsichtbarer“ Kirche reflektierte und die Kirche schließlich als heilsgeschichtliche Institution definierte, in die der einzelne Christ fest eingebunden ist, die ihm das Heil vermittelt. Für die Zeit des ausgehenden 1. und beginnenden 2. Jh. kann man (nach C. Andresen) zwischen einer *heilsgeschichtlichen* (1. Clem) und einer *transzendentalen Ekklesiologie* unterscheiden (Ignatius: überirdische Gesamtkirche – irdische Gemeinde; 2. Clem: Urbild – Abbild – Schema; Hirt des Hermas: ideale und empirische Kirche). Beide „Grundperspektiven“ sind durch die Erwählungsvorstellung miteinander verklammert (Andresen). Mit der heilsgeschichtlichen Komponente im Verständnis von Kirche erhält die Ekklesiologie jene Prägung, die für die kirchliche Entwicklungslinie im 2. Jh. charakteristisch wird.
Auch die *ethischen Vorstellungen* befanden sich im Gefolge der Parusieverzögerung und beginnenden Institutionalisierung des Christentums im Umbruch. Sie waren in besonderer Weise vom Verständnis der „Welt“ abhängig.

So führte der gnostische Antikosmismus konsequenterweise zu einer *asketischen* Haltung, die vielfach recht *rigoristisch* war. Dagegen ist von einem ethischen Libertinismus in den Originalschriften so gut wie kaum die Rede. Die Häresiologen behaupteten ihn wohl weniger auf Grund von Berichten als zur moralischen Disqualifizierung ihrer Gegner. Wo konsequent endzeitlich und antikosmisch gedacht wurde, findet sich auch der ethische Rigorismus, so bei den Montanisten (und Tertullian; auch Tatian vertrat eine solche Ethik) und bei Marcion. Denn der Gläubige muß alles vermeiden, was die Herrschaft der Finsternismächte verlängert. Daher wird auch Ehelosigkeit und geschlechtliche Enthaltsamkeit verlangt. Das volkstümliche Christentum kannte ebenfalls eine Enthaltsamkeitsethik, die unverkennbar die asketisch-enkratitischen Tendenzen des östlichen Christentums aufweist (vgl. die Apostelakten). Solche Vorstellungen waren auch außerhalb des Christentums bekannt, so bei Apollonius von Tyana, und hatten auf dieses keinen geringen Einfluß.

Als das Leben in der Welt für die Christen an Bedeutung zunahm, mußte man sich entscheiden, wie man es mit den radikalen Forderungen der Urchristenheit halten wollte. Die endzeitlich-antikosmisch orientierten Gruppen behielten sie bei. Auf der kirchlichen Linie hingegen entschied man sich für den *Moralismus* (vgl. z. B. Eph; Hirt des Hermas). Man meinte, daß die Erfüllung hoher sittlicher Forderungen der eigenen Heiligung und der Welt als Vorbild dient. Das große Vorbild der Christen ist Christus. Ihm gilt es zu folgen, ihn will man „nachahmen" (imitatio; Christus als nova lex). Dazu gehört auch das *Martyrium*, das zur Vollkommenheit führt und von manchen ersehnt wird (Ignatius, Röm; Tertullian: dem Martyrium nicht ausweichen). Aber christliche Ethik wußte sich dann auch den sittlichen Normen der Umgebung verpflichtet und den Aufgaben, die der Christ als Mitmensch und Bürger nun einmal hat (Apologeten; Klemens von Alexandrien u. a.). Ein solches weltzugewandtes Tun fand Vorbilder in Plutarch, Mark Aurel und anderen nichtchristlichen Zeitgenossen.

Kapitel 5
Die Struktur der christlichen Gemeinden und ihre Frömmigkeitsformen

1. Die soziale Zusammensetzung der christlichen Gemeinden

Das frühe Christentum war keine revolutionäre Bewegung im modernen Sinne, auch waren seine Anhänger nicht ausschließlich die sozial Schwachen und Benachteiligten aus den unteren und untersten Schichten. Es erreichte vielmehr Menschen aus allen sozialen Bereichen vom Sklaven bis zum Angehörigen der Oberschicht und des Kaiserhauses. Im 2. Jh. waren es hauptsächlich die Angehörigen der städtischen Mittelschicht, die den neuen Glauben annahmen, denn das frühe Christentum war eine zunächst in den Städten und Großstädten sich ausbreitende Religion (vgl. Kap. 2). Im Laufe des 2. Jh. machte sich jedoch eine Verschiebung der sozialen Zusammensetzung der Christengemeinden von den unteren und mittleren Schichten zu den Oberschichten hin bemerkbar. Das nahm am Ende des 2. Jh. zu und führte zu einem Anwachsen der sozialen Spannungen in den Gemeinden.

Die zweite – ebenfalls schon genannte – wichtige Komponente bei der Ausbreitung des christlichen Glaubens besteht darin, daß sich das Christentum in den Spuren des Judentums bewegte (vgl. Kap. 2). In seinem Einflußbereich fand es zahlreiche Menschen, denen der christliche Glaube als Alternative zur jüdischen Religion erschien. Diese „Freunde der Synagoge" hatten den Übertritt zum Judentum nicht vollziehen können oder wollen. Im Christentum bot sich ihnen eine Möglichkeit, religiös Gleichwertiges zu finden, ohne an die Gesetze der Synagoge gebunden zu sein und gesellschaftliche Nachteile in Kauf nehmen zu müssen. Letzteres erwies sich allerdings in Zeiten der Christenverfolgung als Irrtum. So kam es, daß allein schon aus diesen Gruppen viele wohlhabende und angesehene Bürger zu christlichen Gemeinden stießen: „Die Bedeutung der zahlreichen Bekehrungen in Kreisen der Gottesfürchtigen [das waren die der Synagoge nahestehenden Kreise; d. Verf.] ist für die christliche Mission in ihren Anfängen gar nicht zu überschätzen, denn sie öffneten dem neuen Glauben einen ganz natürlichen Zugang zur heidnischen Gesellschaft. Auch trugen die Gottesfürchtigen auf Grund ihrer sozialen Stellung wesentlich dazu bei, daß sich das Christentum der antiken Welt von Anfang an nicht einfach als Religion der Sklaven und kleinen Leute darbot, sondern als eine Botschaft glaubwürdig war, die Menschen, ungeachtet ihres Herkommens und trotz größter sozialer Unterschiede, zusammenzuführen vermochte."[1] Diese Perspektive wird durch die Namen angesehener und wohlhabender Bürger aus dem frühen Christentum bestätigt.

Daß die christlichen Gemeinden im 2. Jh. nicht nur Arme, Witwen und Waisen zu den Ihren zählten, sondern auch Wohlhabende, kam einerseits der *sozialen Fürsorge* zugute, durch die sich die christlichen Gemeinden auszeichneten und damit auch bei Nichtchristen Achtung erwarben, und stärkte die Gemeinden in ökonomischer Hinsicht, führte aber andererseits zu internen sozialen Spannungen und löste nicht selten eine massive Kritik am unsozialen Verhalten

1 *H. Gülzow*, Soziale Gegebenheiten, 197.

der reichen Christen aus (in diesem Sinne „Der Hirt des Hermas", drittes Gesicht, Kap. 9). Der in manchen Texten zu beobachtende ethische Rigorismus, eine betonte Askese und Weltabsage, war – abgesehen vom zunehmenden Verdienst- und Leistungsdenken (vgl. Kap. 4,3) – nicht selten auch die Folge einer Protesthaltung gegen das Verhalten und den Einfluß der Reichen in den Gemeinden und die durch sie entstandene Ungleichheit, Ungerechtigkeit und den moralischen Verfall. Die Entwicklung verlief jedoch zugunsten der Wohlhabenden und Gebildeten in den christlichen Gemeinden. Ihre Zahl und ihr Einfluß nahmen gegen Ende des 2. Jh. ständig zu. Klemens von Alexandrien widmete ihnen in seinen Schriften „Paidagogos" (Der Erzieher) und „Quis dives salvetur?" (Welcher Reiche wird gerettet werden?) bereits große Aufmerksamkeit. Zwar ist es für die Reichen schwieriger als für die Mittellosen, zum Heil zu gelangen, bemerkt Klemens, aber das bedeutet nicht, daß der Reiche auf seinen Besitz verzichten muß. Nur soll er „aus seiner Seele die Gedanken an den Besitz verbannen, die leidenschaftliche Liebe zu ihm, das gewaltige Verlangen danach, die krankhafte Unruhe darum, die Sorgen, die Dornen des irdischen Lebens, die den Samen des ewigen Lebens ersticken" (Quis dives salvetur, 11,3 nach O. Stählin).

2. *Organisationsformen der Gemeinden*

Die frühe Form der Zusammenkünfte von Christen war die – ebenfalls vom Judentum vorgeprägte – *Hausgemeinde* und die daraus sich entwickelnde Hauskirche, wie sie etwa von dem für Gemeindezwecke umgebauten „christlichen Haus" von Dura Europos mit Versammlungsraum und Baptisterium aus der ersten Hälfte des 3. Jh. bekannt ist. Bis zum Ende des 2. Jh. gab es jedoch noch keine größeren Versammlungsräume oder gar gemeindeeigene Gebäude. Man feierte den Wortgottesdienst und das Mahl in Privathäusern. Die Notwendigkeit, spezielle Räume für den Gottesdienst zu schaffen, ergab sich seit dem Ende des 2. Jh. nicht nur aus dem Anwachsen der Gemeinden, sondern auch und vor allem aus der Herausbildung eines christlichen Kultus. Zu dieser Zeit kam auch eine *christliche Kunst* auf, die zuvor in Abgrenzung gegen das Heidentum (Tempel mit Götterbildern) und aus theologischen Gründen (Gott ist im Bild nicht faßbar) auf strikte Ablehnung gestoßen war (noch bei Justin; dagegen bei Klemens von Alexandrien bereits Anfänge einer christlichen Kunst durch Verwendung christlicher Motive bei der Gestaltung von Siegelringen).

Für die Ausbreitung des Christentums war die *Familie* spätantiker Prägung die eigentliche Zelle. In ihr war es ohne große Störung von außen möglich, sich dem christlichen Glauben zu öffnen, wobei den Berichten zufolge häufig die Frauen den Männern vorangingen. Da es noch keine organisierte und öffentliche Mission gab, wirkte das Beispiel und die Überzeugungskraft der bereits zum Glauben an Jesus Christus Gekommenen und ihre vorbildliche Lebensweise, gelegentlich auch das Zeugnis von Wanderpredigern und von durchreisenden Christen (Kaufleuten u. a.; zur Mission s. Kap. 2).

Für *die Entwicklung von Ämtern* im frühen Christentum wurden um die Wende vom 1. zum 2. und im Verlauf des 2. Jh. die entscheidenden Weichen gestellt. Jedoch ist diese Entwicklung nicht geradlinig verlaufen. Vielmehr bildeten sich aus unterschiedlichen Traditionen bei uneinheitlichen kirchenpolitischen Vorstellungen und örtlichen Bedingungen schließlich jene Ämter heraus, die sich am Ende des 2. Jh. in den literarischen Zeugnissen finden: *Episkopen, Presbyter und Diakone*. Versucht man, deren Herausbildung zurückzuverfolgen, stößt man bereits in den Anfängen der christlichen Gemeinden auf unterschiedliche Verhältnisse und Konzeptionen. Welchem „Amts"-Verständnis man jeweils begegnet, hängt davon ab, ob man den palästinensischen oder hellenistischen Bereich der frühen Gemeinden betrachtet, ob man mehr

den institutionellen oder mehr den charismatischen Vorstellungen von Gemeindefunktionen folgt, ob man eine Schrift betrachtet, die zur „kirchlichen" Entwicklungslinie gehört, oder eine solche, die eine „christlich-gnostische" Prägung aufweist.
Im Sinne des *Paulus* gab es, den unterschiedlichen Geistbegabungen *(charismata)* entsprechend, zahlreiche Aufgaben- und Wirkungsbereiche in den Gemeinden. Zu ihnen gehörten die Apostel, Propheten und Lehrer ebenso wie die Fähigkeiten, Wunder zu tun, Krankheiten zu heilen, zu helfen, zu leiten – und die Gabe der Zungenrede.
Auf diese Konzeption von den verschiedenartigen, aber gleichrangigen Diensten in der Gemeinde haben dann im 2. Jh. vor allem die nichtkirchlichen Gruppen zurückgegriffen, wobei die christlichen Gnostiker das „allgemeine Priestertum der Gläubigen" betonten, ohne aber die „Ämter" als solche abzulehnen, während die Montanisten speziell das prophetische Element hervorhoben (Kap. 6,B1 und Kap. 6,B3). In der zur Großkirche hinführenden Entwicklungslinie wurde zwar der Gedanke der Geistbegabung nicht einfach ausgeblendet, aber doch in das institutionelle Denken immer stärker eingebunden, dem das freie Wirken der Geistbegabten nicht mehr entsprach. Die Wechselwirkung zwischen dem Auftreten von unabhängigen Propheten und Lehrern, zumal gnostischer und montanistischer Provenienz, und der Institutionalisierung des kirchlichen Christentums hat die Entwicklung der Ämter-Kirche entscheidend vorangetrieben.
Wenn man den charismatischen Charakter der diversen Dienste in den paulinischen Gemeinden betont, muß man doch zugleich feststellen, daß sich *schon bei Paulus Ansätze zu einer strukturellen Differenzierung der einzelnen Dienste finden.* Das zeigt sich z. B., wenn man an die Stellung des Apostels Paulus einerseits und an die der von ihm eingesetzten Gemeindeleiter andererseits denkt. Wenn ein „Amt" dadurch charakterisiert ist, daß jemand in dasselbe eingesetzt wird, es kontinuierlich innehat bzw. verwaltet und dann an seinen Nachfolger weitergibt, dann zeichnen sich auch sonst im Bereich der paulinischen Charismata bereits „Ämter" und somit eine Neigung zum Institutionellen ab.
Eine besondere Qualität erlangten die *„Apostel"*, deren Zahl schließlich auf 13 (die Zwölf und Paulus) festgesetzt wurde. Auf sie – als die Säulen der Urkirche und jener Zeit, da es (aus verklärter Rückschau) noch keine Irrlehre gab – haben die Vertreter des kirchlichen Christentums um die Mitte des 2. Jh. in besonderer Weise zurückgegriffen (s. u.). Von den im paulinisch-hellenistischen Bereich begegnenden Funktionen sind (nach Harnacks Gruppierung in charismatische Dienste und Gemeindefunktionen) die *Apostel, Propheten und Lehrer* sowie die *Episkopen und Diakone* (vgl. Phil 1,1) für die weitere Entwicklung von „Ämtern" in der kirchlichen Linie besonders festzuhalten. Aus den palästinensischen Gemeinden, wo von Anfang an ein stärkeres Ordnungsprinzip waltete, kam hingegen das presbyteriale Element: die Funktion des *Presbyters* und die Tradition der presbyterialen Gemeindeleitung (zu den Ältestenkollegien vgl. 1Tim 4,14; Apg 20,17). Schließlich sind noch die Evangelisten zu erwähnen (vgl. Eph 4,11; Apg 21,8). Eine einheitliche Vorstellung von den Gemeinde-Diensten und Gemeinde-„Funktionären" und eine einheitliche Praxis hat es also in den frühchristlichen Gemeinden bis weit in das 2. Jh. hinein nicht gegeben. Das zeigen auch die zeitgenössischen Zeugnisse. Hinzu kommt, daß selbst die Bezeichnungen derselben Ämter nicht einheitlich waren und manche von ihnen (z. B. Presbyter und Episkopos) bisweilen synonym gebraucht wurden. Doch verstärkten sich schon am Ende des 1. Jh. bestimmte Tendenzen, die folgenreiche Entwicklungen signalisieren.

7 5901

Im „ersten Klemensbrief" (vgl. Kap. 3,3) taucht erstmals der Begriff des „Amtes" *(leitourgia)* auf (40,2.5 u. ö.). In dieser Schrift wird auch zum ersten Mal zwischen den Inhabern eines Amtes und den Laien unterschieden (40,5). Zudem werden nunmehr die überkommenen Dienste bzw. Ämter sowohl aus der mehr charismatischen als auch der mehr institutionellen Konzeption kombiniert (Bischöfe – Diakone – Presbyter). Das geschieht auch in den Pastoralbriefen, in denen durch die ordentlich bestellten Inhaber des „Amtes" die rechte Überlieferung des Glaubensgutes, also „die Sukzession des rechten Lehrens und Bekennens" (J. Roloff) gewährleistet werden soll (vgl. 1Tim 6,20).

Nach dem „ersten Klemensbrief" wird der Amtsträger rechtmäßig (!) und ordnungsgemäß (!) „von bewährten Männern unter Zustimmung der Gemeinde" in sein Amt eingesetzt (44,3). Dies geschieht hinsichtlich der (Presbyter-)Bischöfe und Diakone in der Kontinuität mit den von den Aposteln in diese Ämter eingesetzten Männern. Die Apostel wiederum sind von Jesus Christus und dieser ist von Gott selbst gesandt (Kap. 42–44). An diese heilige, göttliche Ordnung hat man sich zu halten. Somit gibt es hier bereits die Vorstellung einer bis auf die Apostel zurückgeführten Ämter-Sukzession. „Propheten" und „Lehrer" erwähnt 1.Clem bewußt nicht. Beide Vertreter charismatischer Dienste wandern nun allmählich in den nichtkirchlichen Bereich ab. Immerhin sollen nach der Didache (s. Kap. 3,3) noch die Bischöfe und Diakone den Dienst der Propheten und Lehrer wahrnehmen (Kap. 15,1), da es mit den freien, von Gemeinde zu Gemeinde ziehenden Aposteln, Lehrern und Propheten zunehmend Probleme gab (vgl. Kap. 11–15; die Presbyter sind in der Didache die Erstbekehrten).

Mit dieser Konzeption gewinnt das *konstitutive* Element im Verständnis der Gemeindedienste über das *regulative* (Bultmann) die Oberhand. Damit wird eine Rechtsordnung begründet, zugleich aber auch eine deutliche Zäsur zwischen dem urchristlichen und dem frühchristlichen Verständnis der Dienste bzw. Ämter erreicht. Das hat mancherlei Konsequenzen, so u. a. für das Verhältnis der Amtsinhaber zur Gemeinde (Amtsträger und Laien, s. u.). Nunmehr wird der Raum für charismatische Begabungen enger. Die geistlichen Aufgaben werden allmählich von den Amtsträgern mit wahrgenommen. Die Mitverantwortung der Gemeinde ist zwar nicht ausgeschaltet, aber doch schon deutlich eingeschränkt. Noch ist nicht die Rede vom monarchischen Episkopat und von einem kultischen Priestertum – aber die Weichen in diese Richtung sind bereits gestellt.

Diese Entwicklung setzt sich bei *Ignatius* fort. (Dabei gehen wir davon aus, daß die Briefe des Ignatius von ebendiesem stammen und nach dem ersten Klemensbrief entstanden sind. Gelegentlich wird der 1.Clem in das 2. oder 3. Jahrzehnt des 2. Jh. und die „echten" Ignatianen in das Ende des 1. Jh. datiert. Dazu Kap. 3.3.)

Von Ignatius wird der monarchische Episkopat bzw. Monepiskopat als Institution gefordert (zur geschichtlichen Situation s. Kap. 3,3) und theologisch begründet: Zum Bischof muß man halten, damit auch Gott zu einem hält. Dem Dreigespann von Bischof, Presbytern und Diakonen, die hier zu einer hierarchischen Ämtertrias zusammenwachsen, soll man untertan sein (Brief an Polykarp 6,1). Nunmehr steht der Bischof an der Spitze einer Ämterordnung, die nur noch bedingt als kollegiale Gemeindeleitung angesehen werden kann. Dabei sind die Aufgaben folgendermaßen verteilt: Der *Bischof* leitet die Gemeinde und den Gottesdienst und hat die Disziplinargewalt inne, die *Diakone* sind in Lehre und Verkündigung tätig und als Gehilfen beim Mahl (Brief an die Trallianer 2,3) und pflegen die Kontakte zu anderen Gemeinden, die *Presbyter* unterstützen den Bischof bei der Gemeindeleitung und im Kultus.

Trotz dieser Weiterführung der Institutionalisierung am Beginn des 2. Jh. hebt sich die Ämter-Konzeption des Ignatius von der im „ersten Klemensbrief“ insofern ab, als erstere eine theologische bzw. metaphysische Begründung des Bischofsamtes und der anderen Ämter aufweist: Im Mikrokosmos der in der Eucharistie mit Bischof, Presbytern und Diakonen vereinigten Gemeinde wird der himmlische Makrokosmos transparent. In seinem Brief an die Trallianer schreibt Ignatius: „In gleicher Weise sollen alle die Diakone achten wie Jesus Christus [!], gleichermaßen den Bischof als Abbild *(typos)* des Vaters [!], die Presbyter aber als Ratsversammlung *(synedrion)* Gottes [!] und Verband der Apostel. Ohne diese kann von Kirche nicht geredet werden“ (3,1; vgl. 2,1–3).
Dementsprechend liest man im Brief des Ignatius an die Gemeinde von Smyrna: „Gehorcht alle dem Bischof wie Jesus Christus dem Vater, und dem Presbyterium wie den Aposteln. Die Diakonen aber ehrt wie Gottes Anordnung. Niemand tue etwas, was die Kirche betrifft, ohne den Bischof. Jene Eucharistie soll (allein) als die gültige betrachtet werden, die unter dem Bischof oder unter seinem Stellvertreter geschieht. Wo immer der Bischof erscheint, da sei auch das Volk *(plēthos)* – wie auch da, wo Jesus Christus ist, die *katholische Kirche* ist. Ohne den Bischof ist es nicht erlaubt, zu taufen oder die Agape zu feiern. Sondern was immer dieser für gut befindet, das ist auch gottgefällig, damit alles, was ihr tut, sicher und gültig *(bebaios)* sei“ (Kap. 8,1 bis 2).

Auch Polykarp, der übrigens einen Episkopos nicht erwähnt (vgl. Kap. 3,3), forderte den „Gehorsam gegen die Presbyter und die Diakonen so wie gegen Gott und Christus“ (Brief an die Philipper, 5,3). In den Jahrzehnten nach Ignatius sind die presbyteriale Ordnung und die episkopale Konzeption noch enger zusammengewachsen (vgl. den Hirten des Hermas). Das monarchische Bischofsamt setzte sich von der Mitte des 2. Jh. an nicht nur überall im Osten, sondern auch im Westen durch, wo es ja in Rom bis dahin noch nicht existiert hatte. Bei Irenäus ist schließlich der „Schnittpunkt presbyterialer und episkopaler Verfassung“ erreicht. Er stellt Bischöfe und Presbyter nebeneinander und identifiziert sie sogar gelegentlich. Vor allem wird von ihm der Presbyter mit in die Vorstellung von der apostolischen Sukzession des Bischofs hineingenommen, so daß die Kontinuität und Reinheit der Lehre auf alle Fälle gesichert erscheint (s. u.). So hat sich die episkopale Konzeption am Ende des 2. Jh. endgültig durchgesetzt.
Die weitere Entwicklung geht in die Richtung, daß *einer* der monarchischen Bischöfe dann einer ganzen Kirchenprovinz vorsteht, dem wiederum mehrere Bischöfe unterstehen, wie es um 200 in Ägypten (unter Demetrius) und in Antiochia der Fall war. Damit entwickelte sich mit der Zeit eine übergemeindliche Organisation, die bis dahin im frühen Christentum unbekannt war. Bis zu diesem Zeitpunkt wurde die Einheit der Kirche auch nicht als eine organisatorische, sondern als eine ideale Größe vorgestellt. Schließlich entstanden die großen Kirchengebilde im Osten und im Westen, und endlich bildete sich die Sonderstellung des Bischofs von Rom und der römische Primat heraus.
Der Rückgriff auf die *Apostel* gewann in der Mitte des 2. Jh. eine immer stärkere Bedeutung. In einer Zeit notwendiger Konsolidierung erschien die Verankerung der kirchlichen Entwicklungslinie und ihrer Glaubensaussagen in der apostolischen „Urkirche“ als *die* Möglichkeit, die eigene Identität zu finden, sie mit der nötigen Autorität zu versehen und sich gegen die nichtkirchlichen Gruppen abzugrenzen. Dieses Verfahren erwies sich als durchaus wirkungsvoll, obwohl sich die gnostischen Kreise bei ihrer eigenen Berufung auf die „Apostel“ davon nicht beeindrucken ließen. Vor allem aus diesem Grunde wurde die apostolische Absicherung des eingeschlagenen We-

ges nicht nur auf alle kirchlichen Bereiche ausgedehnt (Bekenntnis, Lehre, Schriften, Brauchtum, Gemeindeanfänge; s. Kap. 4,2), sondern auch mit dem (schon vorhandenen) Sukzessionsgedanken konsequent verbunden. Auf diese Weise konnte man die „reine Lehre" der gegenwärtigen Kirche mit der lückenlosen apostolischen Sukzession der Lehrer begründen, und als diese galten in erster Linie die Bischöfe. Daraus ergaben sich dann wieder Spannungen mit den im eigentlichen Sinne großen Lehrern der Kirche, so etwa im Falle von Origenes und Demetrius. Der Bischof wurde nunmehr in zunehmendem Maße als der Garant der „reinen", unverfälschten Lehre bzw. Tradition angesehen, wie er diese unmittelbar von seinen Vorgängern und jene sie von den Aposteln selbst übernommen hatten. Damit begann sich das *Lehramt des monarchischen Bischofs* herauszubilden, und eine Institution zur Abwehr von „Häresien" war gegeben.
Soweit wir aus den Quellen unterrichtet sind, hat vor allem *Hegesipp* diesen Weg beschritten. Ihm ist *Irenäus* gefolgt (zu beiden vgl. Kap. 3,6). Die Vorstellung von der apostolischen Sukzession der Bischöfe, die in den Bischofslisten ihren Niederschlag fand, wurde auch von *Tertullian* aufgenommen, gelegentlich auch noch von Clemens Alexandrinus, Hippolyt und Origenes erwähnt. Doch kamen um diese Zeit vor allem zwei weitere Elemente bei der Ausgestaltung des Bischofsamtes hinzu: die *Ordination* und die Vorstellung vom *Bischof als Hohempriester* (Tertullian: summus sacerdos; Hippolyt: *archhiereus*), neben dem die Presbyter als Priester und die Diakone als Leviten vorgestellt wurden. Das hatte sowohl eine noch stärkere hierarchische Abstufung von Bischof, Presbytern und Diakonen zur Folge – zumal nunmehr nur der Bischof das Recht zur Ordination besaß – als auch eine noch klarere Scheidung zwischen Amtsträgern bzw. Kultbeamten (Klerus) auf der einen und dem Kirchenvolk (Laien) auf der anderen Seite (Ausführungen dazu bei Tertullian und Hippolyt im 3. Jh.). Beide Erscheinungen hatten sich als Tendenz schon vom Beginn des 2. Jh. an feststellen lassen. Freilich war am Ende des Jahrhunderts noch nicht alles verfestigt, wenn auch die Grundentscheidungen für die großkirchliche Entwicklung gefallen waren.

Solche *Gemeindeordnungen* liegen in den Pastoralbriefen vor und vor allem in der Didache, die als die älteste „Kirchenordnung" der Christenheit gilt (zu den Einzelheiten s. Kap. 3,3). Über hundert Jahre jünger ist die Kirchenordnung Hippolyts, die „Traditio apostolica", in der genaue Festlegungen für die abgestuften Ämtergruppen der Bischöfe, Presbyter und Diakone, der Confessoren (die ihres Glaubens wegen Gefängnis oder eine andere Bestrafung erduldet hatten), Witwen, Lektoren, Jungfrauen, Subdiakone und Heilkundigen und schließlich der Laien sowie Einzelheiten über den Ablauf der Taufhandlung (s. Kap. 5,3) der Eucharistiefeier und vieles andere mehr über das kirchliche Leben enthalten sind.[2]

Auch bei den *christlichen Gnostikern* bzw. gnostischen Christen und den *Montanisten* stand man vor der Notwendigkeit, bestimmte Aufgaben in den Gemeinden wahrzunehmen und einzelnen Personen Funktionen zuzuweisen. Insofern gab es auch bei ihnen *„Ämter"*, die aber mehr den Charakter charismatischer Dienste im paulinischen Sinne hatten. Das trifft vor allem auf die montanistische Bewegung zu, die in ihrer späteren Phase auch Bischöfe, Presbyter und Diakone kannte (vgl. Kap. 6,B3). Die christlichen Gnostiker lehnten zwar zumeist die Ämter nicht ab, wollten sie jedoch nicht im kirchlich-hierarchischen Sinne verstanden wissen. Sie verwarfen vor allem die

2 Siehe *G. Haendler*, Von Tertullian bis zu Ambrosius, 45f.

an den monarchischen Episkopat gebundene Schriftauslegung (vgl. Kap. 6,B1) und distanzierten sich nachdrücklich von der Ämterkirche als Heilsinstitution (zur Kritik an den kirchlichen Ämtern s. in der Apokalypse des Petrus NHC VII,3 p.79,21–30). Im Gegensatz zur Großkirche als einer der Welt verhafteten und den Gesetzen des Demiurgen verfallenen „Nachahme-Kirche" hielten sich die Gnostiker für die wahre „Bruderschaft" (so ApcPt p.78,31ff.; 2LogSeth NHC VII,2 p. 60,15ff.). Der leidenschaftliche Protest gegen eine dogmatisch und strukturell sich verfestigende, der Welt verfallende und dem Wehen des Geistes sich immer mehr entziehende Ämter- und Kult-Kirche war den christlichen Gnostikern und der montanistischen Bewegung gemeinsam. Gegen diese Kirche hielten sie die kontinuierliche Offenbarung des göttlichen Wortes, das freie Walten des Geistes und die Gleichheit aller Gläubigen hoch, bis auch diese Bewegungen sich organisatorisch und dogmatisch verfestigten.

Eine interessante Darstellung über die Gleichheit und das „Priestertum aller Gläubigen" bei den „Häretikern" liefert Tertullian in seiner Schrift „De praescriptione haereticorum", wo er in Kap. 41 abschließend über das „Rotationsprinzip" schreibt: „Und so ist denn heute der eine Bischof, morgen der andere, heute ist jemand Diakon und morgen Lektor, heute einer Priester und morgen Laie. Denn sie tragen die priesterlichen Verrichtungen auch Laien auf." Die Gleichberechtigung und Gleichgewichtigkeit der Charismata der einzelnen Gemeindeglieder wird von der gnostischen Originalschrift „Die Interpretation der Gnosis" (NHC XI,1) bestätigt.

Den Ausführungen Tertullians ist zu entnehmen, daß auch *die Frauen* in den Gemeinden der von ihm bekämpften Ketzer eine wichtige Rolle spielten. Welche große Bedeutung sie als Prophetinnen und auch in anderen Funktionen bei den Montanisten hatten, ist bekannt (vgl. Kap. 6,B3). Gelegentlich nahmen Frauen in den verketzerten Gemeinschaften auch priesterliche Aufgaben wahr (vgl. Irenäus 1,13,2 und Tertullian, De praescr. haer. 41,5). Doch nicht nur in den von der Großkirche bekämpften Bewegungen waren Frauen aktiv und nahmen einen beachtlichen Platz im Gemeindeleben ein, sondern auch im Ur- und Frühchristentum als ganzem. Das gilt bereits für die im Neuen Testament zahlreich erwähnten Frauen.
Besonders in den *Hausgemeinden* bzw. Hauskirchen nahmen Frauen eine hervorragende Stellung ein, was sowohl ihre soziale und katechetisch-missionarische Wirksamkeit als auch ihre Mitwirkung an den Gottesdiensten betrifft. Oft gingen sie in ihrem Eifer für die Sache der christlichen Botschaft den Männern voran (wie es Justin in seiner 2. Apologie beschreibt) und erlitten in Zeiten der Verfolgung nicht selten das Martyrium (unter ihnen Perpetua und Felicitas in Karthago und die Sklavin Blandina in Lyon).
Die um die Wende vom 1. zum 2. Jh. allmählich einsetzende Zurückdrängung und Zurücksetzung der Frauen in der christlichen Gemeinde (vgl. 1Tim 2,11ff.) ist somit eine deutliche Abkehr von der urchristlichen Tradition und Praxis (1Kor 14,34f. ist eine spätere Einfügung!). Sie hatte ihre Parallele im Frühjudentum und wurde durch den sukzessiven Übergang der Gottesdienste und des Gemeindelebens aus dem privaten in den öffentlichen Bereich gefördert. Doch ist sie nicht zuletzt durch den Kampf der Kirche gegen die montanistische und gnostische Bewegung und die Hochschätzung der Frau bei vielen „Häretikern" forciert worden. Die Folge war eine nur von Männern bestimmte kirchliche Hierarchie und Priesterschaft. Tertullian erlaubte es den Frauen nicht, Funktionen in der Kirche auszuüben, die den Männern vorbehalten wa-

ren, vor allem nicht das Priesteramt. Doch gestand er ihnen (noch bevor er Montanist wurde) wenigstens ein prophetisches Wirken zu. Nach 200 ist in der Gemeindeordnung Hippolyts auch die Trennung der Geschlechter im Gottesdienst sanktioniert worden.

Besonders hinzuweisen ist noch auf die Rolle der *Sklaven* in den christlichen Gemeinden, deren Anzahl zunächst gering war. Vom Ende des 1. Jh. an wuchs aber die Zahl der Christen unter den Sklaven und damit ihre Bedeutung immer stärker an. Bald gehörten sie zu denen, die die christliche Botschaft in den Häusern ihrer Herrschaften und in den Werkstätten besonders eifrig verkündeten, was bei den Gegnern des Christentums wie z.B. Celsus eine nicht geringe Sorge über den Bestand der gesellschaftlichen Ordnung auslöste. Die Christengemeinden gewannen damit eine neue soziale Schicht hinzu, deren besondere Probleme sie in zunehmendem Maße beschäftigten. Ihre Sorge für die christlichen Sklaven äußerte sich nicht nur im gelegentlichen Freikauf derselben (den Ignatius in seinem Brief an Polykarp [Kap. 4,3] allerdings mißbilligt), sondern auch in der wachsenden Einsicht in das Unrecht der Sklaverei. Jedoch ging man über eine Respektierung der geltenden gesellschaftlichen Ordnung einerseits und die theologische Gleichstellung von Herren und Sklaven unter dem einen Gott andererseits (vgl. 1Kor 7,20ff.) kaum hinaus. Das „Dienen" wurde vielmehr christlich legitimiert. Immerhin hat man das Martyrium der Sklaven besonders gewürdigt und es als Empfehlung für kirchliche Ämter verstanden (z. B. in Hippolyts Kirchenordnung). Solche Ämter haben Sklaven wie Freigelassene von der frühesten Zeit an innegehabt. Möglicherweise kamen im 2. Jh. auch einige Bischöfe aus dem Sklavenstand.

Aufs Ganze gesehen, war in den Christengemeinden am Ende des 2. Jh. in organisatorischer Hinsicht noch längst nicht alles verfestigt. Es gab noch mancherlei Spielraum. Aber die Entwicklungstendenz in Richtung einer straff organisierten kirchlichen Hierarchie unter Ausschluß aller nonkonformistischen Gruppen war klar vorgezeichnet und dieser Prozeß auch schon voll im Gange.

3. Gottesdienst und Gemeindefrömmigkeit

Da es im 2. Jh. weder eine übergemeindliche Organisation des Christentums gab noch eine einheitliche Gottesdienstordnung und Frömmigkeitspraxis, sind die regionalen und örtlichen Verhältnisse nicht auf einen Nenner zu bringen. Dennoch sind in der Kontinuität mit den Frömmigkeitsäußerungen der Gemeinden im 1. Jh. Gemeinsamkeiten und gleichartige Tendenzen in den Berichten über gottesdienstliche bzw. kultische Formen und Feiern östlicher (Didache) und westlicher (Justin/Rom) Provenienz zu entdecken, die während der Entwicklung dann im 2. Jh. zusammenlaufen.

Schon im ältesten Christentum kamen die Gläubigen am „ersten Tag der Woche" in den Privathäusern bzw. „Hauskirchen" zusammen (vgl. 1Kor 16,2; Apg 20,7), um am „Tage des Herrn" nach dem Sündenbekenntnis „das Brot zu brechen" (Didache 14,1; vgl. 4,14). Nach der Didache handelte es sich zunächst um *Agapen*, d. h., am Beginn der gottesdienstlichen Zusammenkunft stand das „Liebesmahl". Die Gebete in Didache (Kap. 9 und 10) sind vermutlich Tischgebete für derartige Sättigungsmahle, die zugleich als Armenspeisung eine soziale Funktion hatten. Diese Mahlzeiten wurden mit dem Kelchspruch (!) eröffnet: „Wir danken dir, unser Vater, für den heiligen Weinstock Davids, deines Knechtes, den du uns zu erkennen gabst durch Jesus, deinen Knecht; dir sei Ehre in Ewigkeit!" (Did 9,2.) Daran schloß sich der Brotspruch an:

„Wir danken dir, unser Vater, für das Leben und die Erkenntnis, die du uns zu erkennen gabst durch Jesus, deinen Knecht; dir sei Ehre in Ewigkeit./ Wie dieses gebrochene Brot zerstreut war auf den Bergen und zusammengebracht eins wurde, so möge deine Gemeinde *(ekklēsia)* von den Enden der Erde zusammengebracht werden in dein Reich. Denn dein ist die Herrlichkeit und die Macht durch Jesus Christus in Ewigkeit“ (Did 9,3–4). Vers 5 bezieht sich (wahrscheinlich) schon auf die anschließende *Eucharistie*, an der nur der getaufte Kern der Gemeinde, aber nicht mehr die Katechumenen teilnehmen durften: „Niemand soll essen oder trinken von eurem Mahl *(eucharistia)* außer denen, die getauft sind auf den Namen des Herrn. Denn auch hierüber hat der Herr gesagt: Ihr sollt das Heilige nicht den Hunden geben.“ Anschließend wird ein Dankgebet für „Speise und Trank“ mitgeteilt (10,1ff.: „Wenn ihr aber gesättigt seid, sollt ihr also danken: . . .“). Der Hinweis auf die vom Vater gegebene „*geistige* Speise“ und den „*geistigen* Trank“ (10,3; vgl. 1Kor 10,3f.) sowie das Ende dieses Gebetes leiten schon über zur folgenden Eucharistie. Dabei wird das Moment des „Heiligseins“ – also nicht der Taufe – als Vorbedingung für die Teilnahme an der Eucharistie betont: „Ist einer heilig, soll er kommen; ist er es nicht, soll er Buße tun. Maran atha! Amen“ (10,6; vgl. 14,2 u. 1Kor 16,22;10,1–5). Die Agapen im Sinne der die Gemeinde in der Liebe des Herrn vereinigenden Sättigungsmahlzeiten wurden nicht nur am Sonntag, sondern auch an den Wochentagen gehalten.

Die schon bei Paulus (1Kor 11) und in der Didache auffallende Abhebung der Eucharistie vom Liebesmahl führte schließlich zur endgültigen Trennung beider und zu einer immer stärkeren Betonung der *Eucharistie als sakramentales Geschehen* – wie es dann bei *Justin* zu beobachten ist. In der ersten Apologie wird in den Kap. 65 bis 67 sowohl von einer Eucharistiefeier (an einem Wochentag) als auch von einer Mahlfeier im Rahmen des sonntäglichen Gottesdienstes berichtet.

Die zuerst genannte Feier (Kap. 65) findet *nach der Taufe* statt. Vor allem diese Verbindung von Taufe und Eucharistie gilt es zu beachten. „Nach der Taufe führen wir den, der glaubt und sich unserer Lehre angeschlossen hat, zu denen, die wir als Brüder bezeichnen. Wir wollen gemeinsam für uns, für den Getauften und für alle an allen Orten inständig beten. Wir haben die Wahrheit gelernt und wollen nun auch würdig erfunden werden, durch unsere Taten ein gutes Leben zu führen und die Gebote treu zu bewahren. So wollen wir das ewige Heil erlangen. Wir begrüßen uns gegenseitig mit einem Kuß, nachdem wir das Gebet beendet haben. – Danach wird dem Vorsteher der Brüder Brot und ein Becher Wasser (!) und Wein gereicht. Nachdem dieser es empfangen hat, schickt er Lob und Preis zum Vater des Alls durch den Namen des Sohnes und des Heiligen Geistes empor und spricht eine ausführliche Danksagung dafür aus, daß wir dieser Gaben von ihm gewürdigt worden sind. Wenn er mit den Gebeten und der Danksagung zu Ende ist, bekundet alles anwesende Volk seine Zustimmung und sagt Amen. Amen bedeutet aber in der hebräischen Sprache soviel wie ‚es geschehe!‘. Nachdem nun der Vorsteher die Danksagung beendet und das ganze Volk zugestimmt hat, teilen die, die bei uns Diakone genannt werden, jedem der Anwesenden Brot und Wein und Wasser, die durch die Danksagung geweiht sind, aus und bringen es auch denen, die abwesend sind“ (letzteres ist die älteste Belegstelle für die Apophoreta).

Beachtenswert unter den aufgezählten Riten sind der Bruderkuß am Beginn der eucharistischen Mahlgemeinschaft, durch den auch der soeben Getaufte in den Kreis der des Mahles Würdigen aufgenommen wurde (das zeigt den Charakter der Taufe als Aufnahmeritus), und die Austeilung von geweihtem Brot, Wein und Wasser an die Anwesenden sowie die Überbringung derselben, also auch des geheiligten Wassers, an die Zuhausegebliebenen.

Wie Justin das eucharistische Mahl verstanden wissen will, führt er in Kap. 66 aus, wo er anfangs drei Bedingungen für die Teilnahme an der Eucharistie nennt: Teilnehmen darf, „wer unsere Lehren für wahr hält und das Bad für die Vergebung der Sünden und zur Wiedergeburt empfangen hat und wer so lebt, wie Christus es gewiesen hat". Dann fährt Justin fort: „Denn nicht wie ein gewöhnliches Brot und nicht wie ein gewöhnliches Getränk (!) nehmen wir es, sondern: wie Jesus Christus, unser Heiland, der durch Gottes Wort (logos) Fleisch wurde, um unseres Heils willen Fleisch und Blut hatte, so ist auch nach unserer Lehre die Speise, für die wir mit seinem Gebetswort Dank sagen, durch die unser Blut und Fleisch durch Umwandlung (!) genährt werden, Fleisch und Blut des fleischgewordenen Jesus." Anschließend betont Justin die apostolische Tradition der Deuteworte. Die Apostel haben nämlich folgende Weisung empfangen: „Jesus, nachdem er das Brot genommen, habe mit Danksagung gesprochen: solches tut zu meinem Gedächtnis, das ist mein Leib; und nachdem er den Becher genommen, habe er ebenso mit Danksagung gesprochen: das ist mein Blut. Und nur ihnen habe er es mitgeteilt" (vgl. 1Kor 11,23–25; zur Verbindung der Eucharistie mit dem Leiden Christi s. Justin, Dialog 41,1–3).

Das sakramentale Verständnis der Eucharistie durch Justin ist mit seinem Taufverständnis sehr eng verbunden. Die Taufeucharistie zeigt, daß er beides aufeinander bezogen hat. Bemerkenswert ist, daß bei dieser Taufeucharistie keine Schriftlesung und Predigt erwähnt wird – wie sie im Sonntagsgottesdienst nach Justins Bericht bereits üblich waren. Neben der Eucharistie gab es auch weiterhin die *Agapen*, die als mehr zwanglose Gemeindezusammenkünfte mit einer gemeinsamen Mahlzeit, Gesang, Bibellese und Gespräch vor allem der Gemeinschaftsbildung und sozialen Zwecken dienten.

Der Gottesdienst am „Sonntag", dem Tag der Welterschaffung und der Auferstehung Jesu Christi (vgl. Barnabasbrief 15,9) bestand nach Justins erster Apologie (Kap. 67) im *ersten Teil* aus der regelmäßigen und kontinuierlichen Verlesung von „Kommentaren der Apostel [d. h. der Evangelien] oder (bzw. und) Schriften der Propheten" (des Alten Testaments) durch einen Vorleser, „soweit die Zeit reicht" (vgl. 1Tim 4,13). Darauf folgte als *zweiter Teil* eine „Ansprache" des Vorstehers, der die Gemeinde zur Nachahmung der gehörten guten Beispiele ermahnte (Predigt, Homilie, häufig vorgelesen). Nach gemeinsamen Gebeten im Stehen wurde in einem *dritten Teil* des Gottesdienstes „Brot und Wein und Wasser herzugebracht, und der Vorsteher schickt Gebete ebenso wie Danksagungen *(eucharistia)*, soviel er kann [d. h. also freie Gebete!], und das Volk *(laos)* stimmt feierlich zu und sagt ‚Amen'". Darauf erfolgt die Austeilung des Mahles, wovon den Abwesenden durch die Diakone geschickt wurde (vgl. Kap. 65). Diese Art der sonntäglichen Eucharistiefeier ähnelt in ihrer noch relativ freien Gestaltung mehr den Agapen als der rituell und theologisch bereits durchgestalteten Taufeucharistie. Die erste Apologie (Kap. 67) erwähnt noch die freiwilligen Gaben bzw. Spenden, die beim Vorsteher hinterlegt und Waisen und Witwen, Kranken, Gefangenen und Zugereisten zugute kommen sollten.

Soweit Vorstellungen eines *Opfers* auftauchten, bezogen sie sich zunächst auf die Gebete als spiritualisierte Opfer, wie das auch aus dem nichtchristlichen Bereich bekannt ist (z. B. aus dem Corpus Hermeticum), speziell auf die Gebete bei der Eucharistie.

So ist wahrscheinlich nicht nur der „erste Klemensbrief" (44,4), sondern auch Didache 14,1–3 zu verstehen: „Am Tage des Herrn versammelt euch, brecht das Brot und dankt *(eucharistēsate)*, nachdem ihr vorher eure Übertretungen (Sünden) bekannt habt, auf daß euer *Opfer (thysia) rein* sei! . . ." (In Vers 3 wird zum erstenmal die Opferdarbringung als Erfüllung von Maleachi 1,11.14 verstanden.) Doch ist hier schon die Vorstellung von der Darbringung von Brot und

Wein in der Eucharistie als Opfer möglich (vgl. so auch Justins Dialog 117,1 mit 41,3; in 116,3 heißt es, daß Gott nur durch seine Priester Opfer annimmt!).

Bei *Irenäus* werden dann Brot und Kelch (Leib und Blut) als die von Christus zu „Opfergaben des Neuen Bundes" gemachten Gaben bezeichnet (4,17,5). Wenn das von der Erde stammende Brot die Anrufung Gottes empfängt, ist es nicht mehr gewöhnliches Brot, sondern Eucharistie, die aus zwei Elementen, einem irdischen und einem himmlischen, besteht. Dementsprechend gehören unsere Leiber, wenn sie an der Eucharistie teilhaben, nicht mehr der Vergänglichkeit an, sondern haben die Auferstehungshoffnung (4,18,5). Zu Beginn des 2. Jh. hatte schon *Ignatius* das gebrochene Brot als „ein Heilmittel zur Unsterblichkeit *(pharmakon athanasias)*, ein Gegengift *(antidotos)* des Nichtsterbens, sondern des Lebens in Jesus Christus" bezeichnet (Brief an die Epheser 20,2; vgl. den Brief an die Smyrnäer 7,1: die Eucharistie ist das Fleisch unseres Erlösers Jesus Christus, der für unsere Sünden gelitten hat ...). Bei Ignatius war auch schon der Bischof für die rechtmäßige Ausrichtung der Eucharistie zuständig. Die spätere Verbindung von Priestertum, Opfergedanken (bei Hippolyt ist die Darbringung von Brot und Kelch „die Opfergabe der heiligen Kirche"!), Wandlungsvorstellung und realistischem Verständnis der Elemente des Mahles (neben dem es auch das symbolische gab) führte schließlich zur altkatholischen Abendmahlslehre.

Anweisungen über den rechten Vollzug der *Taufe* finden sich in der *Didache*, Kap. 7: „Was die Taufe anbelangt, so tauft folgendermaßen: Wenn ihr das alles zuvor gesagt habt (zum Taufunterricht s. u.), tauft auf den Namen des Vaters und des Sohnes und des heiligen Geistes in fließendem Wasser" (7,1). Ist kein fließendes Wasser vorhanden, darf in einem „anderen Wasser", also in einem stehenden Gewässer oder mit Regenwasser, getauft werden. Wenn wegen des Täuflings kein kaltes Wasser verwendet werden kann, ist auch warmes Wasser erlaubt (7,2). Notfalls darf die Besprengungstaufe angewendet werden, wobei auf den Kopf des Täuflings dreimal Wasser zu gießen ist „auf den Namen des Vaters und des Sohnes und des heiligen Geistes" (7,3). Vor der Taufe soll der Taufende (nur von ihm ist die Rede, nicht von einem Amtsträger) sowie der Täufling (dieser ein oder zwei Tage vorher) und auch andere Gemeindemitglieder, die dazu in der Lage sind, fasten (7,4; vgl. 6,3: Erfüllung von Speisegesetzen; Enthaltung von Götzenopferfleisch). Das, was „zuvor gesagt" werden soll, enthalten die Kap. 1–6 der Didache (Zwei-Wege-Lehre: ethisch-paränetische Forderungen = „Taufkatechismus"). Das weist auf den Unterricht für die Katechumenen, von dem expressis verbis bei Justin die Rede ist (ebenso in 2. Clem 17,1).
Justin berichtet über die *Taufe*, die auch bei ihm eine Namenstaufe (Onomataufe) ist, im 61. Kapitel seiner Apologie. Danach sind diejenigen, die das von den christlichen Lehrern im Katechumenenunterricht Gesagte glauben und den ethischen Forderungen gemäß leben wollen, zum Gebet anzuhalten. Als Fastende sollen sie von Gott die Vergebung ihrer Sünden erflehen, während Gemeindeglieder mit ihnen zusammen fasten und beten (vgl. Didache 7,4). „Danach werden sie von uns dorthin geführt, wo Wasser ist, und erlangen durch dieselbe Weise eine *Wiedergeburt*, durch die auch wir selbst wiedergeboren wurden. Denn sie vollziehen nun das Wasserbad auf den Namen des Vaters aller und Herrn, Gottes – und unseres Erlösers Jesu Christi und des heiligen Geistes ..." Dieses „Bad der Wiedergeburt" wird *„Erleuchtung" (photismos)* genannt (vgl. Tit 3,5: „das Bad der Wiedergeburt", und Eph 5,26: „das Wasserbad im Wort").
Gedanken zur *Heilsbedeutung der Taufe* finden sich auch bei Ignatius, im Barnabasbrief und im Hirten des Hermas. Im Barnabasbrief wird der Zusammenhang von Taufe und Kreuz Christi hervorgehoben, auf den schon Ignatius hingewiesen hatte. Durch Christi Leiden und Kreuz bringt die Taufe den Christusgläubigen die *Vergebung der Sünden* (s. Barn, Kap. 11, u. oben Justin). Als „Siegel des Gottessohnes" wird die Taufe im Hirten des Hermas bezeichnet. Der

Mensch ist so lange tot, wie er nicht den Namen des Gottessohnes trägt und das Siegel erhalten hat. Als Toter steigt er in das Wasser und taucht als Lebendiger wieder herauf (s. Gleichnis 9, Kap. 16 u. ö.; vgl. 2. Clem 7,6; 8,6).

Getauft wurden nach wie vor fast ausschließlich Erwachsene, obwohl gelegentlich schon von einer Kindertaufe die Rede ist (so bei Aristides). Eine Säuglingstaufe wird erstmalig um 200 von Tertullian erwähnt, der sie aber noch ablehnt (De Baptismo 18,5). An der Wende vom 2. zum 3. Jh. gab es bereits (zumindest in Rom) eine umfängliche Ordnung des Taufvorganges, ein Taufformular mit diversen Riten. Ein solches liegt unter Rückgriff auf schon ältere römische Traditionen in der Kirchenordnung Hippolyts zu Beginn des 3. Jh. vor (vgl. Kap. 5,2). Danach ging dem Taufbad (dreimaliges Untertauchen) die Abrenuntiation (Absage an den Teufel), eine exorzistische Ölsalbung und das (dreiteilige) Tauf- bzw. Glaubensbekenntnis voraus. Ihm folgen weitere rituelle Handlungen wie Salbung, Handauflegung, Bekreuzigung u. a. Bei den genannten gottesdienstlichen Feiern tauchten bereits Elemente auf, die auch in der privaten Frömmigkeit der Gemeindeglieder eine Rolle spielten, nämlich das *Beten*, *Fasten* und *Almosenspenden*.

Nach Didache 8,1 sollte – im Gegensatz zur jüdischen Praxis – am Mittwoch und Freitag *gefastet* werden (so jedenfalls im östlichen Bereich der Didache). Nach Didache 1,3 sollte auch für die Verfolger gefastet werden, was mit dem Gebot der Feindesliebe gekoppelt wird. Über das „wahre Fasten", nämlich Gottes Gebote zu halten, belehrt das 5. Gleichnis des Hirten des Hermas, wo zu Beginn von Kap. 1 das „Stationsfasten" erwähnt wird (statio: auf der Wacht sein zum Empfang des wiederkommenden Christus). Das *Gebet* des Herrn (Vaterunser) ist dreimal am Tage zu beten (8,3). Nach Didache 1,6 ist das *Almosen* nur an wirklich Bedürftige zu verteilen; doch soll man gern und reichlich geben (4,5–8; Vers 6: „Wenn du etwas in deinen Händen hast, gib es *als Lösemittel für deine Sünden*"!). In diesem Sinne äußert sich auch der Barnabasbrief (19,9ff.). Typisch für die Art der von den Gemeindegliedern erwarteten und geforderten Frömmigkeitshaltung ist der Satz: „Übertritt nicht die Gebote des Herrn; bewahre, was du empfangen hast; tue nichts hinzu, und nimm nichts davon weg" (Didache 4,13). In der Gemeinde soll der einzelne seine Übertretungen bekennen. Das nennt die Didache den „Weg des Lebens" (4,14; vgl. 1. Clem 2,8; 58,2: die von Gott gegebenen Satzungen und Gebote halten; Barn 21,1: „Die Satzungen des Herrn" kennenlernen und in diesen wandeln; vgl. in diesem Sinne auch 21,5 u. ö.).

Als Ideal wird somit ein möglichst sündloses Leben der Gläubigen angesehen. Dahinter steht nicht nur der Gedanke, daß der einzelne seines Heils verlustig gehen könnte. Es geht auch darum, daß nicht etwa die Gemeinde als ganze ihr Ziel durch Ungehorsam gegenüber den Satzungen (Geboten) Gottes verfehlt. Insofern ist, worauf C. Andresen hinweist, die frühchristliche „Observanzfrömmigkeit" und „Werkfrömmigkeit" (vgl. Hermas, Gleichnisse 5,3) ekklesiologisch verankert. Dementsprechend sind auch die Bußvorstellungen und Zuchtmaßnahmen zu verstehen: nicht nur das Heil des einzelnen ist gefährdet, sondern das der ganzen Gemeinde. Diese ekklesiologische Verankerung gilt auch für den Hirten des Hermas (vgl. Kap. 3,3), dessen Bußvorstellungen schon das großkirchliche „Bußinstitut" vorbereiten halfen. Zu den Zuchtmaßnahmen gehörten die „Vermahnungen", „Zurechtweisungen" und der Ausschluß des Unbußfertigen von der Eucharistie (vgl. Didache 14,1–3). Entsprechende Maßnahmen galten den „Häretikern". Der Ausschluß Marcions aus der Gemeinde ist ein prominentes Beispiel für die Exkommunikation eines „Häretikers". Allerdings dürfte sich die Gemeindezucht als weniger wirksam erwiesen haben als entsprechende Maßnahmen des Bischofs, auf den allmählich die Disziplinargewalt ganz überging. Ein einheitliches Bußwesen gab es im 2. Jh. noch nicht.

Als Feste wurden das *Passafest* gefeiert, von dessen Ablauf die Passahomilie des Melito von Sardes (vgl. Kap. 3,4) berichtet (Abendgottesdienst mit Schriftlesung und Auslegung von Exodus 12 mit abschließender morgendlicher Agape und Eucharistie), und das *Pfingstfest* (zu den unterschiedlichen Terminen und den Streitigkeiten um den Ostertermin s. Kap. 2,2d). Die gnostischen Basilidianer in Ägypten feierten am 6. oder 10. Januar das *Fest der Taufe Christi*, woraus sich später das kirchliche Epiphaniasfest entwickelte (Clemens Alexandrinus, Stromata 1,146,1f.). Außer den Gedächtnistagen für die Toten in der Familie gab es seit der Mitte des 2. Jh. auch schon eine *Verehrung der Märtyrer*, deren Todestage als ihre eigentlichen Geburtstage begangen wurden. Die ersten Belege einer Märtyrerverehrung führen uns nach Kleinasien (Martyrium des Polykarp). Daraus ergaben sich dann der Reliquienkult und andere Äußerungen der Volksfrömmigkeit (Wallfahrten).

An der Frömmigkeitspraxis der Christen hatte vor allem die jüdische Komponente – sei es in der Rezeption, sei es als Gegenüber – einen starken Anteil, doch gewannen auch andere Faktoren (z. B. Mysterienvorstellungen) zunehmend an Einfluß.

Kapitel 6
Hauptprobleme des Christentums im zweiten Jahrhundert

A ÄUSSERE PROBLEME: DAS VERHÄLTNIS DER CHRISTEN ZUR „WELT"

1. Das Verhältnis der Christen zur „Welt" und ihre Haltung gegenüber dem (römischen) Staat

Es lag nahe, daß eine religiöse Gemeinschaft, die das baldige Ende dieses Äons und die nahe Wiederkunft ihres Herrn erwartete, sich mit den Dingen dieser Welt wenig befaßte, sondern sich von ihnen zurückzog und sich auf das kommende Gottesreich vorbereitete. Man maß daher den weltlichen Ordnungen, wie auch immer man sie bewertete, keine große Bedeutung bei. Das schloß freilich nicht aus, daß man sich über sein Verhalten gegenüber dem Staat und seinen Behörden klarwerden mußte. In dieser Frage hielt man es mit *Jesus*, der allein Gott die Ehre gegeben und sich ganz unter Gottes Willen gestellt, aber andererseits der Obrigkeit seinen Respekt nicht versagt hatte. In diesem Sinne äußerte sich auch *Paulus* über das Verhältnis des Christen zum Staat und zur staatlichen Ordnung:

Da alle Obrigkeit von Gott ist, hat sie der Christ zu respektieren (vgl. Röm 13). Das gilt grundsätzlich, solange dieser Äon noch existiert und die christliche Gemeinde in der Erwartung ihres Herrn in dieser Welt lebt. Der Realist Paulus wußte die äußere Ordnung zum Wohle des Bürgers durchaus zu schätzen: die Aufrechterhaltung des äußeren Friedens, die Ordnung des Gemeinwesens, die Besteuerung der Bürger und den Schutz des Individuums. Eine Verabsolutierung des Staates lag ihm fern. Zu dieser Haltung stehen die Empfehlungen des Apostels, sich nicht zu eng an diese Welt zu binden (vgl. seine Briefe an die Gemeinde in Korinth), keineswegs im Widerspruch.

Die positive und vom christlichen Glauben her gesehen ausgewogene Haltung des Paulus gegenüber Obrigkeit und Staat wurde für die folgenden Generationen von Christen bestimmend und charakteristisch. Der *erste Petrusbrief* nimmt diese *loyale Stellung zum Staat* auf (2,13f.17), desgleichen der *erste Clemensbrief*, wo es in einem Gebet – dem ältesten christlichen Gebet für die Obrigkeit – heißt: „Gib Eintracht und Friede uns und allen Bewohnern der Erde, wie du ihn gegeben hast unseren Vätern, die dich fromm angerufen haben in Glaube und Wahrheit, indem sie untertan waren deinem allmächtigen und hochgepriesenen Namen und unseren Herrschern auf der Erde" (60,4). Für diese Herrscher – es war die Zeit des Domitian, und der Brief berichtet von den Verfolgungen unter Nero! – wird anschließend um „Gesundheit, Friede, Eintracht und Stärke" gebetet, „damit sie verrichten die von dir gegebene Herrschaft ohne Anstoß" (61,1 [ff.], Übers. H. Ristow).

In diesem Sinne äußern sich die meisten christlichen Theologen des 2. Jh. Wann und wo immer ein Kaiser die Christen toleriert oder ihnen gar wohlgesonnen ist (vgl. Kap. 6,A2), wird es dankbar vermerkt. Sogar in Zeiten der Verfolgung bleibt diese Haltung unangetastet. Verfolgung wird als Leiden in der Nachfolge des Herrn verstanden, und es wird für die Verfolgten gebetet. Es wird nicht zum Widerstand aufge-

fordert oder gar einem Aufruhr das Wort geredet. „Betet auch für die Könige und die Machthaber und Fürsten und für die, die euch verfolgen und hassen und für die Feinde des Kreuzes“ – schreibt Polykarp an die Gemeinde in Philippi (12,3). Das gilt auch für die *Johannesapokalypse* (vgl. 13,10!), die ansonsten eine negative Haltung zum römischen Staat einnimmt (vgl. 18,4). Darin steht ihr später *Hippolyt* mit seinen antirömischen Äußerungen und seiner Aufforderung zum Widerstand gegen ungerechte Herrschaft nicht nach. Doch waren es immerhin Zeiten schwerer Konflikte und harter Verfolgung – sowohl am Ende des 1. Jh. unter Domitian als auch zu Beginn des 3. Jh. unter Septimius Severus, der sich schon zu seinen Lebzeiten als Gott verehren ließ.
Die Johannesapokalypse stellt jedoch weder zu ihrer Zeit noch danach die Generallinie christlichen Verhaltens gegenüber dem Staat dar. Denn in der Regel wußten die Christen das einheitliche Staatsgebilde des Imperium Romanum nicht nur als Verbreitungsgebiet ihres Glaubens zu schätzen, sondern auch den weithin darin obwaltenden Frieden und die geordneten Verhältnisse dieses Staatswesens. Daher lag ihnen die Wohlfahrt des Staates durchaus am Herzen. Die örtlichen Gegebenheiten waren freilich recht unterschiedlich und die Lage der Christen mehr oder weniger günstig. Aufs Ganze gesehen ist mit zu bedenken, daß sich das kirchliche Christentum in seiner Organisation parallel zu den Strukturen des römischen Staates entwickelte. Je stärker dieser Zug hervortrat, desto mehr wurde das kirchliche Christentum zum „Staat im Staate“. Die Ausbildung der kirchlichen Hierarchie, einer eigenen Gerichtsbarkeit unter bischöflicher Leitung und das beginnende Zusammenwachsen der Einzelgemeinden und kirchlichen Zentren (Provinzialsynoden!) setzte eine Entwicklung in Gang, die nicht nur Mißtrauen der Obrigkeit gegenüber der erstarkenden „Kirche“ hervorrief, sondern schließlich beide in Konflikte verwickelte. Diese wurden in voller Schärfe erst nach dem 2. Jh. ausgetragen und fanden dann im 4. Jh. ihre Lösung. Andererseits setzte die Vorstellung von dem gottgewollten Zusammenfallen von „Größe und Glanz“ des Imperium Romanum mit der Entfaltung des Christentums schon im 2. Jh. ein (Melito von Sardes), desgleichen auch der Gedanke einer „prästabilierten Harmonie zwischen den beiden monarchischen Institutionen“ Kaisertum und Kirche (Harnack) – so schon bei Melito, später bei Origenes und Euseb. Diese Vorstellungen bereiteten die „christliche Romtheologie“ (R. Klein) und das spätere Staatschristentum vor.
Das zunehmende Mißtrauen gegenüber dem Christentum bekamen bereits *die Apologeten* zu spüren, die nicht müde wurden, die Loyalität der Christen gegenüber dem Staat zu betonen, diese gegen Anschuldigungen, namentlich den Vorwurf des Atheismus, zu verteidigen und sie demgegenüber als wahrhaft fromme Menschen mit vorbildlicher Moral und somit als vorbildliche Staatsbürger zu schildern. Zugleich erinnerten sie die Herrscher an ihre Verantwortung vor Gott.

Justin betont, daß die Christen nicht ein „menschliches“ Reich, sondern Gottes Reich erwarten, und schreibt an Kaiser Antoninus Pius: „Vor allen Menschen habt ihr keine besseren Verbündeten und Helfer zum Frieden als uns ...“ „Daher beten wir zwar Gott allein an, in allen übrigen Stücken aber leisten wir Euch freudigen Gehorsam, weil wir Euch als Kaiser und Herrscher aller Menschen anerkennen. Und wir beten, daß Ihr stets nicht nur im Besitz der Kaiserherrschaft, sondern auch vernunftgemäßer Einsicht erfunden werdet ... (und) wir sind davon fest überzeugt, daß jeder Mensch nach dem Maß seines sittlichen Tuns im ewigen Feuer seine Strafe erhalten wird, wie er nach dem Ausmaß der ihm von Gott verliehenen Gabe zur Rechenschaft gezogen wird ...“ (aus 1. Apologie 12 und 17; Übers. von Kap. 17 nach H. Rahner).

Das sind bei aller Loyalität deutliche Worte an die Adresse der Herrschenden. Zum ersten Male wird jetzt auch das Wort vom „Zinsgroschen" (Mk 12,17) aufgenommen: „So gebt also dem Kaiser, was des Kaisers ist, und Gott, was Gottes ist" – doch anders als bei Jesus nunmehr mit dem Akzent auf dem ersten Teil, wie es fortan das Denken der Christen weithin bestimmen sollte (Kap. 17). Im 4. Jh., am Ende dieser Entwicklung, standen dann beide Gebote nebeneinander: das zum Gehorsam gegen den christlichen Staat und das zum Gehorsam gegen die Kirche!

Gegen Ende des 2. Jh. sind auch die Schriften des antiochenischen Bischofs *Theophilus*, des Athener Philosophen *Athenagoras* und des Bischofs *Melito von Sardes* von einer grundsätzlich loyalen Haltung gegenüber der römischen Obrigkeit geprägt. Theophilus betont, daß er den Kaiser nicht dadurch ehrt, indem er ihn anbetet – die Anbetung gebührt allein dem wahren Gott –, sondern indem er *für* den Kaiser betet. Denn der Kaiser „ist nicht Gott, sondern ein Mensch", dem Gott die Statthalterschaft anvertraut hat, damit er gerecht richte (An Autolycus 1,11). Diese Zeilen wurden zu Beginn der Regierungszeit des Commodus geschrieben, der sich selbst eine Reihe von Götternamen zulegte! Die Loyalität dieser Männer war keineswegs unkritisch, sondern den jeweiligen Umständen entsprechend differenziert und theologisch begründet wie bei Paulus, wenngleich der eschatologische Aspekt und Vorbehalt von Röm 13 immer mehr zurücktrat. Letzteres führte dazu, daß mit dem Nachlassen der Naherwartung die „Welt" als Ort einer Hinwendung zu Jesus Christus positiver verstanden wurde als vorher, d. h. weniger als „Fremde" denn zuvor. Der von Gott dafür gewährte Aufschub des Weltendes blieb für die Beurteilung der weltlichen Ordnungen, also auch des Staates, nicht ohne Wirkung (vgl. Justin, Dialog 39,2; 1. Apologie 45). Dem entspricht auch die Stellung des *Irenäus* zum Staat – in einer Zeit, da es in Lyon und Vienne zu Christenverfolgungen kam (177/178). Seine Einstellung ist zwar alles andere als prorömisch, aber auch er beurteilt Obrigkeit und Staat im Sinne von Röm 13, ohne ihnen göttlichen Rang oder absolute Vollmacht zuzubilligen. Auch er weiß die Wohltat der Pax Romana zu würdigen. Das ist bei aller Kritik an den ideologischen Grundlagen des Imperium Romanum auch die Haltung *Tertullians*, die vor seinem Übertritt zum Montanismus von prinzipieller Loyalität und Weltoffenheit geprägt ist. Bezeichnend ist das Gebet zum „wahren (und) lebendigen Gott" „für das Wohl der Kaiser", „um langes Leben, um gesicherte Herrschaft, um Sicherheit ihres Hauses, um ein tapferes Heer, um einen zuverlässigen Senat, um ein tüchtiges Volk, um Frieden in aller Welt, um alles, was die Menschen und der Kaiser wünschen" (Apologeticum 30).[1] Auf der anderen Seite hat sich Tertullian mit der *Problematik des Kaiserkults* für die Christen besonders befaßt und diesen als „übersteigerten Personenkult" (G. Haendler) abgelehnt. Auch der Kaiser sei nur ein sterblicher Mensch und stehe wie alle anderen Menschen *unter* Gott.

Es war vor allem der Kaiserkult, an dem die Loyalität der Christen an ihre Grenzen stieß. Denn die göttliche Verehrung der verstorbenen und dann auch der noch lebenden Kaiser und das damit verbundene Opfer konnten die Christen nicht mitvollziehen.

Dazu waren die Christen im allgemeinen auch nicht verpflichtet, sondern nur höhergestellte Personen und Berufsgruppen, wie Beamte sowie Offiziere und Soldaten, unter denen Christen

---

1 Zitiert und ausgeführt bei *G. Haendler*, Von Tertullian bis zu Ambrosius, 26ff.

anfangs nur vereinzelt zu finden waren. Aber hier und da wurden Christen schon im ausgehenden ersten Jahrhundert und von da an immer häufiger zu dieser Handlung genötigt, um sie dabei als Christusanhänger bloßzustellen und daraufhin zu verurteilen (vgl. Kap. 6,A2). In solchen Fällen war dann auch de facto die Loyalität der Christen provoziert und ein Konflikt mit den Behörden unausweichlich, denn wo die Einzigartigkeit ihres Herrn Jesus Christus in Frage gestellt wurde, sahen die Christen den status confessionis gegeben. Darin waren sich Christen aller Richtungen einig, wenn sie auch in entsprechenden Situationen auf unterschiedliche Weise reagierten.

Nach Auskunft der Quellen brachten also die Christen von Anfang an in ihrer Mehrheit der Obrigkeit Loyalität entgegen und bemühten sich, die staatliche Ordnung und die geltenden Gesetze einzuhalten. Sie wollten trotz ihres ambivalenten Verhältnisses zur „Welt" gute Staatsbürger sein. In dieser Haltung ließen sie sich in der Regel auch in Zeiten der Verfolgung nicht beirren. Die meisten Christen bekannten sich zu ihrem Glauben, aber sie drängten sich nicht zum Martyrium, und sie wurden in ihrer Bedrängnis nicht zu Staatsgegnern. Allerdings fielen in Zeiten der Verfolgung etliche auch von ihrem Glauben ab. Eine volle Identifikation mit dem „heidnischen" Staat konnten jedoch die Christen wegen des Selbstverständnisses des römischen Staates nicht vollziehen, zumal dieser sie durch die Nötigung zum Opfer beim Kaiserkult und für die traditionellen Götter in Gewissenskonflikte brachte.
Es gab freilich auch beachtliche christliche Gruppen, die diese relative Weltoffenheit nicht teilten, vor allem die Montanisten und Gnostiker. Für sie war eine weltverneinende und weltflüchtige Daseinshaltung charakteristisch. Sie lebten entweder in einer enthusiastischen Erwartung des nahen Weltendes – so die Montanisten – oder in einer Haltung, die alles Irdische und Materielle zur Finsterniswelt rechnete und die gesamte Menschheitsgeschichte auf ein Fehlverhalten niederer Himmelswesen zurückführte (womit der desolate Zustand dieser Welt hinreichend erklärt schien) – wie die meisten Gnostiker. Solche Vorstellungen schlossen aber eine Zuwendung zur Welt aus und versperrten den Zugang zu den gegebenen gesellschaftlichen Instanzen, Strukturen und Erfordernissen. Die Mehrheit des kirchlichen Christentums dagegen sah die Welt je länger, desto weniger nur als die „Fremde" an, sondern ging immer mehr in die Welt ein, bis es schließlich selbst die Nachfolge der antiken Mächte antrat.

2. *Die Haltung der römischen Kaiser und Behörden und der Bevölkerung gegenüber den Christen*
Christenverfolgungen im Römischen Reich

Es waren in erster Linie nicht die römischen Kaiser – von einigen Ausnahmen abgesehen –, von denen Christenverfolgungen ausgingen, und auch nicht die Behörden, sondern in sehr vielen Fällen die aufgebrachte oder aufgewiegelte Bevölkerung. Mehrfach führten im 2. Jh. Volkstumulte zur Verfolgung einzelner Christen oder ganzer christlicher Gruppen. Der Grund dafür war ein weithin verbreiteter *Haß gegen die Christen*, der in der Andersartigkeit des christlichen Glaubens und der daraus sich ergebenden Daseinshaltung und Lebensgestaltung wurzelte. An vielem, was *römischen Brauch* (mos) ausmachte, nahmen die Christen nicht teil. Sie beteiligten sich nicht an Volksfesten, Spielen und Zirkusveranstaltungen, Tierhetzen und Gladiatorenkämpfen, hielten sich von Gastmählern zurück und vom Würfelspiel und anderen „Lustbarkeiten" fern, desgleichen von Festivitäten zu Ehren der Götter und des Kaisers, sie wahrten generell zu allem „Weltlichen“ eine angemessene Distanz, obwohl sie ihren Berufen nachgingen und einen tadellosen Lebenswandel zu führen trachteten, und sie hatten ihre Besonderheiten im kultischen Bereich (u. a. die Arkandisziplin). Gerade hier kam es aber zu Verdächtigungen und Vorwürfen, wozu die des Ritualmordes (an Kindern) und des Essens von Menschenfleisch beim Abendmahl (thyesteisches Verbrechen) oder der Blutschande, des ödipodeischen Inzestvergehens und der Promiskuität zählten. Vieles war den Zeitgenossen am christlichen Kultus fremd und verdächtig. Auch fürchteten manche Berufsgruppen um ihr Geschäft, so die Hersteller von Götterbildern und religiöser Gebrauchsware. Die Christen aßen auch kein Götzenopferfleisch, was hier und da den Absatz beeinträchtigte. So wurde den Christen Dummheit und Zauberei, Geheimbündelei und Verschwörung, Verachtung und Zersetzung der Volksgemeinschaft und anderes mehr und pauschal die Verletzung römischer Sitten (mos Romanus) vorgeworfen. „So erschien ihre Haltung als eine hinterhältige und verantwortungslose Durchbrechung der menschlichen Gemeinschaft, als eine Sabotage der großen und gemeinsamen Aufgaben.“[2] Daher nimmt es nicht wunder, daß man auch ihnen „Haß gegen das Menschengeschlecht“ (odium humani generis, Tacitus, Annalen 15,44) vorwarf und sie die Bevölkerung weithin gegen sich hatten.

Hinzu kommt der *Vorwurf der Gottlosigkeit*, des Atheismus, da die Christen die das Gemeinwohl und den Staat erhaltenden und die römische Tradition garantierenden Götter nicht verehrten, ihnen keine Opfer darbrachten – und also mißachteten. Sie betrieben ja einen bilderlosen Kult, der den Römern fremd war. Auch stellte ihr Glaube keine Verbindung mit dem römischen Volkstum und Staat her, war aber andererseits als Religion einer sich als „neues Volk“ (tertium genus) verstehenden Gruppe den Römern verdächtig. Zudem galt das Christentum als „Sklavenreligion“ und schlechthin als Aberglaube. Mit alledem war schließlich der *Kaiserkult* verbunden, der zunächst gar nicht als Religion bzw. Religionsersatz verstanden worden war, sondern ebenso wie das Opfer für die Staatsgötter als staatserhaltender Ritus. Aber faktisch handelte es sich doch um eine Verquickung von Religion und Staat. Wo man Christen zwang, an diesem Opfer teilzunehmen oder beim Genius des Kaisers zu schwören, war der Konfliktfall gegeben. Ob die Behörden eine Teilnahme von Christen an Staatskult und Kaiseropfer aus Gründen der Loyalitätsprüfung anordneten oder um einfach ihre Zugehörigkeit zur Christengemeinde festzustellen, blieb sich gleich. Der Tatbestand des Majestätsverbrechens (crimen laesae maiestatis) bei einer Verweigerung war in jedem Falle gegeben, falls der Betroffene nicht widerrief und opferte.

Es gab aber *keine speziellen Gesetze* für ein Vorgehen gegen die Christen. Ihre Behandlung lag im Ermessen der Behörden bzw. der Kaiser selbst, die im 2. Jh. einige Reskripte in dieser Frage verfaßten. Außerdem traf für die Christen ein Gesetz über die vom Staat nicht zugelassenen Vereine zu (Hetärien-Verordnung). Aufs Ganze gesehen war die Lage der Christen von Rechtsunsicherheit geprägt. Sie hing letztlich von der Grundeinstellung der Kaiser zu den Christen ab, nach der sich mehr oder weniger auch die örtlichen Behörden zu richten hatten. So wurde die Christenfrage regional unterschiedlich geregelt, zumal die Christen noch keine organisatorische Einheit bildeten, an Zahl noch kaum ins Gewicht fielen und daher für den Staat auch keine wirkliche Gefahr darstellten. In diesem Sinne sind auch die *Verfolgungen* von Christen im

2 *W. v. Loewenich*, Die Geschichte der Kirche, 38.

2. Jh. zu verstehen. Es spielte dabei in der Regel keine Rolle, welcher „Richtung“ ein Christ oder eine christliche Gruppe zugehörte.
Die erste große Christenverfolgung unter *Nero* in Rom hatte mit dem christlichen Glauben noch wenig zu tun. Der Kaiser wälzte vor allem den auf ihn gefallenen Verdacht der Brandstiftung auf die Christen ab. Weitere Verfolgungen erlitten Christen erst wieder unter *Domitian*, namentlich in Kleinasien, wo man etlichen von ihnen gottloses und „unrömisches“ Verhalten vorgeworfen und sie zum Kaiseropfer genötigt hatte, und in Rom, wo das Vorgehen des Kaisers gegen die Aristokratie mit hineinspielte. Nach einer relativ ruhigen Zeit unter *Nerva* kam es während der Regierungszeit *Trajans* zur Verfolgung von Christen in Kleinasien und Syrien. Zwei prominente Vertreter von Christengemeinden – Bischof Ignatius von Antiochia und der zweite Bischof der Jerusalemer Gemeinde, Simeon – erlitten dabei das Martyrium.

Aus dieser Zeit blieb der Brief des Statthalters von Bithynien, Plinius, an Kaiser Trajan erhalten (111/112). Bei der Bekämpfung allgemeiner Unruhen war Plinius auch gegen Christen vorgegangen, die man denunziert hatte. Wenn sie sich als Christen bekannten und dies nicht widerriefen, ließ sie Plinius hinrichten bzw. nach Rom überführen. Auch verlangte er von etlichen die Verehrung der Götterbilder und des Kaiser-Standbildes neben Opferspenden sowie die Lästerung Christi. Wer dem nachkam, ging frei aus. Etliche versicherten zudem, gar keine Christen zu sein. Die anderen erlitten das Martyrium. Als Plinius auf Grund verschiedener Problemfälle bei Trajan anfragte, ob er richtig gehandelt habe, antwortete dieser: „Das Verfahren, mein Secundus, das du gegen die Leute einschlugst, die bei dir als Christen angezeigt wurden, ist in Ordnung. Eine allgemeine Regel, die sozusagen eine feste Norm sein könnte, läßt sich nicht aufstellen. Aufspüren soll man sie nicht. Werden sie angezeigt und überführt, sind sie zu bestrafen. Doch gilt: Wer bestreitet, ein Christ zu sein, und dies durch die Tat bezeugt, nämlich durch Gebet zu unseren Göttern, soll auf Grund seiner Reue auch dann begnadigt werden, wenn seine Vergangenheit verdächtig ist. Anonym eingereichte Klageschriften dürfen für ein Verfahren nicht berücksichtigt werden. Das gäbe ein sehr schlechtes Beispiel und entspricht nicht dem Geist unserer Zeit“ (Plinius d. J., Briefe 10,96; Übers. bei H. Conzelmann, Geschichte des Urchristentums, 150–152; Zitat: 152).

Dieser Briefwechsel zeigt einmal, daß die Christen eher von unten denn von oben angegriffen wurden, und zum anderen, wie man staatlicherseits die Christenfrage angepackt wissen wollte: Eingreifen der Behörden, wo nötig, aus Gründen der Staatsräson, aber keine Inquisition, eher eine relative Toleranz, jedenfalls keine systematische Verfolgung der Christen. Der Name Christi reichte freilich häufig für eine Aburteilung bereits aus. Ein verbindliches Gesetz wurde damit nicht aufgestellt, doch richtete man sich fortan weitgehend nach Trajans „Empfehlungen“. Die Rechtsunsicherheit der Christen blieb freilich weiter bestehen. Bei Denunziationen konnten und mußten die Behörden gegen die Betroffenen einschreiten. Gründe für eine namentliche Anzeige unliebsamer Christen, denen man die Schuld für alle möglichen Unfälle und Katastrophen zuschieben konnte, fanden sich stets. Immer wieder wurden die Behörden durch Personen und Gruppen unter Druck gesetzt. Tumulte und Pogrome waren keine Seltenheit. Gleichwohl war die Zahl der christlichen Märtyrer im 2. Jh. nicht allzu groß.
Hadrian (117–138) ging über Trajans gemäßigte Haltung gegenüber den Christen noch hinaus. In seinem Reskript an Minucius Fundanus, den Prokonsul der Provinz Asia, wo es zu Ausschreitungen gegen Christen gekommen war, verlangte er in jedem Fall ein ordentliches Verfahren auf Grund nachgewiesener Verstöße gegen geltende

Gesetze, verurteilte anonyme Anzeigen und forderte sogar die Bestrafung der Denunzianten (s. Justin, 1. Apologie 68; Euseb, KG 4,9). Auch das war kein allgemein gültiges römisches Gesetz, erhöhte aber etwas die Rechtssicherheit der Christen. Wenig später verlangte auch Justin ordentliche Verfahren (vgl. Euseb 4,8). Zur Zeit Hadrians und seines Nachfolgers *Antoninus Pius* (138–161) war die Lage der Christen insgesamt nicht ungünstig. Von ihm überliefert Euseb (4,13) ein (im Wortlaut wahrscheinlich unechtes, aber in der Intention wohl richtiges) Reskript an den Landtag der Provinz Asia, in welchem das Christsein als solches nicht als strafwürdig gilt. Euseb erwähnt auch Schreiben dieses Kaisers an die Städte Larissa, Thessalonich und Athen und an alle Hellenen. Doch kam es auch zur Zeit des Antoninus Pius zu tumultartigen Ausschreitungen des Pöbels gegen Christen in Kleinasien, zu deren Opfern Bischof Polykarp von Smyrna zählte (vermutlich 156). Er wurde hingerichtet, weil er nicht bereit war, Christus zu verleugnen und beim Genius des Kaisers zu schwören (vgl. Martyrium des Polykarp 9/10).

Unter *Mark Aurel* (161–180) nahmen die Verfolgungen im Römerreich wieder zu, obwohl dieser Kaiser von manchen Christen auch eine positive Würdigung erfahren haben soll (vgl. Euseb 5,5). In Rom erlitten Justin und seine Gefährten 165 den Märtyrertod, als sie das Opfer verweigerten und Christus nicht abschworen. Zuvor hatte Justin selbst von Märtyrern in Rom berichtet (Ptolomäus, Lucius u. a.; vgl. 2. Apologie). Opfer der Verfolgungen wurden die Bischöfe Thraseas von Eumeni in Phrygien, Sagaris von Laodicea und Publius von Athen zwischen 160 und 170 (Euseb 5,24; 4,26; 4,23). Auch in Pergamon gab es etliche Märtyrer. Eine Verfolgungswelle wird von Gallien berichtet, wo 177 in Lyon (Lugdunum) und Vienne zahlreiche Christen das Martyrium erlitten, darunter Bischof Pothinus von Lyon (Euseb 5,1 ff.). Auch bei diesen Verfolgungen spielte der Haß der Bevölkerung, die die Christen für allerlei Mißstände und Naturkatastrophen (Pest) verantwortlich machte, eine große Rolle. Da sie die Abneigung des Kaisers gegen die Christen kannte, fühlte sie sich zu Pogromen ermutigt. Etliche Christen wurden damals verbannt und zu Zwangsarbeit verurteilt (Euseb 4,23), nicht wenige ihrer Habe beraubt, mißhandelt, gequält, hingerichtet. Namhafte Theologen machten den Kaiser auf diese Vorgänge aufmerksam und ersuchten ihn um Schutz vor solchen Angriffen.

Unter *Commodus* (180–192) besserte sich die Lage der Christen, nicht zuletzt unter dem Einfluß seiner christlichen Frau Marcia. Doch kam es auch zu weiteren Verfolgungen, so in Syrien und Phrygien und in Nordafrika (Scilli, 180: Vorwurf der Eidverweigerung, des Christusbekenntnisses und des Abfalls von der römischen Sitte!). In Rom fand 183/184 ein Prozeß gegen den Senator Apollonius statt. Auch zur Zeit des *Septimius Severus* (193–211) gab es Verfolgungen, wenn auch nicht größeren Umfangs. Er erließ 201 (oder 202) das Übertrittsverbot zum Juden- und Christentum. Zur selben Zeit setzte die Verfolgung der Katechetenschule in Alexandria ein; 203 wurden christliche Katechumen in Karthago hingerichtet.[3] Aber die großen Verfolgungen hatten die Christen noch vor sich. Sie geschahen in der Mitte des 3. Jh. unter Decius und Valerian.

---

3 Weiteres zur Christenverfolgung in Nordafrika bei *G. Haendler*, Von Tertullian bis zu Ambrosius, 21–24.

3. *Literarische Angriffe gegen das Christentum und ihre Abwehr*

Die Angriffe gegen die Christen gingen auch von der geistigen Elite aus. Diese nahm die Verleumdungen und Vorwürfe gegen die Christen auf und fügte ihnen weitere hinzu, zumeist ohne sich der Mühe einer Nachprüfung zu unterziehen und genauere Informationen einzuholen. Das war insofern besonders nachteilig für die Christen, weil der Einfluß namhafter Persönlichkeiten auf ihre Zeitgenossen erheblich war und ihr weithin negatives Urteil über die Christen die abfällige Meinung des Volkes bestätigte. Zu einer ernsthaften Auseinandersetzung mit dem christlichen Glauben kam es vorerst nicht.

Unter den Schriftstellern, die gegen Ende des 1. und im Verlauf des 2. Jh. sich über die Christen äußerten, gehören der schon erwähnte *Tacitus* (um 55–um 120), ferner *Sueton* (um 70–um 140), der von den Christen als Anhängern einer „superstitio nova ac malefica“ sprach (Vita Neronis 16), sodann *Epiktet* (um 50–um 138), der hinter dem Bekennermut und der Bereitschaft zum Martyrium vieler Christen nur Fanatismus sehen konnte (Unterredungen 4,7) sowie der Kyniker *Crescens* (2. Jh.), der den Atheismusvorwurf aufnahm und die Christen als „religionslose Gesellen“ bezeichnete (vgl. Justin, 2. Apologie 3). Der Rhetor Marcus Cornelius *Fronto* von Cirta (um 100–166) brachte die üblichen Verleumdungen gegen die Christen vor, namentlich die sexueller Ausschweifungen (vgl. Minucius Felix, Octavius 9,6; 31,2). – *Lukian* von Samosata (um 120–nach 180) bedachte ihren Glauben und ihre Lebensweise mit Spott, lieferte dabei aber auch wertvolle Informationen über ihr Leben („Über den Tod des Peregrinos Proteus“ 11–16, nach 165). In seinem Dialog „Octavius“ (um 200) läßt *Minucius Felix* durch den Heiden Caecilius die gängigen Vorwürfe gegen die Christen vorbringen, wobei es an Scheußlichkeiten nicht mangelt. Sie werden als lichtscheues, ungebildetes, verbrecherisches und gotteslästerliches Gesindel bezeichnet, das man am besten ausrotten sollte. Der Christ Octavius setzt sich damit auseinander, kritisiert die Vorstellungen der heidnischen Kulte und vermag schließlich Caecilius zu bekehren. Weitgehend positiv beurteilte der Arzt *Galen* aus Pergamon (um 129–199) das Christentum und würdigte die Tugenden seiner Anhänger (De pulsuum differentiis 2,4; 3,3; und arab. Quellen).

Der ernsthafteste Kritiker des Christentums im 2. Jh. war der Platoniker *Celsus* (Kelsos), dessen „*Alethēs Logos*“ – zwischen 177 und 180 geschrieben – zwar nicht erhalten blieb, aber durch die Entgegnung des Origenes „Contra Celsum“ *(Kata Kelsou)* in den Grundzügen rekonstruierbar ist. Celsus hatte sich eingehend mit dem Inhalt des christlichen Glaubens befaßt und kannte auch jüdisch-christliche Quellen.

Sein vom griechischen Geist bestimmter Angriff richtete sich einmal gegen das niedrige intellektuelle Niveau der Christen, die aus niederen Berufen kämen wie schon Jesus und seine Anhänger, dumm und beschränkt wären, die römische Tradition verlassen hätten, den Kaiserkult verweigerten, unpatriotisches Verhalten zeigten und zum Rechtsbruch und Aufruhr bereit seien, weshalb man sie zu Recht verfolge, und zum anderen griff er ihre Lehren im einzelnen an. Vor allem verwarf er den exklusiven jüdisch-christlichen Monotheismus, der die gesamte antike Tradition, Recht und Ordnung, Kultur, Religion und Sitte, Logos und Nomos in Frage stelle und also an den Grundfesten der Gesellschaft und des Staates rüttele. Unverständlich und blasphemisch erschien ihm die Inkarnation Gottes in Jesus, den er als Zauberer und „Räuberhauptmann“ bezeichnete. Unbegreiflich blieb ihm, wie die Christen einen hingerichteten, toten Menschen als Gott anbeten können. Dessen Auferstehung sei eine Erfindung und die Auferstehung des Körpers überhaupt eine Unmöglichkeit.

Unter den Nichtchristen, besonders bei den Gebildeten, hat Celsus erhebliche Resonanz gefunden, was man daraus ersehen kann, daß sich noch Origenes im 3. Jh. mit seinem Werk beschäftigte.
Die *Apologeten* des christlichen Glaubens fühlten sich gefordert, diesen Angriffen in zunehmendem Maße zu begegnen, um die Vorwürfe zu entkräften, die Vorzüge des christlichen Glaubens herauszustellen und ihn als die wahre Philosophie für die Gebildeten zu begründen, was im Rückgriff auf die griechische Philosophie geschah (s. Kap. 3,4).

Da der Vorwurf, den universalen Nomos zu mißachten, in dem ja alle antiken Werte einschließlich der Religionen vereint waren, schwer wog und sowohl die Unterstellung des Abfalls von der Tradition und Feindschaft gegen den Staat als auch den Atheismusvorwurf einschloß, setzten die Apologeten an dieser Stelle ein. Das führte zur Interpretation des christlichen Glaubens als Religion, zur Einbeziehung des griechischen Paideia-Ideals (Erziehung und Bildung) und zur Verbindung von Wissen (Gnosis) und Glauben sowie Glauben und Kultus bei gleichzeitiger Kritik des antiken Götterglaubens und heidnisch-religiöser Kult- und Lebensformen. Damit war freilich die Gefahr einer Verfremdung der biblischen Botschaft gegeben. Doch ist dabei der Aspekt der Selbstbehauptung des Christentums und des Ringens um zeitgemäße Ausdrucksformen nicht zu übersehen. Im 2. Jh. finden sich allerdings erst bescheidene Anfänge des apologetischen Wirkens (vgl. Kap. 3,4).

B DIE BEWÄLTIGUNG INNERER KRISEN: DAS PROBLEM VON „RECHTGLÄUBIGKEIT UND KETZEREI“

1. Die Gnosis

In der Begegnung des jungen Christentums mit anderen Religionen und Weltanschauungen nimmt die gnostische Religion einen besonderen Platz ein. Wir bezeichnen sie hier, wie es im deutschsprachigen Raum üblich geworden ist, als „Gnosis“ und verstehen darunter nicht eine jederzeit mögliche Geisteshaltung, sondern in einem engeren Sinne jene konkrete Form gnostischer Weltbetrachtung und Daseinshaltung, wie sie etwa gleichzeitig mit dem Christentum in den östlichen Provinzen des Römerreiches auftrat, sich rasch ausbreitete und viele Menschen in ihren Bann zog. Diese gnostische Bewegung ist in ihrer Wirkungsweise der europäischen Aufklärung vergleichbar. Sie hatte weder eine Zentrale noch eine einheitliche Organisation, erreichte aber als geistiger Impuls Menschen unterschiedlicher Herkunft – philosophisch Gebildete ebenso wie einfachere Leute, Anhänger verschiedener Philosophien und Religionen, darunter Juden und Christen, die sich dann in Gruppen und Konventikeln (oftmals unter der Leitung profilierter Persönlichkeiten) zusammenfanden. Neben exklusiven Gruppen mythologisch und philosophisch versierter Gnostiker gab es auch solche, die das religiöse Bedürfnis ihrer Anhänger mehr auf emotionale Weise durch Mysterien und sakramentale Handlungen zu befriedigen wußten.
Es handelt sich dabei, was den Ursprung betrifft, nicht um eine parasitäre Erscheinung des Christentums. Zwar sind Christentum und Gnosis sehr bald miteinander in Berührung gekommen, doch ist die Gnosis kein Ableger und keine „akute Verweltlichung bzw. Hellenisierung des Christentums“ – wie A. von Harnack meinte, sondern ein religiöses Phänomen sui generis. Das kann auf Grund der heute zur Verfügung stehenden Originalquellen, von denen viele rein paganer Natur sind, als gesichert gelten. Inwieweit das Judentum an der Entstehung der Gnosis beteiligt war, ist umstritten. Es

gibt zwar mancherlei Beziehungen zwischen beiden religiösen Phänomenen, aber das, was den Kern und das Wesen der Gnosis ausmacht, ihr revolutionärer Geist, ihre Anti-Haltung, die zu einer radikalen Umwertung vorgefundener und aufgenommener Traditionen führte, läßt sich nicht einfach aus dem Judentum „ableiten“. Es setzt tiefgehende Konflikte gesellschaftlicher Art voraus, die dann ihre Auswirkungen auch auf den geistig-religiösen Bereich hatten, und davon waren jüdische Menschen und ihr Verhältnis zu den religiösen Traditionen auch, vielleicht sogar besonders betroffen.
Eine Reihe von Beobachtungen berechtigen jedenfalls zu der Annahme, daß es sich bei der spätantiken Gnosis um eine ursächlich soziale Protestbewegung handelte, die von Kreisen ausging, die im Rahmen der römischen Imperialpolitik von der staatlichen Mitverantwortung und Mitgestaltung des kulturellen Lebens ausgeschlossen worden waren. Daraus ergab sich eine Distanz- und Anti-Haltung zur weltlichen Machtsphäre, die sich in einem grundsätzlichen „Antikosmismus“ (Hans Jonas) verfestigte, der dann ideologisch überhöht und mythologisch ausgeformt wurde. Es ist jedoch anzumerken, daß die Frage einer „sozialen Verortung“ der Gnosis noch nicht restlos geklärt ist.
Für die Gnosis als ganze ist ihr *antikosmischer Charakter* auffällig und typisch, auch wenn er nicht in allen ihren Äußerungen feststellbar ist. Wo in der Gnosis von diesem Ansatzpunkt her konsequent gedacht wird, ist die Daseinshaltung der Gnostiker, sind Mythologie, Theologie, Anthropologie und Soteriologie, Eschatologie und Ethik vom Antikosmismus bestimmt. Er ist das (negative) Vorzeichen, das vor die aus anderen Religionen und Philosophien stammenden Traditionen gesetzt wird und ihre Umwertung bewirkt. Das kann man vielfach an der gnostischen Exegese griechisch-hellenistischer, jüdischer und christlicher Traditionen feststellen.
Soweit das gnostische Denken eine mythologische Ausprägung erfahren hat, läßt sich folgendes *Grundmuster* herausschälen: Vorzeiten geriet Licht in die Finsternis – entweder durch das Fehlverhalten eines himmlischen Wesens oder (so im Manichäismus) infolge des Angriffs der Finsternis auf das Licht. Das wird in unterschiedlichen mythologischen Ereignissen dargestellt. In jedem Falle kommt es zur Vermischung der beiden Urelemente und Prinzipien Licht und Finsternis und als Folge davon zur Entstehung der Welt, sei es durch die selbstherrlichen Aktionen des niederen Schöpfergottes, des unwissenden Demiurgen, sei es (wie im Manichäismus) auf Befehl des obersten Gottes. In jedem Falle geht es den Lichtwesen darum, das in der Finsterniswelt versprengte Licht aus der Fremde in die himmlische Heimat zurückzuholen. Auch die Menschen haben Lichtteile („Lichtfunken“) in ihren Körpern – jedenfalls die Pneumatiker – und gehören daher ihrem innersten Wesen nach zur Lichtwelt. Dorthin können sie zurückkehren, wenn sie durch einen erlösenden „Ruf“ (eines Erlösers oder wer sonst diese Funktion übernimmt) an ihren göttlichen Ursprung erinnert und auf diese Weise erweckt werden. Die Lösung des Lichtes aus der Materie ist insgesamt ein langwieriger Vorgang, der einst mit dem Aufhören der irdischen Geschichte im Sinne der Annullierung eines tragischen Irrtums endet. Der einzelne erhält durch seine Erweckung das Wissen um seinen göttlichen Ursprung und seine potentielle Freiheit von den Archonten der Finsterniswelt, aber erst mit seinem Tode kann seine „Seele“ (sein Pneuma) endgültig nach oben zurückkehren. Bis dahin muß er sich zunehmend von der materiellen Welt lösen.
Diese in sich geschlossene Welt-Anschauung bestimmte das Denken der Gnostiker und wirkte sich auf alle Einzelvorstellungen aus, wenn auch nicht immer in mytholo-

gischer Form und in dieser Geschlossenheit und Reinheit – so doch der Intention nach. Es kam jeweils darauf an, auf welchen Boden die Gnosis fiel, wer wo mit dem gnostischen Denken in Berührung kam und welche Traditionen als Ausdrucksmittel ihrer wesentlichen Züge benutzt wurden.
Wie auch immer das gnostische Denken zum Zuge kam, sei es in kompletten Systemen, sei es „nur" durch die Exegese vorgefundener Texte oder auch „nur" durch deren „tieferes" Verständnis, d.h. ihrer pneumatischen Deutung – die frühen christlichen Theologen hatten zumeist ein Gespür dafür, daß da „ein anderer Geist" am Wirken war.

In diesem Sinne äußert sich z.B. Irenäus gegen Ende des 2. Jh. (nach 180): „Es gibt Leute, welche die Wahrheit aus dem Hause schicken, die Lüge aber hereinrufen und endlose Stammtafeln erdenken, die mehr Klügeleien fördern, wie der Apostel sagt, als göttliche Erbauung im Glauben. Durch Scheingründe, die sie geschickt zusammenstellen, verführen sie die Halbgebildeten und nehmen sie gefangen, indem sie des Herrn Worte fälschen und schlechte Deuter seiner guten Reden werden. So bringen sie viele auf Irrwege, und unter dem Deckmantel der Wissenschaft, Gnosis genannt, als ob sie etwas Höheres und Größeres zu zeigen hätten als den, der Himmel und Erde gemacht hat und alles, was darin ist, lenken sie viele ab von dem Urheber der Ordnung und Schönheit des Weltalls. Wie Ratgeber leiten sie durch kunstvolle Worte die Harmlosen auf den Weg des Suchens und stürzen sie ratlos ins Verderben, bis diese zur Gottlosigkeit und Lästerung gegen den Welterbauer gelangt sind und die Lüge von der Wahrheit nicht mehr zu unterscheiden vermögen" (Adversus haereses, Vorrede zum ersten Buch).

Kritik an der Gnosis findet man aber nicht erst in der zweiten Hälfte des 2. Jh., man begegnet ihr schon bei den „Apostolischen Vätern" und im Neuen Testament (vgl. z.B. Ignatius, Brief an die Gemeinde in Smyrna 2; 4,2; 5,2; und an die Trallianer, Kap. 10; 1Joh 2,19;4,1). Auf der anderen Seite sind gnostische Vorstellungen von Christen aufgenommen worden, und christliche Autoren haben sich gnostisches Gedankengut zu eigen gemacht – wie auch Gnostiker christliche Vorstellungen, vor allem die Erlösergestalt Jesus Christus, aufnahmen. So entstanden an manchen Stellen christliche Gemeinden, die von vornherein gnostisch orientiert waren, wie es Walter Bauer für Edessa und Ägypten angenommen hat (vgl. Kap. 2,2). Die johanneischen Schriften zeigen, wie solche Gemeinden erst nach langer Zeit der großkirchlichen Linie angenähert und schließlich in die eine Kirche integriert werden konnten (ausgeführt in Kap. 3,1) – während andere aus der Kirche ausgeschlossen wurden.
Literarisch hat sich dieser Prozeß der Begegnung christlicher und gnostischer Denk- und Vorstellungsweisen unterschiedlich niedergeschlagen. Neben gnostischen Texten, die nur wenige christliche Elemente enthalten, mitunter nur den Namen des Erlösers Jesus Christus, gibt es *verchristlichte* Texte und solche, die von vornherein auf *christlicher Basis* entstanden sind. Letztere sind die Produkte christlicher Gnostiker bzw. gnostischer Christen, die auf unterschiedlichste Weise gnostisches Denken und gnostische Traditionen (vor allem mythologische) mit christlichem Denken und mit christlichen Traditionen verbanden. Bemerkenswert ist, daß sich die Vertreter dieser *christlichen Gnosis* als *Christen* verstanden. Daß es rivalisierende Ansichten (und natürlich Gruppen) im frühen Christentum gab, widerspricht nicht der Tatsache, daß sie sich alle für Erben Jesu und seiner Botschaft hielten. Das gilt auch dann, wenn sie das auf sie überkommene Erbe anreicherten. Jedenfalls entspricht die tatsächliche Entwicklung des frühen Christentums nicht der späteren Doktrin, daß die „apostolische Zeit" die Zeit der „reinen Lehre" war und erst danach – wie Euseb schreibt – „sich zum

ersten Male der gottlose Irrtum" erhob, Irrlehrer aufstanden und es wagten, nun, „da keiner der Apostel mehr am Leben war, mit frecher Stimme der Lehre der Wahrheit eine falsche sogenannte Gnosis entgegenzusetzen" (Euseb, KG 3,32 nach seinem Gewährsmann Hegesipp). Die christliche Gnosis gehört vielmehr in den breiten Strom frühchristlicher Evangeliumsentfaltung und Evangeliumsinterpretation mit hinein.

Diese Ansicht wird von den literarischen Zeugnissen gedeckt, die wir in Kap. 3 betrachtet haben, und ebenso von den namentlich bekannten Vertretern der christlichen Gnosis, die uns an anderer Stelle schon mehrfach begegneten (vgl. Kap. 3,5 und Kap. 4: vor allem Basilides und Valentinus).

Es ist nun zu fragen, was die Vertreter anderer christlicher Traditionen als der gnostischen, vor allem aber die großkirchlichen Theologen an der christlichen Gnosis und an der Gnosis als solcher auszusetzen hatten und was sie den gnostischen Christen im einzelnen vorwarfen.
Zunächst ist die *Gottesvorstellung* zu nennen. Die Scheidung zwischen einem obersten guten Gott und dem niederen Demiurgen, dessen Überheblichkeit und Unwissenheit zur Erschaffung der Welt führte, mußte von Theologen abgelehnt werden, die in der Tradition des *einen* Gottes, des Schöpfers von Himmel und Erde, standen. Das betraf gleichermaßen die *Kosmologie*. Für die Griechen bedeutete Kosmos die göttliche Ordnung, für die Juden und Christen die gute göttliche Schöpfung. Zwar konnten auch Juden und Christen über die Welt mitunter ziemlich pessimistisch denken, aber solcher Pessimismus war von anderer Art als der grundsätzliche, mythologisch verankerte Antikosmismus der Gnosis. Von ihm her geriet der Schöpfergott mitsamt seiner Schöpfung auf die Seite des Widergöttlichen, und von daher wurden Kosmos und Geschichte, Leib und Materie mit negativem Vorzeichen versehen.
Das hatte schwerwiegende Folgen für die *Anthropologie* und *Soteriologie*. Wenn nach gnostischer Vorstellung das Göttliche im Menschen wohnt, dann braucht der Mensch nur von seiner Unwissenheit (mythologisch gesprochen: von seinem Zustand des Schlafes, der Trunkenheit) befreit zu werden, um zu sich selbst zu kommen – und das heißt: zur Bewußtheit seines göttlichen Wesens und somit zur Wiedererinnerung an seine Herkunft und Zugehörigkeit zur Lichtwelt zu gelangen. Das geschieht durch seine Erweckung von außen durch einen Erlöser (bzw. Missionspredigt, esoterische Belehrung usw.). Wenn auf diese Weise Selbsterkenntnis zur Gotteserkenntnis wird, dann fällt der Abstand und das Gegenüber von Gott und Mensch dahin. Diese Konsequenz betrifft auch das Verhältnis von Erlöser und Erlöstem. Zwar kann auch Irenäus das Gott-gleich-Werden und die Teilhabe an der Herrlichkeit Gottes als Ziel der Gläubigen bezeichnen, aber doch als Ziel einer Veränderung und Verwandlung und nicht als Entdeckung einer schon vorhandenen Wesensidentität.
Weil aber in der Gnosis die Geschöpflichkeit des Menschen negativ verstanden und die Nachordnung des Geschöpfes bzw. seine Unterordnung unter den Schöpfer aufgehoben wird, kann auch die *Sünde* des Menschen nicht ernst genommen werden. Schuld an dem bedauerlichen Zustand dieser Welt sind in diesem Falle nicht die Menschen, sondern irgendwelche himmlischen Mächte und deren unüberlegte Handlungen („Fehltritt" der Sophia, Überheblichkeit des Demiurgen u. ä.). Die Welt als Folge eines Fehlverhaltens von „oben" und mit ihr die Geschichte wird schließlich annulliert werden, wenn alle Lichtfunken in ihre Heimat zurückgekehrt sind. In diesem Konzept ist aber für die Verantwortung des Menschen gegenüber Schöpfer und Schöpfung

kein Raum. Für das, was auf der Erde geschieht, sind allein die Mächte der Finsternis verantwortlich. Die Menschen sind in dieses Geschehen nur schuldlos verstrickt. Sie sind daher frei von jeglicher Mitschuld. In *diesem* Sinne ist der Mensch gerechtfertigt, d. h. aber im Sinne einer Anthropodizee, nicht durch göttlichen Freispruch. Ist der Mensch erweckt, dann *weiß* er um seine Freiheit gegenüber den Mächten der Finsternis, die er nun – wie der Erlöser – verlachen kann. Die Folge in ethischer Hinsicht kann Libertinismus sein, der eine wesenhafte Distanz zur materiellen Welt ausdrükken soll. In der Regel (und nach Auskunft der Originalquellen) war die übliche Haltung der Gnostiker aber der mit einer asketischen Lebensweise verbundene Rückzug aus der Welt.

Die kirchlichen Theologen haben den gnostischen Ansatz zwar verworfen, sind aber damit das gnostische Erbe nicht losgeworden. Vor allem die Abwertung des Materiellen und Leiblichen hat bis heute nachgewirkt.

Da die christlichen Gnostiker die Erlösung des Menschen durch Jesus Christus in das Zentrum ihres Denkens und ihrer theologischen Entwürfe rückten, spielten auch die kontroversen Auffassungen über das *Wesen und Wirken Jesu Christi* zwischen ihnen und den in anderen theologischen Traditionen stehenden Theologen, namentlich den Vertretern der Großkirche, eine große Rolle. Obwohl – ganz allgemein gesagt – die christlichen Gnostiker zu doketistischen Vorstellungen neigten, ist doch die ganze Vielfalt gnostischer Positionen in der Christologie nicht auf einen Nenner zu bringen, ebensowenig die großkirchliche Gegenposition, die von der gnostischen mitunter nicht sehr weit entfernt war und auch gnostische Vorstellungen aufnahm.

Sofern nun die christliche Gnosis im Sinne eines gnostisch verstandenen Christentums *innerhalb* christlicher Gemeinden wirkte, was je länger, desto häufiger der Fall war, konzentrierte sich die Kritik der Gnosisgegner vor allem auf den exklusiven Anspruch der gnostischen Pneumatiker, den wahren Schriftsinn zu kennen und dadurch eine höhere Stufe des Christseins erlangt zu haben. Oft traten die gnostischen Christen gar nicht mit Sonderlehren hervor, sondern brachten ihren gnostischen Standpunkt „lediglich“ durch die Art und Weise zur Geltung, wie sie die schriftlichen und mündlichen Traditionen verstanden und auslegten. Dabei konnten sie einen Evangelientext oder das Bekenntnis durchaus wortwörtlich akzeptieren und mit den anderen Christen in der Gemeinde nachsprechen, unterlegten dem aber einen anderen Sinn. Das machte die Auseinandersetzung mit den Vertretern gnostischer Gedanken in den christlichen Gemeinden so überaus schwierig.

Irenäus beschreibt diese Situation so: „Obwohl sie [d. h. die Gnostiker] ... ähnliches sprechen wie die Gläubigen [d. h. die der kirchlichen Linie folgenden Christen!], verstehen sie darunter nicht nur Unähnliches, sondern sogar Entgegengesetztes und durchaus Gotteslästerliches, und sie töten dadurch die, welche durch den Gleichlaut der Worte das Gift ihrer [d. h. der Gnostiker] ungleichen Gesinnung in sich aufnehmen“ (Advhaer 3,17,4 in der Übers. von E. Klebba).

Sofern sich die kirchlichen Theologen mit den gnostischen Christen ernsthaft auseinandersetzten (vgl. Kap. 3,6), kritisierten sie vor allem die von einem „anderen Geist“ bestimmte Exegese gemeinsamer Traditionen, hinter der ein anderes Verständnis von Gott, Welt und Mensch stand, sodann die von ebendiesem Geist inspirierten zusätzlichen Offenbarungen, die unter die Autorität von Aposteln gestellt wurden, und schließlich den pneumatisch begründeten Anspruch, das kirchliche Christentum zu überbieten und damit über dem Gros der jeweiligen Gemeinde zu stehen.

Aber auch die christlichen Gnostiker sparten nicht mit Kritik und brachten handfeste Argumente gegen das kirchliche Christentum vor. Durch die Quellenfunde von Nag Hammadi ist man neuerdings in der Lage, diese Kirchenkritik von den Beteiligten selbst zu hören. Sie richtet sich zunächst gegen den Anspruch der Großkirche, als alleinige Erbin, Verwalterin und Interpretin der christlichen Traditionen aufzutreten. Darin wird die von *beiden* Seiten in Anspruch genommene Exklusivität besonders deutlich. Das bezieht sich auf die Lehre ebenso wie auf die Organisationsformen der Gemeinden, also sowohl auf die theologische wie administrative Verwaltung des Erbes. Zwar haben die christlichen Gnostiker nichts gegen Ämter einzuwenden, wohl aber gegen das kirchliche Amtsverständnis im Sinne des monarchischen Episkopats.

Dagegen setzten sie die Vorstellung eines allgemeinen Priestertums der Gläubigen. Indem sie eine vom göttlichen Pneuma inspirierte – und deshalb legitimierte! – Exegese und Verkündigung esoterischer Offenbarungen beanspruchten, konnten sie die großkirchliche Schriftauslegung nicht akzeptieren und vor allem nicht die Ansicht, daß das (Bischofs-)Amt die allein gültige Tradition und rechte Schriftauslegung verbürgt. Der Großkirche warfen sie vor, daß sie die Herrschaft des Demiurgen stabilisiere, weil sie dem Nomos seiner Schöpfung (Begierde, Zeugung, Tod usw.) noch folge und deshalb der Welt verhaftet bleibe (so z. B. im Testimonium Veritatis NHC IX,3 p. 29,6ff.). Sie vermissen also seitens der Kirche eine klare Absage an die Welt. Natürlich richtet sich die Kritik der Gnostiker gegen den Urheber dieser Schöpfung, gegen den von Juden und Christen verehrten Demiurgen, desgleichen gegen die kirchliche Lehre von der Auferstehung des Fleisches und leiblichen Auferstehung der Toten, da ja nach ihrer dicho- bzw. trichotomischen Anthropologie (Leib, Seele, Geist) die Sarx vom Demiurgen stammt. Das gilt auch für Jesus, weshalb häufig die kirchliche Verkündigung des gekreuzigten Jesus als Verehrung eines „Toten“ und damit die ganze Passionschristologie scharf zurückgewiesen wird (so z. B. im Zweiten Logos des großen Seth NHC VII,2 p. 60,22; 55,9ff. und in der Apokalypse des Petrus NHC VII,3 p. 74,13f.). In diesem Zusammenhang wird von den christlichen Gnostikern auch der Sühnecharakter des Kreuzestodes Jesu abgelehnt (ApcPt p. 74,13ff.).

Kritik übten die christlichen Gnostiker ferner am kirchlichen Sakramentalismus, d. h. nicht unbedingt an den Sakramenten und Mysterien als solchen, wohl aber an ihren theologischen Begründungen (vgl. z. B. Testimonium Veritatis p. 69,7ff.: Mißverständnis der Taufe als Garant der Hoffnung; dagegen werde die „Taufe der Wahrheit“ „durch Absage an die Welt“ gefunden).

Die Kritik kulminiert in einer Verwerfung der großkirchlichen Ekklesiologie. Nach ihr werde die Großkirche mit all ihren aufgezeigten Irrtümern und Irrlehren, jene weltverhaftete, irdische Einrichtung – als die wahre, und d. h. himmliche, Kirche verstanden. Wer dagegen die Wahrheit erkannt habe, wisse, daß es sich bei dieser Kirche nur um eine „Nachahme-Kirche“ handelt, um eine „Schwesternschaft“ – wie es in der Apokalypse des Petrus abschätzig heißt – und nicht um eine wirkliche „Bruderschaft“ (vgl. ApcPt p. 78,31ff.; 2Log Seth p. 60,15ff.).

Soweit die Kritik der christlichen Gnostiker resp. gnostischen Christen, wie sie aus den Originalquellen zu erheben ist. Sie erschöpft sich nicht in einer unsachlichen Polemik, sondern wird, oft bis ins einzelne, theologisch begründet. Aber auch hier gilt: aus der Vielfalt der christlichen Gnosis ist das nur ein Ausschnitt, wiewohl er für das Ganze typisch zu sein scheint. Im einzelnen waren die theologischen Standpunkte jedoch sehr unterschiedlich, und das trifft auch für die jeweilige örtliche Situation im Verhältnis kirchlicher und gnostischer Christen zu.

Durch die Wirksamkeit der Gnostiker ist vieles in Bewegung geraten, was die Entwicklung des Christentums im 2. und 3. Jh. wesentlich mitbestimmt hat und für seine charakteristischen Züge am Ende des 2. Jh. mitverantwortlich ist. Die exegetische Aktivität der christlichen Gnostiker machte Schule und forderte die kirchlichen Theologen zu verstärkter Beschäftigung mit den heiligen Schriften und zu kontroverstheologischen Überlegungen heraus. In vielen Bereichen gaben die christlichen Gnostiker Denkanstöße, die von ihren Gegnern abgewehrt oder auch aufgenommen wurden, in jedem Falle aber der Klärung theologischer Fragen dienten. Die Art und Weise, wie die gnostischen Christen die überkommenen Schriften behandelten und neue Schriften schufen, wie sie in den Gemeinden auftraten und die Legitimität der Großkirche in Frage stellten, veranlaßte diese zu Gegenmaßnahmen. Dazu gehörten nicht nur konkrete praktische Maßnahmen in den Gemeinden wie der Ausschluß von Gnostikern und die ideologische Immunisierung der Gemeinden gegen gnostische Lehren, sondern vor allem die Schaffung eines Kanons der anerkannten heiligen Schriften, die Aufwertung des Taufsymbols zur Glaubensregel, in welcher die inzwischen bezogenen theologischen, vor allem christologischen Positionen festgeschrieben wurden, und der Ausbau der Hierarchie, insonderheit die Betonung der apostolischen Sukzession des Bischofsamtes als Garant einer Überlieferung der reinen Lehre (vgl. Kap. 3 und 4).
Auch nach Überwindung der „gnostischen Gefahr“ hat sich die Kirche mit den Zeugnissen der Gnosis beschäftigt. Für die Häresiologen bestand zunächst die Aufgabe einer umfassenden Sichtung und historisch-kritischen Aufarbeitung des gnostischen Quellenmaterials. Die großen kirchlichen Theologen am Ende des 2. und zu Beginn des 3. Jh. nahmen zudem die Herausforderung des in sich geschlossenen und insofern faszinierenden gnostischen Weltbildes an und arbeiteten ihre eigene Theologie aus, die bei Klemens von Alexandrien als die „wahre Gnosis“ verstanden wird.
Die Frage, ob sich nicht das gnostische Christentum als der den weiteren Gang der Kirchengeschichte bestimmende Faktor hätte erweisen können, ist spekulativ. Der Charakter des Christentums wäre dann freilich ein anderer geworden. Bleibt noch die weitere Frage, ob das Ausscheiden der Gnosis allein unter dem Aspekt des Sieges einer Gruppe über eine andere gesehen werden darf – oder ob hier nicht auch vom Walten des Herrn der Kirche die Rede sein muß. Denn die Erwägung, wem Gott die Führung seiner Kirche anvertraut und wem er sie gegebenenfalls wieder aus der Hand nimmt, muß in einer Geschichte des frühen Christentums, die zugleich eine Geschichte der Kirche ist, nicht unbedingt als eine metaphysische Überforderung der Geschichtsschreibung angesehen werden.

2. *Marcion*

Der wohl schärfste und bedeutendste Kritiker der theologischen Entwicklung des „kirchlichen“ Christentums um die Mitte des 2. Jh. war Marcion, ein vermögender Schiffsreeder aus der kleinasiatischen Provinz Pontus.

Er wurde etwa um 100 geboren und starb um 160. Sein Vater war der Bischof der Christengemeinde von Sinope. Da er „Irrlehren“ vertrat, schloß ihn sein Vater aus der Gemeinde aus. Seine Vorstellungen wurden aber auch von Männern wie Papias in Ephesus und Polykarp von Smyrna verworfen. Letzterer soll ihn bei einer Begegnung als „Erstgeborenen des Satans“ tituliert haben (Iren 3,3,4; Euseb 4,14,7). Zwischen 135 und 138 ging Marcion nach Rom in der Hoffnung, dort mit seinen Vorstellungen vom christlichen Glauben Gehör zu finden. Es gelang Marcion, die Christengemeinde Roms durch geschicktes Auftreten und wohl auch durch ein ansehnliches Geldgeschenk von 200000 Sesterzen für sich einzunehmen und in ihr Fuß zu fassen. Doch kam es auch dort zu Auseinandersetzungen, die im Jahre 144 durch Marcions Bruch mit der Gemeinde ihren Höhepunkt erreichten. Daraufhin gründete er eine eigene Gemeinschaft mit einer straffen Organisation, in der das Bischofs- und Presbyteramt entsprechend seinen Vorstellungen von der neuen Schöpfung auch Frauen offenstand. Diese Gemeinschaft fand schnell zahlreiche Anhänger, verbreitete sich im Osten und Westen des Römerreiches (vgl. Justin, Apologie 1,26,5 und 58,1f.) und stellte als „Gegenkirche“ eine ernste Konkurrenz für das kirchliche Christentum dar. Celsus konnte daher das Christentum seiner Zeit als einen Baum mit zwei Zweigen charakterisieren. Die marcionitische „Kirche“ überstand ebenso wie das kirchliche Christentum zahlreiche Verfolgungen und wurde im Westen erst im 4. Jh. durch die Ketzergesetze stark dezimiert, während sie im Osten durch die Flucht ihrer Anhänger in ländliche Gebiete besser überdauerte und noch bis ins 5./6. Jh. aktiv war.

Marcions Hauptwerk „Antithesen“ mit den exegetischen Begründungen seiner schroffen Entgegensetzung von Gesetz und Evangelium ist nicht erhalten. Seine Lehren sind nur durch die Polemik und Referate christlicher Autoren und der bei ihnen enthaltenen Zitate erschließbar (Justin, Irenäus, Tertullian, Adamantius, Ephraem, Babai u. a.). Der für Marcions Vorstellungen charakteristische Antijudaismus und Antinomismus waren zweifellos durch die Verhältnisse in seiner Heimat mitbestimmt. Seine dementsprechende Grundhaltung fand er in der gnostischen Weltanschauung bestätigt, von der er spätestens in Rom, möglicherweise besonders durch Cerdo (Kerdon), beeinflußt wurde (vgl. Iren 1,27,1f.). Mit ihr teilte er wesentliche Grundvorstellungen. Daß Marcions Antinomismus bei dem von Rechtsvorstellungen geprägten römischen Denken, das dem jüdischen Gerechtigkeitsdenken immerhin nahekam, keine Gegenliebe fand, verwundert nicht. Gleichwohl wurden viele Menschen von seiner in sich geschlossenen Lehre ebenso angezogen wie von der antikosmisch und antinomistisch eingestellten Gnosis. Hier schieden sich die Geister.
Der für Marcion maßgebende Vertreter des Urchristentums war *Paulus*. Namentlich im Galaterbrief fand er die antagonistische Position von Gesetz und Evangelium vor. Soweit Paulus überhaupt von den Vertretern eines kirchlichen Christentums zur Kenntnis genommen wurde, geschah dies nach Marcions Ansicht in völliger Verkennung der paulinischen Grundintentionen. Daher seien die Schriften des Paulus auch nicht unverfälscht überliefert worden. Wo in ihnen der Apostel als Ausleger des Alten Testaments und Verfechter der Einheit des jüdischen Gottes mit Jesus Christus erscheint, begegne man nicht dem echten Paulus. Immerhin konnte sich Marcion darauf berufen, daß in zeitgenössischen Schriften die Botschaft Jesu als nova lex verstanden wurde (vgl. Barnabasbrief 2,6; Hirt des Hermas, Gleichnis 8,3,2) und sich allenthalben eine neue Gesetzlichkeit breitmachte (vgl. 1. Clemensbrief 58,2; Didache 3,2ff.). Auch den ihm verhaßten Judaismus konnte er in vielen Schriften seiner Zeit finden. Marcion hielt es daher für seine Pflicht, in den überkommenen urchristlichen Schriften alles auszumerzen, was darin von dem durch Jesus überwundenen Gesetz und generell vom „Judaismus“ enthalten war. So kam er zur Schaffung seines *Kanons* von „Evangelium“ und „Apostel“, in den er das stark gekürzte und von alttestamentlichen Bezügen „gereinigte“ Lukasevangelium und zehn paulinische Briefe (Gal1 und 2Kor, Röm1 und 2Thess, Eph, Kol, Phil, Phlm; die „Pastoralbriefe“ lehnte er entweder ab oder kannte sie nicht) aufnahm. Offensichtlich war ihm das Johannesevangelium un-

bekannt, da er es sonst gewiß aufgenommen hätte. Das Matthäusevangelium war ihm zu gesetzlich und „jüdisch". Damit existierte neben bzw. (aus Marcions Sicht) gegenüber dem „Alten Testament" erstmals eine unter theologischen Gesichtspunkten bewußt geschaffene Sammlung urchristlicher Schriften. Derartige Schriftenkollektionen waren bis dahin zwar zum Gebrauch in den Gottesdiensten, nicht aber unter speziellen dogmatischen Gesichtspunkten entstanden.

Marcion verstand die Welt als Inbegriff des Schlimmen und Bösen. In ihr waltet der Demiurg, der für die Erschaffung dieser Welt verantwortlich ist und sie und ihre Geschöpfe mit dem Gesetz der Vergeltung beherrscht. Über diesem negativ verstandenen „gerechten" Schöpfergott thront der „ferne" Gott, der dem Demiurgen unbekannte Gott der Liebe und Barmherzigkeit, der sich in Jesus Christus offenbart hat. Mit ihm ist das den Menschen versklavende Gesetz des Schöpfergottes abgetan. Durch ihn kann der Glaubende aus dieser materiellen Welt erlöst werden und seine Freiheit finden. Christus ist sowohl der Sohn des „fremden" Gottes als auch Gott selbst. Mit dem von den Juden erwarteten Messias ist er jedoch nicht identisch. Er nahm zum Schein einen menschlichen Leib an *(phantasma)*, da er nicht wirklich in die zur Schöpfung des Demiurgen gehörende Materie eingehen konnte. Mit diesem Scheinleib täuschte er den Demiurgen und konnte dadurch zu den Menschen herabkommen. Für diese ist er „der Fremde", für sie verkündigte er das Evangelium mit der Bergpredigt als Mittelpunkt, für sie wurde er vom Demiurgen ans Kreuz geliefert. Das ist der Preis, den er für die Erlösung der Menschen zahlen mußte. Danach stieg er in den Hades, um dort die Verdammten (Kain, die Sodomiten, die Ägypter und die Heiden), nicht aber die „Gerechten" des Alten Testaments zu erlösen. Dann kehrte er zum „fernen" Gott zurück. Sein Erlösungswerk an den Menschen ist reine Gnade. Der Mensch kann es nur im Glauben annehmen und danach leben. Die rigoristische Ethik Marcions verlangt strenge Askese und Ehelosigkeit, um der Welt des Demiurgen nicht zu verfallen und seine Herrschaft nicht durch weitere Zeugung zu verlängern. Daher sind Fleisch und Wein und Geschlechtsverkehr den Gläubigen untersagt.

In dieser Konzeption Marcions deckt sich vieles mit der *gnostischen Weltanschauung*, so die Zwei-Götter-Lehre, der Antikosmismus und Antinomismus, die antijüdische Grundstimmung und die Protestexegese des „Alten Testaments", die auf Weltentsagung angelegte Ethik und der christologische Doketismus, der hier durch die Ineinssetzung von Vater und Sohn als Modalismus erscheint. Die Mythologie hat für Marcion nicht dasselbe Gewicht wie für die Gnosis. Ein wesentlicher Unterschied besteht jedoch in der Anthropologie, da für Marcion der Mensch mit dem höchsten Gott nicht in seinem innersten Kern (Geist, Seele, Lichtfunke) wesenseins ist, sondern ganz und gar der Schöpfungswelt des Demiurgen angehört. Auch hat Marcion keine eigenen Offenbarungsschriften geschaffen wie die Gnostiker.
Marcion war ein Bibeltheologe, dem es um das reine Evangelium zu tun war, das er nur beim Apostel Paulus und dessen Schüler Lukas zu finden meinte. Daher sah er sich genötigt, allen „Verfälschungen" der Botschaft Jesu entgegenzutreten, diese aus den überlieferten Schriften auszumerzen und das Evangelium in seiner Ursprünglichkeit wiederherzustellen. Er betonte die Einzigartigkeit Jesu Christi und seines Erlösungswerkes und nahm das „Ende des Gesetzes" sehr ernst. Aus diesem Grunde ging er daran, „Widersprüche" zwischen dem „Alten Testament", das er wörtlich und nicht allegorisch verstand, und den urchristlichen Schriften aufzudecken. Dementsprechend verwarf er die neue Gesetzlichkeit der kirchlichen Theologen und Gemeinden und alle judaistischen Elemente im Christentum seiner Zeit. Damit löste er dieses, das sich weiterhin in den Spuren der Synagoge ausbreitete, aus der Bindung an das Juden-

tum heraus. Durch diese Abhebung vom Judentum, durch die Geschlossenheit seiner Lehre und den Ernst seiner auf Heiligung zielenden Ethik fand er viele Anhänger. Andererseits stieß Marcion auf eine massive Gegnerschaft, namentlich seitens der Bischöfe, die eine Beeinflussung und Schwächung ihrer Gemeinden befürchteten. Außer Polykarp und Papias bekämpften auch Dionysius von Korinth, Philippus von Gortyna auf Kreta („Traktat gegen Marcion“) und Theophilus von Antiochien den Marcionitismus. Auch namhafte Theologen wie der schon erwähnte Justin und später Irenäus und Tertullian („Fünf Bücher gegen Marcion“) zählten zu seinen Kritikern und Gegnern, desgleichen ein gewisser Rhodon in Rom, der sich speziell mit dem Marcionschüler Apelles auseinandersetzte.

Doch darf gerade Marcions Bedeutung für die Entwicklung des kirchlichen Christentums im 2. Jh. nicht unterschätzt werden. Wenn dieses auch seine „Reformation“ (Harnack) nicht akzeptierte, hat er doch vieles in Bewegung gebracht und eine Neubesinnung der Theologie und Christologie provoziert. Die Theologen regte er zu einer tieferen Durchdringung der christlichen Botschaft an, die apostolische Tradition erhielt eine entscheidende Bedeutung, die Bildung eines Schriftenkanons wurde als dringend notwendig erkannt und die kirchliche Organisation gefestigt, und schließlich erhielt das paulinische Erbe wieder den ihm gebührenden Platz. Aber gerade diesen Paulus, auf dessen Theologie er sich berief, hat Marcion in wesentlichen Punkten mißverstanden, indem er den Schöpfergott und Vater Jesu Christi auseinanderriß und zu zwei Göttern machte und die Dialektik von Gesetz und Evangelium auflöste. Dabei hat er die Spannung zwischen Schöpfung und Erlösung, Schuld und Vergebung, Welt und Reich Gottes, die er nicht verstehen und ertragen konnte, gelöst und durch einen gnostischen Dualismus und Antikosmismus ersetzt. Die „Bibel“ als ganze, als Gottes Wort im Alten und Neuen Bund, und der Zusammenhang von Judentum und Christentum war damit aufgegeben. Marcion hat sich damit bei aller Bedeutsamkeit seines Wirkens selbst um die Möglichkeit gebracht, als Reformator des kirchlichen Christentums wegweisend zu werden. Freilich: „Die Kirche hat immer die Ketzer, die sie verdient“, urteilt Walther von Loewenich.

3. *Der Montanismus*

Die dritte große Bewegung, mit der sich das frühe Christentum im 2. (und 3.) Jahrhundert auseinanderzusetzen hatte, ist der Montanismus – eine charismatische Bewegung, die in Kleinasien entstand und von dort aus eine weite und nachhaltige Wirkung ausübte. Das konnte nur geschehen, weil der Montanismus vielerorts als Korrektiv zur großkirchlichen Entwicklung verstanden wurde.

Initiator der Bewegung war *Montanus* aus dem phrygischen Dorf Ardabau, der vor seinem Übertritt zum Christentum als Priester (wahrscheinlich) des Apollon gewirkt hatte. Der Inhalt seiner Verkündigung war stark eschatologisch, also auf das nahe Weltende hin ausgerichtet, wobei sich Montanus selbst als der im Johannesevangelium verheißene *Paraklet* verstanden haben soll (Joh 14,16.26 u. ö.). Möglicherweise ist er erst von anderen mit dem Parakleten identifiziert worden. Sein prophetischer Anspruch wurde zunächst nur von wenigen akzeptiert, deren Zahl wuchs, als sich zwei Frauen, *Priska* (bzw. Priscilla) und *Maximilla*, zu Montanus gesellten und ebenfalls in enthusiastischer Weise als Prophetinnen der Endzeit auftraten. Die neue Bewegung, die sich selbst als „neue Prophetie“ bezeichnete (Euseb, KG 5,16,4; 5,19,2) und erst später (im 4. Jh.) nach ihrem Initiator Montanismus genannt wurde – ihre Gegner nannten sie „die Häresie der Phrygier" oder kurz phrygische Häresie –, verbreitete sich von ihrem Stammgebiet um Pepuza und Tymion im Hochland von Kirbasan (A. Strobel) aus auch nach Galatien und Kappadozien und weiter nach Syrien (Antiochia) sowie an die südwestlichen Gegenden des Pontus Euxinus, in die westlichen Gebiete der Provinz Asia und weiter nach Westen über Rom bis nach Gallien und Nordafrika. Über den Montanismus geben hauptsächlich Tertullian, Euseb (KG 5,16–19) und Epiphanius (Panarion 48/49) Auskunft. Der Beginn der montanistischen Bewegung liegt um das Jahr 160 n. Chr., wahrscheinlich noch einige Jahre früher (nach Epiphanius schon 156/157).

Nach der Überlieferung war der frühe Montanismus ganz auf das nahe Ende orientiert. Die Herabkunft des neuen Jerusalem und das tausendjährige Reich (Chiliasmus!) wurden ganz konkret für die Gegend von Pepuza (und Tymion) angekündigt, wohin aufzubrechen alle Christen aufgerufen waren. Dieser Endzeitprophetie entsprach eine rigoristische Glaubenspraxis und Ethik. Dazu gehörten die Forderungen, der Welt zu entsagen, sich vom irdischen Besitz zu trennen und Gold und Geld der montanistischen Zentrale zur Verfügung zu stellen, Verfolgungen nicht auszuweichen, sondern das Martyrium zu suchen, auf die Ehe zu verzichten und sexuell enthaltsam zu leben. Vorbilder darin waren Priska und Maximilla, die ihre Ehen auflösten. Das Fasten, das bisher an zwei halben Tagen der Woche freiwillig eingehalten werden konnte, wurde allen Gliedern der montanistischen Gemeinschaft zur Pflicht gemacht und eschatologisch begründet.

Die Frühzeit des Montanismus endete im Jahre 179 mit dem Tod der Prophetin Maximilla, der letzten der drei Gründergestalten, die den Ausbruch der Endzeit nach ihrem Tode angekündigt hatte („Nach mir wird kein Prophet mehr sein, sondern die Endvollendung *[synteleia]* eintreten", Epiphanius, Panarion 48,2,4). Da aber die Parusie Jesu Christi weder sofort noch im ersten Dezennium nach Maximillas Tod eintraf, versuchte die montanistische Bewegung die dadurch entstandene Krisensituation durch eine Konzentration auf die ihr wichtigen Glaubensmomente zu bewältigen. Diese lagen nicht im theologischen Bereich, wo es kaum Abweichungen zur „kirchlichen" Lehre gab, sondern vielmehr in praktischen und ethischen Vorstellungen.
Die zweite Phase des Montanismus (seit dem Ende des 2., Anfang des 3. Jh.) ist gekennzeichnet durch die strenge Befolgung der in den nachgelassenen Worten und Schriften des Montanus und seiner beiden Prophetinnen enthaltenen Gebote. Die Stationsfasten (vgl. Kap. 5,3) wurden zum Gesetz erklärt und als ganztägiges Fasten gehalten. Für die zusätzlichen zwei Fastenwochen im Jahr wie die Xerophagie (Trockenessen) angeordnet, d. h., die Gläubigen hatten sich von Fleisch und Brühe, saftigen Früchten und Wein sowie des Badens zu enthalten. Der Montanismus nahm durch das Ausbleiben der Parusie nach Maximillas Tod nur wenig Schaden, entwickelte sich seitdem vielmehr erst zur organisierten Bewegung und drang in viele Gemeinden ein. Aber das eschatologische Feuer kühlte doch allmählich ab, obwohl der Montanismus auch weiterhin von Gerichtsdenken und Auferstehungshoffnung geprägt war.
Nach 200 erhielt die montanistische Bewegung mit dem Übertritt *Tertullians* zum Montanismus (207 in Karthago) nochmals neuen Auftrieb, aber auch neue Züge.[4] Tertullian verzichtete auf die lokalen Besonderheiten der phrygischen Geistbewegung

4 Siehe dazu *G. Haendler*, Von Tertullian bis zu Ambrosius, 35ff.

(oder sollte er davon nichts gewußt haben?) und reduzierte den Montanismus auf seine wesentlichen Anliegen gegenüber der großkirchlichen Entwicklung: die klare und radikale Geschiedenheit von christlicher Gemeinde und Welt, das untadelige Leben des Christen und Härte gegen den Sünder, damit Ablehnung der kirchlichen Bußpraxis und überhaupt Ablehnung einer Institution, in der die Autorität nicht mehr auf geistlicher Vollmacht, sondern auf dem Nachfolgeprinzip (Sukzession) beruht. Andererseits wendete sich Tertullian gegen das gleichberechtigte Wirken von Frauen in der Kirche. Das Eheverbot interpretierte er als ein Verbot der zweiten Ehe nach der Taufe.

Die Auseinandersetzung mit der „neuen Prophetie“ geschah schon früh in den Gemeinden der Provinz Asia, vielleicht sogar auf ersten christlichen Synoden, wo die neuen Lehren verurteilt wurden und man ihren Anhängern die kirchliche Gemeinschaft versagte (vgl. Euseb, KG 5,16,10), aber auch auf literarischem Gebiet.

Bereits in den sechziger Jahren des 2. Jh. wandte sich der Rhetor und Apologet Miltiades gegen die Montanisten. Auch Apollinaris, der Bischof von Hierapolis in Phrygien, schrieb in der Frühzeit gegen sie, desgleichen der später (um 200) auf ihm fußende Serapion von Antiochia sowie Apollonius (Ende 2. Jh.), Melito von Sardes u. a. (vgl. Kap. 3,4). Aufschlußreich sind besonders die auszugsweise bei Euseb (5,16ff.) überlieferten Ausführungen eines unbekannten kleinasiatischen Autors („Anonymus“), der um 193 drei Bücher gegen die Montanisten geschrieben hat. In Rom scheint man die Problematik der montanistischen Bewegung zunächst nicht völlig übersehen zu haben. Ob sich bereits der römische Bischof Soter (166–174) gegen sie wendete, ist nicht sicher. Sein Nachfolger, Bischof Eleutherus (174–189), sah jedenfalls keinen zwingenden Grund, sie zu verurteilen. Wahrscheinlich war er von den Märtyrern aus Lyon und Vienne (177) beeinflußt, die sich um eine Vermittlung und um innerkirchlichen Frieden bemühten. Sie hatten Eleutherus durch die Entsendung des Presbyters und späteren Bischofs von Lyon Irenäus informiert (vgl. Euseb, KG, 5,3–4). Auch der römische Bischof Zephyrin (198–217) hielt zunächst noch mit den Montanisten Gemeinschaft, die er erst später, vermutlich auf Betreiben des Kleinasiaten Praxeas, aufkündigte (Tertullian, Adv. Praxean, 1).

Nach seiner frühen Verurteilung in Kleinasien und erst relativ späten Verurteilung in Rom blieb der Montanismus in Nordafrika zunächst unbehelligt, zumal sich seine Vorstellungen teilweise mit denen urchristlich orientierter Kreise deckten und theologisch (noch) nicht als ketzerisch empfunden wurden. Vielfach lebten die Montanisten – wie die Gnostiker auch – als Minderheiten in den christlichen Gemeinden. Aber der Bruch war auch hier auf die Dauer unvermeidlich und geschah am Anfang des 3. Jh. (um 207: Bruch in Karthago).

In einer Zeit, da die frühe Christenheit das Überlieferte zu bewahren und sich in einer für sie neuen Situation zurechtzufinden suchte, mußte sie durch die „neue Prophetie“ des Montanus irritiert werden; denn diese entsprach nicht den Interessen der jungen Kirche. Außerdem stimmte die „neue Prophetie“ nicht mit der urchristlichen Endzeiterwartung überein, und schließlich hatte man mit Gruppen, die sich auf den Geist beriefen – wie schon die Gnostiker –, keine guten Erfahrungen gemacht. Gleichwohl war die montanistische Geistbewegung eine massive Anfrage an das kirchliche Christentum, ob nicht der von ihm eingeschlagene Weg der Institutionalisierung und des Sicheinrichtens in der Welt eine Preisgabe der urchristlichen Ideale und Werte bedeutet: eine Preisgabe der unerschütterlichen Hoffnung auf die nahe Endzeit, ein Aufgeben der hohen sittlichen Anforderungen und ein Verlassen der Herrschaft des Gei-

stes zugunsten einer Verwaltung des Überkommenen. Einzelne hatten sich dagegen schon längst aufgelehnt, nunmehr artikulierte sich dieser Protest in einer Bewegung, in der viele ihre Ideale wiederfanden. In diesem Sinne war der Montanismus ein Angriff gegen die entstehende Großkirche, ihre Hierarchie, ihre Organisation, ihre Bußpraxis. Gegen die Prophetie und das Walten des Geistes konnte die Kirche nichts einwenden. Aber die exklusiven Ansprüche des Montanus und seiner Prophetinnen und die Art und Weise ihrer enthusiastischen und schwärmerischen Prophetie erachtete sie als mit ihren Maßstäben nicht übereinstimmend. Das betraf vor allem das ekstatische Element dieser Prophetie (vgl. Miltiades bei Euseb 5,17,1) und die Nichterfüllung der Prophezeiungen. Den Propheten wurden außerdem unmoralische Handlungen vorgeworfen, so die Annahme von Geschenken, das Tragen von Schmuck, Geldverleihung gegen Zinsen und anderes mehr (Euseb 5,18). Dementsprechend wurde die „neue Prophetie" als „Pseudoprophetie" disqualifiziert und verworfen. Später, als sich herausstellte, daß von der „neuen Prophetie" letztlich nur der asketische Rigorismus als neue Gesetzlichkeit übriggeblieben war, was ins Sektierertum führte, fiel ihre Verurteilung leichter. Doch als Häresie im theologischen Sinne wurde der Montanismus erst relativ spät, erst vom 3. Jh. an betrachtet.
Die Absage an den Montanismus und seine Bekämpfung durch die Großkirche brachte dieser eine Konsolidierung ihrer Strukturen. Aber die prinzipiellen Anfragen der endzeitlichen Geistbewegung an die institutionalisierte Kultkirche (vgl. damit die Kritik der Gnostiker in Abschnitt Kap. 6,B1) waren damit nicht erledigt und wurden kirchlicherseits auch nicht einfach ignoriert. Es sollte freilich noch lange dauern, bis der Montanismus als organisierte Bewegung zu existieren aufhörte. Das dauerte im Osten, seinem Ursprungsgebiet, wesentlich länger als im Westen, wo er seinen Zenit schon am Anfang des 3. Jh. überschritten hatte und wo schon früh montanistische Gruppen und Gemeinden in die Großkirche zurückkehrten.

Kapitel 7
Entwicklungstendenzen und Erbe des zweiten Jahrhunderts

Aufs Ganze gesehen, schien die politische und gesellschaftliche Entwicklung des Imperium Romanum im 2. Jh. verhältnismäßig ruhig verlaufen zu sein. Zwar gab es Machtkämpfe in Rom, und die Politik der römischen Kaiser wechselte zwischen riskanten Eroberungen und Maßnahmen zur Stabilisierung des Staates, aber es ereigneten sich noch keine tiefgreifenden Erschütterungen des Imperiums. Bei näherem Hinsehen sind jedoch gesellschaftliche Wandlungen wahrzunehmen, die sich in immer stärkeren Krisenerscheinungen äußerten und grundlegende Veränderungen signalisierten, die dann im 3. Jh. offen zutage treten. Naturkatastrophen, unerträgliche Kriegslasten, die Verschuldung der Kolonen, das Nachlassen der Produktivität und Rentabilität der Landwirtschaft, der wachsende Widerspruch zwischen den verschuldeten Städten und dem wachsenden Großgrundbesitz, die Divergenzen zwischen den Provinzen mit ihren eigenen Problemen und Interessen und der Zentralverwaltung in Rom und andere Faktoren mehr lösten soziale Spannungen und lokale Aufstände aus, die ihre Rückwirkung auf das Gesellschaftssystem hatten und von denen auch die Religionen betroffen wurden. Der Entwicklung eines einheitlichen Staatswesens stand ein Nachlassen der Urbanisierung und ein Anwachsen der sozialen Probleme gegenüber.

Die christlichen Gemeinden haben die vielfältigen Bewährungssituationen in einer sich verändernden Umwelt nach außen und innen gut bestanden. So jedenfalls muß das Urteil lauten, wenn es formal und statistisch auf die Situation des Christentums am Ende des 2. Jh. abhebt. Die Frage, ob die geschilderte Entwicklung eine dem Anliegen Jesu Christi gemäße war, ist natürlich eine andere, die unterschiedlich beantwortet wird. Jedenfalls konnten die christlichen Gemeinden ihre Loslösung vom Judentum unbeschadet überstehen und sich auf ihrem eigenen Wege profilieren. Die direkten und literarischen Angriffe gegen das sich stetig ausbreitende und in sich erstarkende Christentum hat dieses mit Bekennermut und Geschick in der literarischen Selbstverteidigung gemeistert. Dabei haben die frühen christlichen *Apologeten* Pionierarbeit geleistet und sich in zunehmendem Maße zeitgemäßer Mittel bedient, die freilich wegen der Gefahr einer Überfremdung der christlichen Botschaft und des drohenden Substanzverlustes durch eine Einbindung in die antike Philosophie und Kultur überhaupt umstritten war und blieb. Aus Verfolgungssituationen sind die Gemeinden gestärkt hervorgegangen. Ihr Ansehen wurde besonders durch das Martyrium prominenter Christen gehoben, das zur Märtyrerverehrung führte. Ebenso fand der weithin untadelige Lebenswandel der Christen bei vielen Anerkennung und Bewunderung. Diese Faktoren dienten der *Verbreitung* des Evangeliums mehr als die noch kaum organisierte Mission. Jeder einzelne war ein Missionar, und die wesentlichen Impulse gingen von den Gottesdiensten der christlichen Gemeinden aus. Am Ende des 2. Jh. gab es diese in allen Provinzen des Römerreiches, obwohl die Zahl der Christen insgesamt noch nicht groß war. Das Christentum war vornehmlich eine Stadtreligion. Seine Verbreitung in ländlichen Gegenden ging nur langsam voran. Doch wurden dem

Christentum immer neue Räume erschlossen, so im Osten Syriens und im Zweistromland, im nördlichen Afrika sowie in Spanien, Gallien und Germanien. Christliche „Ballungsgebiete“ gab es allerdings nur wenige, nur die Großstädte und den östlichen Mittelmeerraum, namentlich Syrien und Kleinasien. Wo das Christentum hingelangte, wurde es zu einer ernsthaften Konkurrenz für die zahlreichen spätantiken Religionen, das Judentum eingeschlossen. Abgesehen von diesem, erwies sich vor allem die Gnosis als ein besonders harter Gegner, und zwar vornehmlich in ihrer christlichen Ausprägung. Doch stellt die christliche Gnosis bereits eine eigene Entwicklungslinie des Christentums dar und gehört in dessen Geschichte selbst mit hinein.

Am Ende des 2. Jh. waren die Auseinandersetzungen nach außen und innen bestanden. Das betrifft zuerst den Kampf gegen die enthusiastische Geistbewegung des *Montanismus*, obwohl deren urchristliche Ideale, ihre unerschütterliche Hoffnung auf die baldige Wiederkunft des Herrn, ihr Vertrauen auf das Walten des Geistes, ihre hohen sittlichen Forderungen und ihr prophetischer Impetus weiterwirkten und eine ständige Anfrage an die „Großkirche“ blieben. Tertullian fand zu Beginn des 3. Jh. in der „Neuen Prophetie“ des Montanismus seine Einwände gegen eine hierarchisch verfaßte, institutionalisierte Kirche mit ihren entschärften Moralvorstellungen bestätigt. Das Walten des Geistes mit einer Verwaltung des Überkommenen und dem Vorwärtsschreiten unter neuen Bedingungen in Einklang zu bringen blieb aber für die siegreiche kirchliche Richtung des frühen Christentums als Aufgabe bestehen. Als sich allerdings herausstellte, daß von der montanistischen Geistbewegung nur mehr ein ethischer Rigorismus, eine neue Gesetzlichkeit übriggeblieben war, hatte sich für die Großkirche die montanistische Gefahr im wesentlichen von selbst erledigt.

Erheblich schwerer hatten es die Vertreter der kirchlichen Entwicklungslinie dagegen mit der *Gnosis*, die als „christliche Gnosis“ in zunehmendem Maße innerhalb von Gemeinden des kirchlich-hierarchisch verfaßten Christentums exklusiv wirkte. Obwohl am Ende des 2. Jh. die gnostische Gefahr insofern gebannt war, als sich die christlich-gnostischen Gemeinden und Theologen nicht als die führende Richtung hatten durchsetzen können, blieben die Anziehungskraft und der Einfluß der christlichen Gnostiker noch lange bestehen. Die kirchlichen Theologen erblickten die Gefährdung des Glaubens durch die Gnosis vor allem darin, daß die gnostische Weltanschauung mit ihrem antikosmischen Charakter einen anderen, fremden Geist über die christliche Botschaft bringt und damit diese insgesamt verfälscht. Gleichwohl waren „Kirche“ und „Gnosis“, das kirchliche und das gnostisch geprägte Christentum auf vielfältige Weise miteinander verschränkt. Christlich-gnostische Theologen waren häufig die Protagonisten exegetischer und systematisch-theologischer Arbeit, die letztendlich jene Klärungsprozesse in Gang setzten, die die theologische Entwicklung voranbrachten. Ohne ihre Denkanstöße und ihre umfangreiche schriftstellerische Tätigkeit, die auch die historisch-kritische Arbeit kirchlicher Theologen mit veranlaßte, von denen als erster Irenäus zu nennen ist, wäre das 2. Jh. um vieles ärmer, wenn auch spannungsfreier gewesen.

Marcion endlich und die marcionitische „Kirche“ waren die dritte prägende Komponente in diesem dramatischen Entwicklungsprozeß des Frühchristentums. Seine Vorstellungen berührten sich zwar in manchem mit der Gnosis, stellten aber insgesamt eine eigene, in sich geschlossene Konzeption dar und wurden als solche mit ihren organisatorischen Konsequenzen in Form von Marcions Gegenkirche von der kirchlichen Richtung des frühen Christentums entschieden bekämpft. Vor allem der aus der

Gnosis geläufige theologische Dualismus, das Auseinanderreißen von Schöpfergott und Erlösergott und der mit Marcions Weltpessimismus, Gesetzesfeindlichkeit und Antijudaismus einhergehende schroffe Paulinismus wurden von seinen Gegnern entschieden verworfen. Dabei aber fanden seine berechtigten Anliegen ebensowenig Gehör wie die der Montanisten und Gnostiker. In einer Zeit, da sich bei vielen Christen eine positive Einstellung zur Welt anbahnte, da Paulus vor allem im nichtkirchlichen Christentum hoch im Kurs stand und man schon mit der Abwehr anderer Abweichler und sonstigen Problemen genug zu tun hatte, war für eine gelassene Auseinandersetzung mit Marcions Ansichten kein Raum. Doch wirkten seine Gedanken weiter, und seine problematische Auswahl urchristlicher Schriften war einer der Anstöße für die Schaffung eines „Kanons" von anerkannten und verbindlichen Zeugnissen des Urchristentums, die sich wegen der zunehmenden Flut neuer Evangelien und Apostelschriften gnostischer und anderer Provenienz dringend erforderlich machte.
Mit den geschilderten Vorgängen erreichte die Krise des frühen Christentums um die Mitte des 2. Jh. ihren Höhepunkt. Diese Umbruchsituation hatte sich vor allem durch die zunehmende Entfernung vom Urchristentum ergeben, die ein Nachlassen der Naherwartung von Christi Wiederkunft und des Gerichts und damit ein Abnehmen der Spannung der Gläubigen und ihrer unmittelbaren Betroffenheit vom bevorstehenden Weltende zur Folge hatte. Der einzelne Christ und die Gemeinde mußten sich notgedrungen in der Welt einrichten; sie begannen diese nicht mehr nur als „Fremde" zu betrachten. Gerade dagegen protestierten die Montanisten und Gnostiker. Die christlichen Gemeinden standen nunmehr vor der Aufgabe, sich ihre *Lebensordnungen* zu schaffen, was zur Festlegung der Rechte und Pflichten des einzelnen Gemeindegliedes, zur allmählichen Umwandlung charismatischer Funktionen in Ämter, zu Gottesdienst- und Gemeindeordnungen und insgesamt zu festeren Strukturen führte. Diese Entwicklung setzte schon mit den „Apostolischen Vätern" ein. Der damit in Gang gekommene *Konsolidierungsprozeß* führte trotz mannigfaltiger Angriffe von außen und manch harter Verfolgung ganz allmählich auch zu einer positiveren Einstellung zum Staat.
Mit der schweren inneren Krise in der Mitte des 2. Jh. wurde diese zunehmende Konsolidierung des jungen Christentums zwar ernsthaft gefährdet, aber nicht unterbrochen, sondern im Gegenteil noch verstärkt vorangetrieben. Der Rückgriff auf die „apostolische Tradition" und die Vorstellung von der *apostolischen Sukzession* des Bischofs, die Festigung der kirchlichen *Hierarchie* mit dem monarchischen Episkopat an der Spitze, die Ausbildung des (Tauf-)Bekenntnisses zur *regula fidei* als verbindliche Glaubensnorm, die Festlegung der „reinen Lehre" gegenüber allen Irrlehren, die ersten Bemühungen zur Schaffung eines *Kanons* der „wahren" urchristlichen Schriften zur Ausgrenzung der zahlreichen neuen Offenbarungsschriften und der Ausbau des Gottesdienstes zum *Kultus* mit beamteten „Kultdienern" (womit die Scheidung von Priestern und Laien schon einsetzte) waren die entscheidenden Maßnahmen, die zur endgültigen Durchsetzung und Festigung des kirchlichen Weges führten. Damit setzte sich aber auch die *Institutionalisierung* des frühen Christentums durch. Als die Kirchenväter auf den Plan traten, konnten sie auf diesem Fundament theologisch wie organisatorisch weiterbauen. *Rom* hatte an dieser Entwicklung vor allem auf praktisch-theologischem und organisatorischem Gebiet durch die Festigung des Bischofsamtes, die Ausbildung der regula fidei und des Kanons sowie die Abwehr von „Irrlehren" einen großen Anteil und drängte allmählich nach vorn. Doch lag der Schwer-

punkt der Entwicklung des frühen Christentums vorerst noch im Osten, wo auch die theologischen Leistungen erbracht wurden. Erst um 200 begann das Christentum, sich die *lateinische* Welt zu erobern. Eine organisatorische Einheit gab es um die Wende zum 3. Jh. noch nicht, doch hatten sich bereits regionale Vorstufen dazu herausgebildet.

Rückblickend stellt sich das 2. Jh. als eine Zeit dar, in der unterschiedliche Konzeptionen im Verständnis des christlichen Glaubens und Lebens miteinander konkurrierten, woraus die „kirchliche" Konzeption siegreich hervorging. Dagegen verstanden die Kirchenväter jene Epoche als eine Zeit des Kampfes der „Rechtgläubigen" gegen die „Häresien", wobei das, was in Wirklichkeit *Konflikte* unterschiedlicher und rivalisierender Richtungen waren, deren Wurzeln bis in das Urchristentum zurückreichten, als teilweise Abkehr vom rechten apostolischen Glauben gedeutet wurde. Gegen diese Fiktion ist die Pluralität der Aussagen über die Bedeutsamkeit Jesu und die Vielfalt der Gemeinden von ihrer Entstehung her zu betonen. Das 2. Jh. ist somit nicht das Musterbeispiel für einen Abfall von der „reinen Lehre" einerseits und deren Wiederherstellung durch die kirchlichen Theologen andererseits, sondern es ist von besonderer Bedeutung für den Prozeß der Entfaltung des christlichen Glaubens auf vielfältige Weise und für das Ringen um das rechte Verständnis von Person, Verkündigung und Wirksamkeit Jesu. Dabei sind Interessen- und Machtfragen nicht auszuklammern, aber auch nicht die Berechtigung der Abwehr von Überfremdungen der christlichen Botschaft zum einen und die Kritik der nachmals als „Häretiker" bezeichneten Christen am kirchlichen Entwicklungsweg zum anderen. Sicherlich konnte der Außenstehende besser als der in diese Konflikte Verwickelte fühlen und erkennen, was die Essenz der christlichen Botschaft war und welche Freiheit bzw. Bedrohung sie für ihre Umwelt darstellte. So darf bei aller *Pluralität* des frühen Christentums doch auch von seiner quer durch alle Richtungen hindurchgehenden *Identität* und Kontinuität gesprochen werden.

Die vom kirchlichen Christentum getroffenen Entscheidungen und Maßnahmen in theologischer und organisatorischer Hinsicht waren *Weichenstellungen* für die weitere Entwicklung. Mit diesem Erbe mußte die Kirche fortan leben. Aber auch das Erbe der ins Abseits gedrängten und verketzerten Richtungen wirkte weiter, wurde da und dort auch von kirchlichen Theologen aufgenommen und blieb sowohl mit seinen berechtigten Anliegen als auch mit seinen fragwürdigen Positionen lebendig. Der Beitrag des 2. Jh. zur Gesamtentwicklung des Christentums war jedenfalls bedeutend. In der Nachfolge Jesu Christi ging es damals und geht es auch heute darum, die überkommenen Traditionen kritisch aufzubereiten und unter den Bedingungen und Anforderungen der Zeit zur Ehre Gottes und zum Wohle seiner Geschöpfe fruchtbar werden zu lassen.

Zeittafel

98–117	Trajan
117–138	Hadrian
132 – 135	Bar-Kochba-Aufstand
138–161	Antoninus Pius
161–180	Marcus Aurelius
180–192	Commodus
192–193	P. Helvius Pertinax
193	M. Didius Iulianus
Ausrufung von Kaisern durch die Legionen	
193–194	C. Pescennius Niger (in Syrien)
193–197	D. Clodius Albinus (in Britannien)
193–211	L. Septimius Severus (in Pannonien)
Partherkriege	
193–211	Septimius Severus (Kaiserin Iulia Domna)
211–217	Caracalla
212	Röm. Bürgerrecht für alle

seit ca. 105	Verfolgungen in Kleinasien und Syrien
110	Martyrium des Ignatius
um 111/112	Verfolgung in Bithynien
seit 138 (oder früher)	Wirksamkeit Marcions in Rom
um 138–160	Wirksamkeit des Valentinus in Rom
140–154/155	Bischof Pius von Rom
144	Ausschluß Marcions aus der römischen Gemeinde
154/155–166	Bischof Anicet von Rom
156 (?)	Martyrium des Polykarp von Smyrna
166–174(175)	Bischof Soter von Rom
um 156/157	Auftreten des Montanus
165	Martyrium Justins
174(175)–189	Bischof Eleutherus von Rom
um 177/178	Verfolgungen in Lyon und Vienne
(177)178	Irenäus wird Bischof von Lyon
180	Verfolgungen in Phrygien, Syrien und in Nordafrika (Märtyrer von Scilli)
um 190	Monarchianer in Rom
189–198(199)	Bischof Viktor von Rom
um 190	Streit mit Kleinasien um Ostertermin
198(199)–217	Bischof Zephyrinus von Rom
um 207	Tertullian wird Montanist

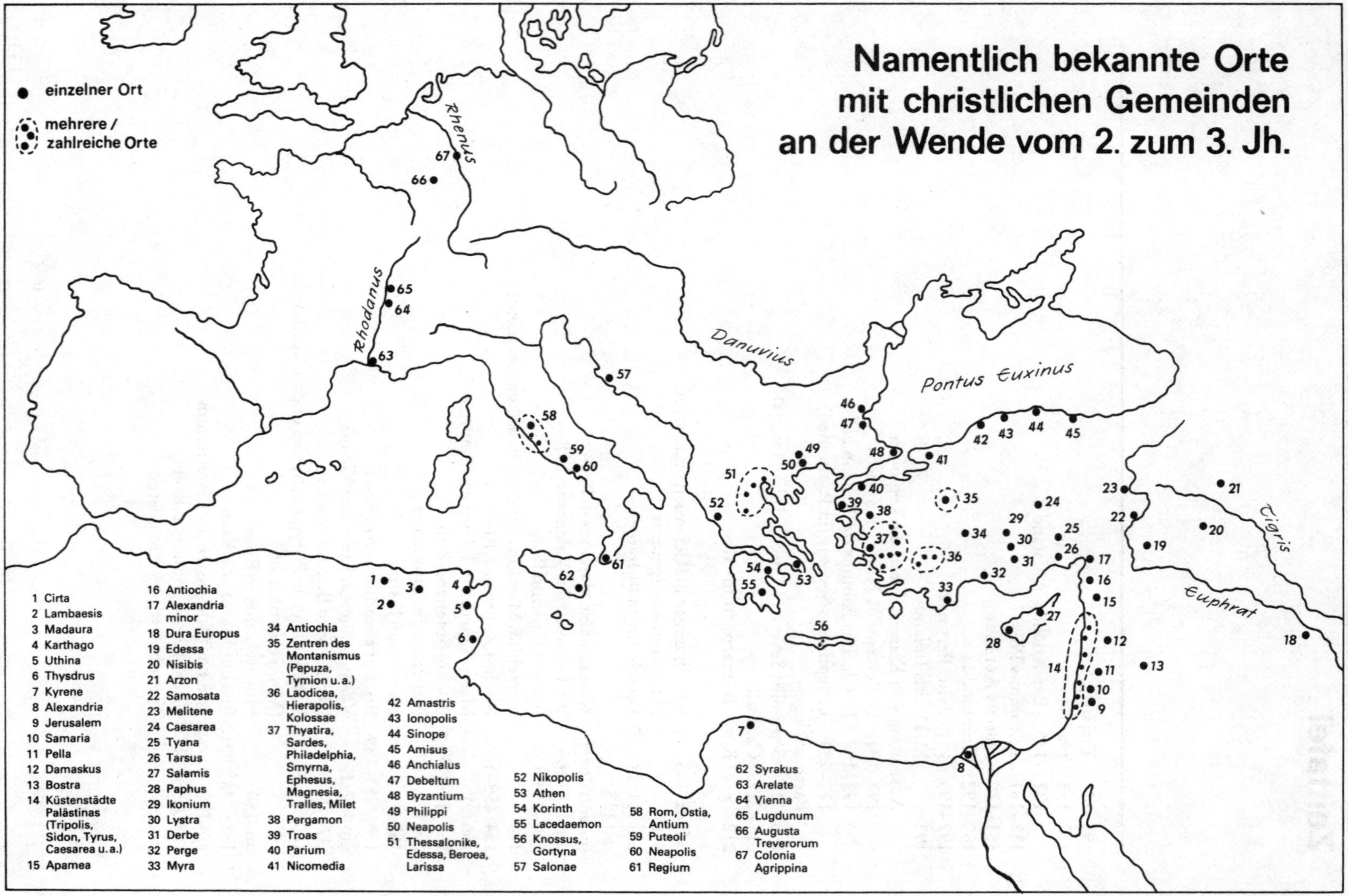
Namentlich bekannte Orte
mit christlichen Gemeinden
an der Wende vom 2. zum 3. Jh.
einzelner Ort
mehrere / zahlreiche Orte
Rhenus
Rhodanus
Danuvius
Pontus Euxinus
Tigris
Euphrat
1 Cirta
2 Lambaesis
3 Madaura
4 Karthago
5 Uthina
6 Thysdrus
7 Kyrene
8 Alexandria
9 Jerusalem
10 Samaria
11 Pella
12 Damaskus
13 Bostra
14 Küstenstädte Palästinas (Tripolis, Sidon, Tyrus, Caesarea u.a.)
15 Apamea
16 Antiochia
17 Alexandria minor
18 Dura Europus
19 Edessa
20 Nisibis
21 Arzon
22 Samosata
23 Melitene
24 Caesarea
25 Tyana
26 Tarsus
27 Salamis
28 Paphus
29 Ikonium
30 Lystra
31 Derbe
32 Perge
33 Myra
34 Antiochia
35 Zentren des Montanismus (Pepuza, Tymion u.a.)
36 Laodicea, Hierapolis, Kolossae
37 Thyatira, Sardes, Philadelphia, Smyrna, Ephesus, Magnesia, Tralles, Milet
38 Pergamon
39 Troas
40 Parium
41 Nicomedia
42 Amastris
43 Ionopolis
44 Sinope
45 Amisus
46 Anchialus
47 Debeltum
48 Byzantium
49 Philippi
50 Neapolis
51 Thessalonike, Edessa, Beroea, Larissa
52 Nikopolis
53 Athen
54 Korinth
55 Lacedaemon
56 Knossus, Gortyna
57 Salonae
58 Rom, Ostia, Antium
59 Puteoli
60 Neapolis
61 Regium
62 Syrakus
63 Arelate
64 Vienna
65 Lugdunum
66 Augusta Treverorum
67 Colonia Agrippina

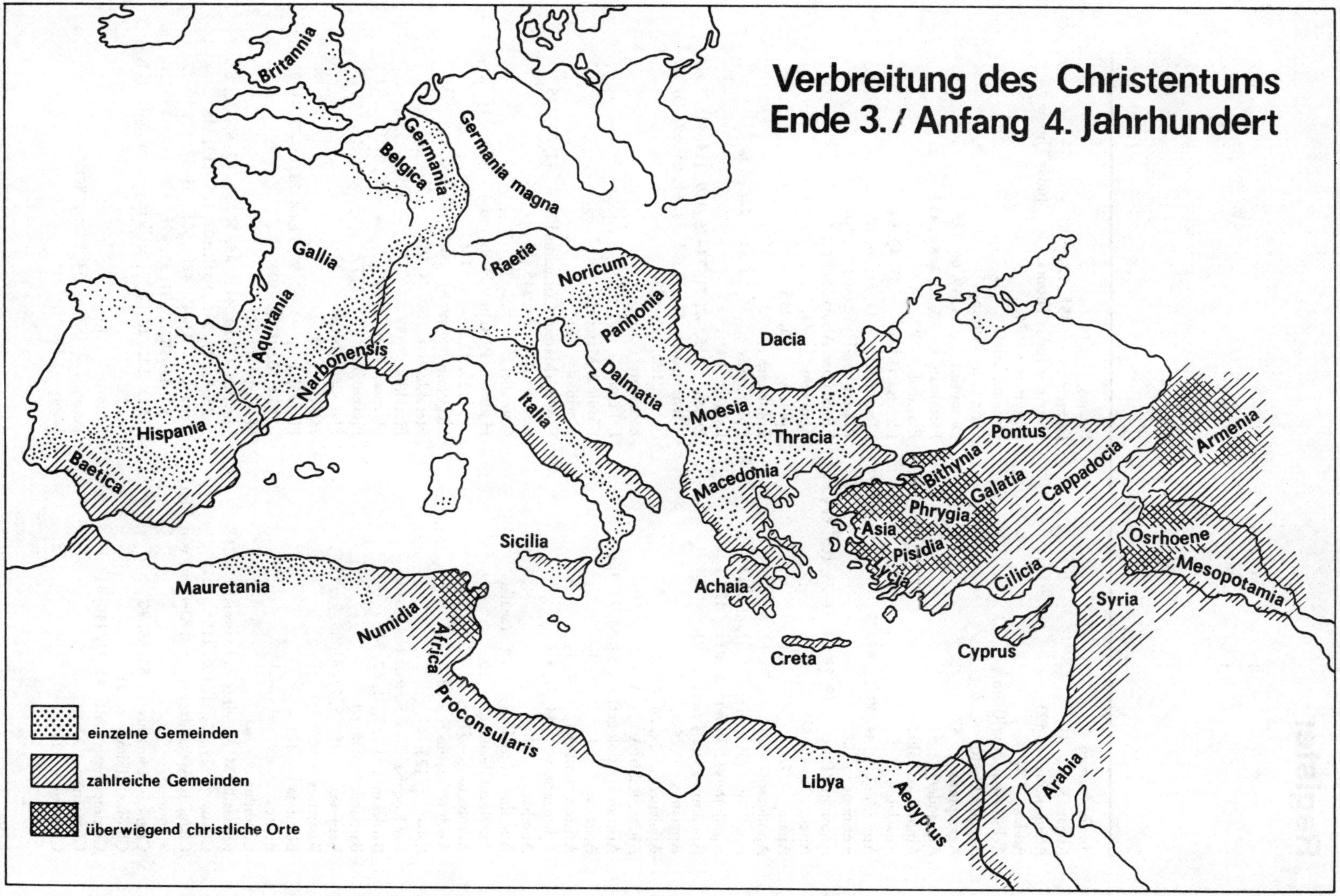
Verbreitung des Christentums
Ende 3./Anfang 4. Jahrhundert
Britannia
Germania
Belgica
Germania magna
Gallia
Aquitania
Narbonensis
Hispania
Baetica
Raetia
Noricum
Pannonia
Dalmatia
Italia
Sicilia
Dacia
Moesia
Thracia
Macedonia
Achaia
Creta
Pontus
Bithynia
Galatia
Cappadocia
Armenia
Phrygia
Asia
Pisidia
Lycia
Cilicia
Osrhoene
Mesopotamia
Syria
Cyprus
Arabia
Aegyptus
Libya
Mauretania
Numidia
Africa
Proconsularis
einzelne Gemeinden
zahlreiche Gemeinden
überwiegend christliche Orte

Register